열차에서 웃고 울고

열차에서 웃고 울고

2025년 10월 29일 초판 발행

저　자 | 최선권

발행인 | 박찬우

발행처 | 파랑새미디어

등록번호 | 제313-2006-000085호

서울특별시 마포구 서교동 357-1 서교프라자 318

전　화 | 02-333-8311

정가 20,000원

ISBN 979-11-5721-213-2 (03810)

열차에서 웃고 울고

1970년~1973년 여객 열차 승무 기록

최 선 권

머리말

2025년도 기준, 한국철도 126년사에서 내가 여객열차를 승무한 1970년대는 우리 사회의 어려운 경제적 환경 속에서 항공기의 이용률이 저조했고, 자가용 승용차의 보유 대수가 적었던 관계로 철도가 교통수단의 왕좌를 차지하고 있었던 시기였다.

그러나 철도가 기관차, 차량, 시설, 전기, 통신. 운수 등 각 분야에서 발전 도상 단계에 있었기 때문에 개선되어야 할 점이 적지 않았다.

운수 분야에서는 무찰객들이 많았던 여객 열차,

또 객차마다 네 군데씩이나 있는 승강구의 출입문이 승무원의 전자장치 조종으로 열리고 닫히는 자동 개폐식 출입문이 아니고, 승객이 마음대로 여닫을 수 있는 수동 개폐식 출입문이어서 추락사고의 위험이 있는 등 문제점이 많았던 여객 열차…

그때 여객 열차의 승무원은 그런 상황에 대해 어떤 생각과 행동으로 대처했을까?

"그땐 그랬었지."로 과거를 조명해본다.

차 례

7

제1화

우연(偶然)의 행운(幸運)

철도에서 34년 6개월간을 근무하고, 2001년 6월 30일 자로 정년퇴직한 이후, 처가가 있는 제천에 볼일이 있어서 오랜만에 중앙선의 새마을호 열차에 몸을 실어보았다. 푹신한 의자, 하얀 의자 커버, 잘 닦여진 차창, 햇볕을 가리는 커튼, 깨끗한 바닥, 적당한 차내 온도, 깨끗한 음질의 안내방송…

차내를 왔다 갔다 하며 담당업무에 열중하고 있는 여객전무와 차장, 여승무원의 모습도 보였다. 단정한 용모, 세련된 접객 태도, 익숙한 일솜씨의 그들.

나는 문득 퍽 오래전, 그러니까 1970년 3월 10일부터 1970년 11월 26일까지의 약 8개월 동안 청량리 열차사무소의 차장(車掌)으로 승무하면서 그 중 약 5개월간을 여객전무 대무로, 또 1971년 6월 18일부터 1973년 7월 31일까지의 2년 2개월 동안, 서울열차사무소 여객전무로 승무하면서 겪었던 여러 가지의 일을 머릿속에 떠올렸다.

파노라마처럼 상기되는 갖가지의 즐거웠던 일, 기뻤던 일, 보람을 느꼈던 일, 어려웠던 일, 고통스러웠던 일, 슬펐던 일…

(아~아, 잊지 못할 나의 여객전무 승무 시의 초상(肖像)들이여!)

1966년 7월 23일, 육군에서 병장으로 만기 제대, 1966년 10월 9일, 총무처에서 실시한 5급 을류(현 9급) 운수직 국가공무원 공개경쟁 채용시험에 응시, 필기시험에 합격한 이후, 면접시험, 철도병원에서의 신체검사, 경찰에서

8

의 신원조회, 11월 24일, 총무처에서의 임용 후보자 등록을 거쳐 1967년 1월 6일 자로 철도청 공무원으로 발령받은 나는 제천역 전철원(轉轍員), 경리국 심사과 과원 등의 경력을 쌓으며 각고의 노력을 기울인 끝에 2년 7개월 후인 1969년 여름, 역조역(驛助役, 현 6급역 부역장) 등용 자격시험에 무난히 합격하게 되었다.

당시 초급대학(현 전문대학) 졸업 이상, 운수서기(5급 갑류) 이상, 구내직(전철원 혹은 조차원) 1년 이상, 철도 경력 2년 이상이면 역조역 등용 자격시험에 응시할 자격이 부여되어 있어서 그 시험규정을 적절히 이용하고 노력한 결과였다.

그러나 직급 운수서기로, 차장 경력이 없이 바로 역조역 등용 자격시험에 합격하였기 때문에 '역장을 보좌하며 소속 공무원을 지휘, 감독하여 열차의 착발, 차량의 입환, 신호기, 연동기 및 폐색기의 취급과 여객, 화물, 기타의 역무에 종사하는 역조역'이 되려면 제도상 먼저 6개월간의 차장 승무를 반드시 거쳐야 했다.

그래서 이듬해인 1970년 3월 10일, 28세의 나이로 청량리 열차사무소 차장으로 나가게 되었다.

승무 담당 구간이 여객 열차의 운행 횟수가 적고, 무연탄, 양회 수송 등 화물열차의 운행회수가 많은 중앙선과 경원선, 경춘선 등 지선이었고, 차장 중에서도 중앙선의 보통 급행 이상의 중요 여객 열차만 전문적으로 타는 여객 차장 제도가 있었던 관계로 여객 차장이 못되면 운전차장으로 화물열차를 주로 타야 했던 청량리 열차사무소 차장.

그 차장으로 나가서 10일쯤 지난 어느 날 새벽이었다.

제천조차장~수색 간 화물 제1322 열차의 승무가 끝난후, 승무종료보고를 하기 위해 얼굴에 무연탄가루를 시커멓게 묻힌 채 잠을 못 잔 충혈된 눈으로 열차사무소에 들어갔더니 나이 많은 교번원 변희덕씨가 나에게 다음에 승무할 열차를 불러주는 것이었다.

"내일 401 열차!"

"401 열차라면 경춘선의 여객열차가 아닙니까?"

"그렇지. 운전차장(운전 취급에 종사하는 차장)과 여객차장(여객 취급에 종사하는 차장)의 임무를 겸무해야 하는 여객 열차이지."

"여객 열차를 견습으로 한 번 타보기는 했지만, 단독으로 타는 건 처음인데요… "

"왜, 여기에 오기 전에 운수장표류를 심사하는 본청 경리국 심사과에서 2년 정도 근무했었으니까 여객 관계 각종 규정엔 훤하잖아?"

"그래도요… 몇 시에 출무 하면 됩니까?"

"그 열차가 성동역(1971년 10월 5일, 경춘선의 성동~성북 구간이 폐선되면서 성동역도 폐지되었음. 지금의 제기동 전철역 2번 출입구 부근.)에서 새벽 다섯 시에 떠나니까… 오늘 밤, 여기에 나와서 자도록 하게. 반대 반의 교번원 이 00 씨가 새벽 4시쯤에 깨워줄 거야."

그래서 그날 밤, 나는 12시부터 시작되는 통행금지에 안 걸리게 11시쯤 열차사무소로 나가 차장 휴양실에서 자며 대기하게 되었는데 그다음 날, 새벽 4시 몇 분쯤이었던가? 곤하게 잠들어 있는 나를 교번원 이 00 씨가 급히 흔들어 깨우는 것이었다.

"여, 최 차장! 빨리 일어나! 이거, 큰일 났네."

"… ?"

"내가 진작 깨웠어야 했는데… 여기 차내승차권(車內乘車券 : 의암역 등 역원 무배치역에서 승차한 여객들에게 발행해주는 승차권)과 특보(特補 : 특종보충권, 特種補充券의 준말, 대용승차권(代用乘車券을 발행해줄 때 사용됨.)와 물표(物票 : 차내 휴대 화물표)가 있으니 이걸 갖고 빨리 성동역까지 뛰어가게!"

"… !"

나는 후다닥 잠자리에서 일어나 교번원 이 00 씨가 건네주는 한 권의 차내승차권과 두 권의 특보와 두 권의 물표를 받아 들고, 또 나의 차장 가방을 챙겨 메고, 헐레벌떡 어둠 속을 헤치며 성동역으로 뛰어가기 시작했다.

(제기랄, 이렇게 일찍 일어나야 하는 열차이니까 차장 처음 나온 나에게 맡겼지…)

그런데 몇 분쯤, 숨이 차게 달려 성동역에 도착해보니 (이게 웬일인가?) 성동역은 더 가관이었다.

한 군데의 출찰구(매표구)에서 승차권을 팔고 있긴 해도 승차권을 사지 못해 대합실에 꽉 차게 줄을 서 있는 많은 여객…

성동역의 출찰(매표) 담당 역무원이 늦잠, 이석(離席) 등 어떤 이유로 승차권을 늦게 팔기 시작한 모양이었다.

"열차의 발차 시각이 거의 다 되었잖아?"

"이렇게 차표를 팔다간 열차가 떠나기 전에 다 못 팔지…!"

불평을 토로하며 초조해하는 많은 여객.

드디어 열차의 발차 시각 1분 전.

역무원 한 사람이 출찰구를 닫아버리고 개찰구(개표구)를 있는 대로 활짝 열어젖혔다.

"여객 여러분! 대단히 죄송합니다! 차표를 사지 못한 분은 그냥 열차에 올라타십시오! 차표를 열차 안에서 발매하도록 하겠습니다!"

"우~", 개찰구를 통해 역 구내 안으로 들어가는 여객, 여객…

잠시 후, 열차의 맨 끝 쪽 플랫폼에서 전호등의 색깔을 백색으로 해놓고 발차 지시를 기다리고 있는 나에게 성동역의 조역(부역장)이 뛰어와서, 전호등의 파란색 불빛 현시로 발차 지시를 하며 당황한 어조로 말했다.

"차장님, 열차 내에서 말썽이 없도록 잘 좀 해주십시오. 부탁합니다."

"…"

이윽고 성동역 조역의 발차 지시를 받은 나는 전호등의 색깔을 푸른색으로 바꾼 후, 기관사 쪽을 향해 동그랗게 원을 그리며 발차 전호를 했다.

"빠~아~앙…!!"

기적을 울리며 성동역을 서서히 떠나가는 열차.

7분쯤 후, 열차는 성북역에 도착했다. 성북역에서 또 올라타는 많은 여객.

성북역을 떠나면서부터 나는 서투른 검찰(※ 檢札 검표, 차표 검사)을 시작했다.

여객 규정상 승차권 없이 열차에 탄 무찰객(무표객)에겐 정당운임과 그 정당운임의 반에 해당하는 부가운임을 함께 받고 '특종보충권'을 발행해주게 되어있었지만, 성동역에서 탄 무찰객에겐 그런 취급을 할 수가 없었다. 출찰을 늦게 한 철도 측에 잘못이 있었기 때문이었다.

그래서 부득이하게 정당 운임에 맞도록, 성동역 이원(以遠)의 도중 역에서 승차권 없이 열차에 승차한 것으로 하여, 착역까지의 부가 운임이 포함된 특종보충권을 발행해주었다.

예를 들면, 성동역에서 춘천역까지의 정상운임이 180원인데 이 180원의 운임에 맞게끔 열차 내에서 춘천역까지의 부가 운임이 포함된 승차권을 끊어주려면 여객이 마석역에서 승차한 것으로 하여, 차내의 대용승차권인 특종보충권을 끊어주면 되는 것이었다.

마석역에서 춘천역까지의 정상운임 120원, 부가 운임 60원, 계180원. 이런 식이었다.

그 결과 401열차가 종착역인 춘천역에 도착했을 때의 차내 수입금은 130건에 20,000여 원, 이는 당일 401열차 내 목표액 900원의 20배가 넘는 큰 금액이었다.

그리고 그날 오후, 춘천에서 상행열차를 타고 청량리역에 도착, 열차사무소에서 승무일지와 차내취급 여객일보를 열차조역(현 열차계장)에게 제출하며 승무종료 인사와 교번승지를 마친 나는 집에 빨리 가봐야 할 일이 있었기 때문에 차내 수입금을 많이 올린 이유에 대해선 동료에게 일체 얘기를 못하고 곧바로 집으로 향했다.

그런데 그로부터 얼마쯤 지난 어느 날 오후였다.

화물열차를 타기 위해 열차사무소로 출무한 나는 사무실의 벽에 붙어있는 전지 크기의 〈3월분 차내 수입실적〉을 보고 깜짝 놀랐다. 나의 이름과 실적이 운전차장 70여 명 중에서 단연 1등의 자리를 차지하고 있었기 때문이었다.

"최 차장, 다른 운전 차장이 1년을 타도 못 올릴 차내 수입금을 한 번 타가지고 저렇게 많이 올렸네?"

"저렇게 수입금을 많이 올리자니 무찰객과 얼마나 많이 승강이를 벌이고 싸웠겠어?"

나는 나를 칭찬해주는 고참 차장과 내근 차장의 말에 떳떳한 마음이 되지 못하여 얼른 열차사무소 문을 열고 밖으로 나가버렸다.

그리고 보름쯤 후.

화물열차만 계속 타다가 또 모처럼 여객 열차를 타게 되었는데 신탄리~용산 간의 304열차가 성북역에서 정차했다가 청량리역을 향해 막 떠났을 때였다.

성북역에서 탔는지 사복 차림의 공안원 셋이 느닷없이 내가 있는 객차에 나타나더니 의자에 앉아있는 여객 전부를 일으켜 세우고 긴 의자의 덮개를 일일이 열어젖히는 것이었다.

그랬더니 아~, 의자 밑마다 감추어져 있는 보따리, 상자… 모두 동두천(현 동안), 어수동(현 동두천) 등의 미군 부대에서 비공식으로 흘러나온 군수용품이었다.

"아저씨, 좀 봐주세요, 네?"

"다음엔 다시는 안 실을게요."

공안원은 군수용품을 빼앗기고, 경찰서에 끌려갈까봐 얼굴이 하얗게 질려있는 군수품 주인의 사정에 아랑곳하지 않고 의자 밑의 물건을 전부 끄집어내어 객차의 한가운데에 산더미처럼 쌓아놓는 것이었다.

"차장님, 이 군수품을 전부 의법처리 할 예정인데 우선 물표부터 끊어주시오."

물표란 여객이 수지품(手持品)의 한계를 벗어나는 물건, 예를 들면 1개인

13

경우엔 25kg 이상 되는 물건, 2개일 경우에는 1개의 중량이 15kg 되는 물건, 혹은 세 변의 길이가 150cm 이상 되는 물건을 휴대하고 승차했을 때 차내에서 승무원이 정당 운임의 배에 해당하는 운임을 받고 발행해주는, 그렇기 때문에 여객과 심한 언쟁을 벌여야 겨우 한 장이라도 발행할 수 있는 차내 휴대 화물표를 말하는 것인데, 공안원의 지시대로 잘 따르면 봐줄 줄 알았던지 겁에 질린 군수품의 주인들이 서로 먼저 차내 휴대 화물표를 끊으려고 나에게 돈을 내미는 것이었다.

"아, 좀 천천히 합시다. 어차피 물건의 숫자대로 다 끊어줄 것인데… "

나는 공안원이 다른 객차의 의자 밑을 계속 뒤지는 바람에 따라다니며 열차사무소에서 수령한 차내 휴대 화물표 2권(1권 50장) 중 미발행분을 다 발행하여 버렸다.

120원×80장 = 9,600원.

운전 차장의 당일 304 열차 내 차내 휴대 화물표 발행 역사상 신기록을 수립한 건수와 금액이었다.

다음 달 초.

청량리 열차사무소의 〈4월분 차내 수입실적〉에는 또 나의 이름과 실적이 수위가 되어 올랐다.

그리고 얼마 후, 그러니까 내가 차장으로 나가서 두 달 반쯤 후의 어느 날 오전이었다.

화물열차의 승무를 마치고 열차사무소에 잠을 못 잔 피곤한 몸으로 들어갔더니 열차 조역이 반갑게 웃으며 나를 맞아주는 것이었다.

"소장실에 들어가 봐. 소장님이 최 차장과 면담할 일이 있대."

소장님은 무슨 일인지 영문을 모르고 소장실에 들어간 나에게 대뜸 인자한 얼굴로 말씀하셨다.

"최 차장이 우리 열차사무소에 온 이후, 최 차장의 차내 수입실적이 운전 차장 중에서 두 달 연속 1위야. 성실하게 승무한 결과라고 생각이 드는데… "

"… !"

"얼마 전, 우리 열차사무소의 마 00 여객전무가 원주역에서 무찰객 몇 명을 집찰구로 그냥 통과시키려다가 공안원에게 적발되어 상부에 보고된 일이 있었지… 어제, 철도국 징계에서 마 00 여객전무가 파면 조치되었어… "

"… !"

"그러니 내일부터 최 차장이 마 00 여객전무의 자리에 들어가서 여객전무 대무를 하게."

"저는 여객차장도 아닌 운전차장입니다. 보통 여객열차(현 비둘기호 열차)도 제대로 탈 줄 모르는데 장거리 보통 급행열차나 특급열차를 어떻게 탈 수 있겠습니까?"

"아니야. 타면 돼. 내 조금 전에 철도국과 상의를 했어. 우리 열차사무소에 조역 시험에 합격해있는 아주 유능한 차장이 한 명 있어서 파면된 마 00 여객전무 대신 당분간 여객전무 대무를 시키겠다고… "

"… !"

결국 뜻하지 않게 두 차례 많이 올린 열차 내 수입금이 나를 차장으로 나간 지 두 달 반 만에 비록 대무이긴 하지만 운전차장에서 여객전무의 자리로 번쩍 올려놓은 것이었다.

(우연의 행운이로구나.)

제2화

신풍(新風)의 기수(旗手)

다음 날부터 차장의 신분인 나는 모자에 노란 금테를 두르고, 왼팔에 〈여객전무〉란 완장을 차고, 양손에 흰 장갑을 끼고 〈여객열차에 승무하여 동 열차에 승무한 전 승무원(기관차 승무원 제외)을 지휘, 감독(단, 개별 전문 분야에 대한 업무감독은 제외)하여 여객 취급, 열차 내 질서유지, 객차 내 정리 업무 및 기타 열차 내의 제반 업무에 종사하며 특히 지시를 받았을 때는 열차의 운전 업무에 종사할 수 있는〉 여객전무로서의 임무를 수행하게 되었다.

여객전무 대무를 하면서 맨 처음 승무하게 된 것은 청량리역에서 밤 10시 30분에 떠나는, 침대차 2량, 수화물차 2량 포함, 편성 14량의 강릉행 보통급 행 제73열차였다. 이 열차는 새벽 3시 23분, 영주역에 도착하면 부산행 객차 5량, 침대차 1량, 수화물차 1량을 해방하게(떼어놓게) 되어있었다.

여객이 마치 시루 속의 콩나물처럼 빽빽하게 들어차 있는 73열차.

그렇기 때문에 나는 여객을 정리하기 위하여 열차가 청량리역을 떠나자 마자 열차의 시발 안내 방송을 마치고 바로 검찰에 들어갔다. 그리고 검찰 도중 가끔 무찰객과 마주치게 되었다.

열차가 떠날 때 승차권을 구입할 시간적 여유가 없어서 급히 개찰구를 통과하여 열차에 올라탔다는 여객, 꼭 가야 할 텐데 여비가 부족하여 차표를 사지 않고 탔으니 있는 돈으로나마 목적지까지 승차권을 끊어달라고 하는 여객, 약간의 돈을 내밀며 목적지에서 내릴 때는 자기가 다 알아서 할 테니 그저 차 안에서만 좀 봐달라고 하는 여객, 틀림없이 승차권을 사서 개찰을 받고 역 안으로 들어왔는데 차에 올라와 보니 승차권이 없다고 하는 여객, 돈이 없다며 손목에 찬 시계를 풀어 맡기며 승차권을 끊어달라고 하는 여객 …

그들의 대부분은 승무원의 말을 잘 들어주었지만, 개중에는 그렇지 못한 무찰객도 끼어 있었다.

"뭐요? 정당 운임 외에 부가금이란 것도 내라고요? 차표 살 시간이 없어서 열차가 떠날 때 아슬아슬하게 탔는데… 난 못 내겠소."

"이 차에서 내려버리면 저는 정말 오도 가도 못합니다. 불쌍한 사람 하나 살려주는 셈으로 치고 좀 봐주세요. 네?"

"물건 운임, 사람 운임을 제대로 다 내고 타고 다닌다면, 운임을 절약해서 조금 이득을 남겨 먹는 우리는 이 장사 그만둬야 합니다. 오죽하면 자동차보다 싼 철도운임을 또 깎으려고 하겠습니까? 선처 좀 해주십시오."

"그렇소. 당신은 차표를 보여 달라고 했지만, 나는 내 직장의 신분증을 보여줬소. 그래서 어떻게 하겠다는 거요? 나를 꼭 끌어내려야 속이 시원하겠소?"

"난 거짓말을 안 하는 사람이요. 틀림없이 강릉까지 차표를 끊었는데 차에 올라와 보니 차표가 없단 말이요. 날 보고 차표를 끊으라고 하니 그런 억울한 일이 또 어디에 있겠소?"

등등…

그럴 때마다 나는 가능한 한 모든 것을 규정대로 처리하기 위하여 최선의 노력을 경주했다.

"거기까지 운임이 얼마인데 겨우 이걸 내놓으십니까? 아마 버스를 타면 이러시진 않겠지요? 내실 돈은 다 내셔야 되겠습니다. 정당한 운임을 내시고 떳떳하고 유쾌한 여행을 해주십시오."

"철도는 잘 아시다시피 영업 관청입니다. 철도도 벌어들인 돈이 있어야 선로를 깔고, 차량을 보수하고, 기관차도 도입할 게 아닙니까? 철도를 보호

하고 애호하는 의미에서도 소정의 운임. 요금을 제대로 다 내어주십시오."

"저희 철도직원도 자기 신분에 맞지 않는 열차를 탈 때엔 해당 급행권, 좌석권을 끊고 탑니다. 하물며 선생님이 특수기관에서 근무하시는 것을 기회로 무임승차를 도모하신다면 그 생각은 크게 잘못된 것입니다. 신분의 여하를 막론하고 철도청에서 발행한 대우승차증이 없는 한 누구든지 무임승차를 할 수 없습니다."

"저는 지금 손님 한 분만 상대하고 있는 것이 아닙니다. 수백 명의 여객이 저의 시중을 기다리고 있습니다. 손님께서 이렇게 운임을 안 내고 시간을 지연시킨다면 그 시간만큼 다른 손님들이 피해를 입게 됩니다. 정당 운임 외의 부가금도 내게 되어 아까운 생각이 드시겠지만, 규정을 지킨다는 마음으로어서 운임을 내어주십시오."

"그렇게 권리만을 주장할 것이 아니라 의무도 생각해야 합니다. 의무를 제대로 이행했다면 이런 일이 없을 것이 아닙니까?"

마침내 두 번의 검찰, 무찰여객과의 여러 시간에 걸친 승강이 끝에 열차가 승무원 교대역인 영주역에 도착하였을 때 차내 수입금은 목표액을 훨씬 초과한 숫자로 올라가 있었다.

(운전차장인 나를 추천하여 대무 여객전무로 승무하게 하신 소장님이 무척 기뻐하시겠군.)

그리고 나와 함께 승무한 여객차장과 열차원이 빈정대는 것인지는 몰라도 자기끼리 수군대는 것을 들었다.

"신풍(新風)의 기수(旗手)가 등장했어… "

제3화

훌륭한 여객전무(旅客專務)

강릉행 보통급행 제73열차를 타고 영주에 갔다 온 후, 대무 여객전무로서의 나의 다음 승무 교번(交番)은 강릉행 특급 제71열차였다.

(당시 청량리 열차사무소의 여객전무는 4명뿐이었고, 여객전무가 승무하는 열차도 청량리~강릉간의 특급 제71~72, 보통급행 제73~74, 4개 열차뿐이었다.)

청량리역에서 아침 일곱 시에 떠나는 강릉행 특급 제71열차는 보통급행 열차와는 달리 여객전무가 여자 승무원 4명을 데리고 타는. 당시로서는 중앙선의 최고급 열차였다.

그 71열차를 처음 승무하게 된 그 날 아침, 발차 시각의 한 시간 전 출무 지시 때문에 여섯 시쯤 열차사무소로 나간 나는 사무실에 들어서자마자 한쪽 구석에 곤색 제복을 단정하게 차려입고 서 있는 네 명의 여자 안내원과 시선을 마주치게 되었다. 그녀들은 처음엔 낯선 나를 못 알아보고 어리둥절해했다. 그러나 이내 시간상으로 보아 몇몇 내근 직원과 71열차의 승무원밖엔 없을 그 장소에 자연스럽게 등장한 나를 대무 여객전무로 눈치채고 표정을 부드럽게 해왔다.

나는 그러한 그녀들에게 어색하지 않은 표정으로 말을 걸었다.

"71열차의 안내원입니까?"

"네-"

아주 짧으면서도 명랑한 사구동성(四口同聲).

나는 그녀들의 상사답게 여유 있는 태도를 만들어 보였다.

"오늘부터 같이 승무하게 되었습니다. 저, 최선권입니다."

내가 먼저 인사를 청하자, 그녀들은 반가운 미소를 띠며 내 앞으로 다가왔다. 그리고 각자 자기의 이름을 대며 머리를 까딱이거나 허리를 굽혔다.

"전무님, 인사드리겠어요. 저, 박 OO 입니다."

"조 OO 입니다."

'잘 부탁합니다. 김 OO 이라고 합니다.'

165cm 내외의 큰 키, 알맞은 몸집, 세련된 태도들, 산뜻한 복장…

그녀들은 모두 잘생긴 미인이었다.

(내가 이런 안내원과 함께 열차를 승무하게 되었는가?)

나는 매우 흡족한 마음이 되어 그녀들에게 말했다.

"네. 우리 모두 힘을 합해 사고 없는 열차를 만들어 봅시다."

잠시 후, 출근부와 각종 전달부에 서명을 마친 내가 당무 열차 조역에의 출무 인사에 앞서 〈여객전무〉란 완장을 왼팔에 차려고 부자연스러운 자세를 취하자 저만치에 떨어져서 특종보충권의 발행자 난에 미리 나의 도장을 찍고 있던 미스 김이 하던 일을 중지하고 얼른 내 앞으로 달려왔다.

'전무님, 제가 해 드릴게요.'

미스 김은 나에게서 완장과 핀을 빼앗아 정성스럽게 내 왼팔에 완장을 채워주었다.

"최 여객전무님, 복도 많으셔, 첫날부터 안내원에게 인기입니다?"

책상 앞에 앉아서 교번 일, 장표 취급 일을 보고 있던 내근 직원들이 이 광경을 바라보고 부러운 듯 허허 웃었다.

그리고 71열차.

그 열차에서도 나는 강릉행 보통급행 제73~74열차를 탔을 때처럼 모든 일을 정식대로 처리하기 위하여 온갖 노력을 다했다.

열차 내 화장실을 일일이 점검하다가 휴지가 끼워져 있지 않으면 내가 직접 휴지를 갖다 끼워놓기도 하고, 통로나 의자 밑이 지저분하면 즉시 홍익회 판매원을 불러다 청소를 시키기도 하고, 세면장의 세면대가 누수가 되거나 수도꼭지가 고장이 나면 관계처에 급히 연락하여 정비를 하도록 하고, 무찰객을 만나면 어떻게 해서든지 열차 내에서 승차권을 끊게 하려고 설득을 계속하기도 하고, 돈을 내어놓고 차표를 끊어달라고 하는 여객이 있으면 즉시 처리하게 하려고 안내원 옆에 서서 지켜보기도 하고…

안내원은 이런 나에게 매우 협조적이었고, 호의적이었다.

"전무님, 제가 담당하고 있는 1, 2호차에 바빠서 차표를 못 사고 올라온 여객이 두 명 있는데요, 통리까지 간다고 하는데 부가금은 못 내겠대요. 어떻게 하죠?"

"전무님, 아까의 도중 안내 방송, 참 잘하셨어요. 처음이실 텐데 내용도 좋고, 음색도 좋고, 아주 아나운서 이상이네요. 여객들 모두가 조용히 귀를 기울여 들었어요. 전 6호차에서 좌석 정리를 하며 들었는데 자랑스러운 마음까지 났습니다."

"전무님, 특실에 철암역까지 가는 보통 객실의 여객 세 명이 환승 들어왔는데요, 여석인 21, 22, 23호석에 앉혀드리고 특보로도 즉시 정리했어요."

"전무님, 치악굴로 열차가 들어가면 굴을 빠져나갈 때까지 한 3분 동안은 캄캄 세상이 돼요. 그러니까 전무님은 열차가 치악굴로 들어가기 전에 미리 준비하고 계시다가 적당한 시간이 되면 여객에게 그런 사정을 방송으로 미리 알려 줘야 해요. 방송 안내가 있어야 딴 일에 정신을 쏟고 있던 우리도 차내 천장 등을 켜고, 여객에게 차창 문을 닫도록 종용하거든요."

안내원은 열차가 종착역인 강릉역에 도착한 후, 역전식당에서 나와 저녁 식사를 함께했을 때도 내가 내겠다는 식대를 굳이 자기끼리 돈을 모아 내며 나를 격려해 주는 것이었다.

"전무님, 오늘, 열차를 훌륭하게 타셨어요. 앞으로도 계속 그렇게 타세요."

제4화

아름다운 선물(膳物)

1970년 6월 어느 날.

청량리~강릉 간 특급 제71 열차, 오후 4시 35분쯤.

열차가 영동선의 북평역(지금 동해역)을 떠나서 얼마쯤 달려갔을 때였다. 청량리역을 떠난 지 9시간 반이나 되었기 때문에 어느 정도 지쳐있었던 나는 잠시 피곤한 몸을 쉬게 하기 위하여 어느 객차의 후미, 빈 좌석에 가서 앉아 있었다.

그런데 객차의 문이 열리며 안내원 둘이 들어와 내 앞의 빈 의자에 앉는 것이었다.

"… ?"

"전무님, 말씀드릴 일이 있어요."

"무슨 일인데?"

"앞으로 이 열차는 망상, 옥계, 정동진역을 통과하면서 여러 군데의 바닷가를 지나가게 돼요."

"그렇지. 여기는 동해안이니까 열차가 바닷가를 달리는 때가 있겠지."

"그 바닷가 백사장에는 군데군데에 바다를 경비하는 군인의 초소가 있는데요."

"… "

"그 초소의 군인이 이 열차가 통과할 때엔 꼭 열차 가까이로 달려 나오며 손을 흔들어대요."

"… "

"언제부터였는지는 몰라도 저희 승무원은 바쁘지 않을 때엔 가끔 그들에게 신문, 잡지 같은 걸 던져주곤 하는데요."

"신문, 잡지 같은 걸 던져준다…그거, 좋은 일을 하고 있군."

"좋은 일을 하고 있죠? 그것 때문에 그 부대에서 전에 우리 열차사무소에 감사의 편지가 한 통 왔었어요."

"흐음… 어떤 내용인데?"

"기억나는 대로 한번 얘기해 볼게요."

안내원이 입을 모아 얘기한 편지의 내용을 종합해보면 대강 이러했다.

- 71열차의 승무원께 -

안녕하십니까?

저희는 동해안의 00바닷가에서 해안의 경비를 담당하고 있는 ○○부대의 군인입니다. 저희는 민간인의 출입이 금지되어있는 이곳 바닷가에서 하늘, 구름, 갈매기, 별 등을 벗 삼아 묵묵히 바다를 감시하고 있기 때문에 늘 고독감과 소외감을 느끼고 있습니다. 그래서 하루에 몇 차례, 저희의 근무초소 옆을 여객열차가 통과할 때엔 반가운 나머지 열차를 향해 손을 흔들어보게 됩니다. 그런데 71열차에서 승무하고 계시는 여러분께선 가끔 저희에게 신문과 잡지를 던져주고 계십니다.

71열차가 저희 옆을 통과하는 찰나적인 순간에 여러 승무원께서 저희에게 던져주시는 신문과 잡지, 그 신문과 잡지엔 저희를 위로해주고 독려해주는 여러분의 따뜻한 마음이 묻어있기 때문에 저희에게 큰 위안이 되어주고 있습니다. 고마운 마음 뭐라고 표현해야 될지…

현실적으로 어떻게 할 수 없어서 그저 여러분들의 건강과 여러분의 직장 일에 발전이 있기를 간절히 바랄 뿐입니다.

"충~성!"

거수경례를 부치며.

- 동해안 00부대원 전원 -

"답장을 어떻게 했나?"

"답장을 아무도 해주지 못했어요. 왜냐하면, 그 편지의 수신인이 개인이 아닌 여러 사람이었고, 또 71열차도 몇몇 승무원이 고정적으로 타는 것이 아니고 승무 교번에 의해 승무원이 자주 바뀌기 때문이었죠."

"안내원 중에서 답장을 보내본 사람이 아무도 없다는 얘기인가?"

"그런 것 같아요."

"좋아요. 어떻든… 요는 오늘도 신문, 잡지를 던져주고 싶다는 얘기이로군?"

"네, 그래요."

"그런 걸 왜 나한테 승낙을 받지? 마음이 있으면 던져주는 것이지… "

"전무님이 타시는 열차에선 처음 있는 일이라서… "

"상관없어요. 그 대신 신문, 잡지를 던져줄 때 몸조심을 단단히 해야 해요. 승강구에서 던져주다가 혹시 실수라도 하게 되면 큰일 나니까… 차창 문을 통해 던져주는 것도 괜찮겠네?"

"그런 걱정 조금도 하지 마세요. 항상 안전을 염두에 두고 있고, 또 익숙해져 있으니까요."

시계를 보니 오후 4시 45분.

앞으로 몇 분쯤 후부터 열차가 망상역, 옥계역, 정동진역 등을 통과하며 그사이의 바닷가가 시야에 시원하게 펼쳐질 것이었다.

안내원은 곧 여객이 보다가 남긴 신문, 잡지를 수집하기 위하여 또 오면서 수집해놓은 신문, 잡지를 가지러 가기 위하여 각 객차로 흩어졌다.

잠시 후, 나와 안내원은 각자 신문과 잡지를 몇 부씩 들고 객차와 객차 사이의 승강구에 서 있었다.

어느새 들판을 가로지른 열차는 산기슭으로 달려가고…

드디어 오후 4시 50분경.

산기슭의 송림 옆을 통과한 열차의 우측으로 넓은 바다와 기다란 백사장이 나타났다.

백사장의 초소로부터 기다렸다는 듯 열차를 향해 뛰어나오는 군인, 군인 …

그들은 열차에 가깝게 빨리 달려 나오며 반갑게 손들을 흔들어댔다.

나와 안내원은 그러한 그들에게 웃으며 신문과 잡지를 던졌다.

"와… !"

함성을 지르며 더욱 크게 손들을 흔들어대는 군인, 군인…

또 손을 마주 흔들어 보이는 나와 안내원과 여객.

"아~!!"

우리들의 기쁜 마음으로 던져주는 조그마한 성의가, 받는 군인에겐 고마움을, 차창 옆에서 지켜보고 있는 여객에겐 즐거움을 동시에 느끼게 해주고 있는 것이었다.

그 얼마나 흐뭇한 광경이었던가?

제5화

별들의 이동(移動)

여객전무 대무를 하게 된 지 한 달쯤 지난 1970년 7월 어느 날 밤 11시 40분쯤.

영주의 승무원 숙사에서 출무 준비를 하느라고 가방을 챙기고 있는데 영주역 역무원 한 명으로부터 전화가 걸려 왔다.

"오늘 74열차(강릉~청량리간 보통급행)에 유명한 사람이 30여 명 탑니다."

"유명한 사람이라니요?"

"영주극장에서 공연을 마친 가수, 코미디언, 제작자… "

"아하, 그래요?"

불현듯 과거 내 차에 탔던 인기 여배우들이 생각이 났다.

언제였던가?

청량리~강릉 간 보통급행 제73열차의 한 침대차 하단에 여배우 도금봉 씨가 타고 있어서 나는 그녀에게 일부러 다가가 말을 걸었다.

"저… 이 열차의 여객전무입니다."

"아. 그러세요?"

그녀는 옷을 입은 채로 침대차에 누워있다가 상반신을 일으켜 앉았다.

"영화에서만 보다가 이렇게 만나 뵈니 영광스럽습니다. 저는 도금봉 씨의 팬입니다."

"고맙습니다."

그녀는 촬영차 북평(지금 동해)으로 가는 길이라고 했다.

"왜 혼자 가십니까?"

"아, 그렇게 됐어요. 스태프 진들은 벌써 북평에 가 있어요."

다른 얘기를 더 나누고 싶었지만, 정숙을 요하는 침대차이고, 도금봉 씨를 피곤하게 하는 것 같아서 나는 이내 그녀에게 작별의 인사를 고했다.

"뭐 부족된 것이 있으면 승무원을 부르십시오. 그리고 열차가 도착 되기 직전에 침대열차원이 깨워드릴 것입니다."

또 언제였던가?

청량리~강릉간 보통급행 제73열차가 청량리역을 떠난 후, 보통 객차에서 검찰을 하고 있는데 침대 열차원이 다가왔다.

"침대차에 여배우 윤정희가 탔습니다."

"알았어."

나는 보통 객차의 검찰을 완전히 마친 후 침대차로 갔다.

강릉행 침대차의 7호 하단. 7호 하단은 안이 조금도 안 보이게 포장이 빈틈없이 드리워져 있었고, 한 중년 여인이 7호 하단 앞의 통로에 앉은뱅이 의자를 갖다 놓고 앉아서 7호 하단을 지키고 있었다.

"여기에서 윤정희 씨가 자고 있습니까?"

"녜, 그래요."

"아주머니는 누구십니까?"

"보호자예요."

"잠을 안 주무시고 이렇게 앉아서 윤정희 씨를 지키고만 있을 것입니까?"

"제 침대는 이 위의 7호 상단이에요. 잠을 잘 수가 있어야죠."

"녜에… 워낙 인기 있는 분이라서… 저도 좀 구경하고 싶은데 어떻게 안 될까요?"

"여객전무님이시니까… 잠깐만 보세요."

27

중년 부인은 소중한 물건이라도 보여주듯 포장을 조심스럽게 조금 열어 젖혔다.

나는 미안한 마음을 가지고 7호 하단 안을 살짝 들여다보았다.

옷을 입은 채로 눈을 감고, 얌전하게 누워있는 여배우 윤정희의 고운 모습.

(이 여자가 우리나라에서 제일가는 여배우란 말인가?)

얼마 후, 7호 하단을 지키고 있던 중년 여인이 침대차의 화장실 문을 노크했다.

화장실 안에서 용변을 보는 사람이 없음을 확인하자 그녀는 다시 7호 하단으로 갔다.

"… !"

잠시 후, 그녀는 윤정희를 부축하고 화장실로 갔다.

새색시 모양 수줍은 얼굴로 화장실에 들어가는 윤정희.

윤정희가 화장실에 들어가자, 중년 여인은 화장실의 문을 닫고 화장실 앞에 서 있었다.

화장실의 바로 앞의 침대 열차원 대기실에서 우연히 이 광경을 목격하게 된 나는 수긍이 가는 점이 있어서 머리를 끄덕였다.

(그렇게 해야 아무도 윤정희에게 말을 못 걸지.)

그로부터 얼마 후, 보통 객차에 가 있는 나에게 침대 열차원이 찾아와서 귀띔해 주었다.

"윤정희가 승무원의 수고가 많다면서 돈 3천 원을 주던데요."

"… !"

(그때엔 그렇게 도금봉 씨와 윤정희 씨를 만나 보았는데, 오늘은 연예인의 숫자가 30여 명이나 되는 만큼 우선 좌석이 문제가 되겠군.)

나는 속으로 걱정하며 영주역으로 출무했다.

00시 10분.

영주역에 도착된 74열차엔 다행히 손님이 많지 않았다.

내리고 타는 100여 명의 여객.

연예인 30명 중 4명은 침대차로 갔고, 나머지는 영주역 측의 배려로 침대차 옆의 보통객차로 가서 자리를 잡고 앉아 있었다.

나는 대략 여객들의 동태를 살펴본 뒤 침대차로 갔다.

침대차의 출입구에 〈돌아가는 삼각지〉를 부른 가수 배호가 금테 안경을 쓰고 말없이 서 있었다. 거무스레한 얼굴에 내성적인 성격인 듯한 인상. 그 옆에 코메디언 배삼룡이 역시 말없이 서 있었고, 그 앞에 몇 가닥 턱수염이 달려 있는, 〈사나이가 그까짓 것 미련 때문에 울기는 왜 울어~, 눈 위에 맺혀 있는 이 눈물은 아마도 빗물이겠지〉를 불러 한창 인기 가도를 달리고 있는 젊은 가수 이상열이 서 있었다.

이상열이 배호에게 뭐라고 자꾸 말을 해대는 것이 명랑한 성격의 소유자인 것 같았다.

내가 그들의 옆으로 미소를 띠며 바싹 다가가자, 이상열이 부탁한다는 표정으로 나에게 말해왔다.

"여객전무님, 침대차에 빈 데가 없습니까?"

"왜요, 침대권을 안 끊어왔습니까?"

"영주역에서 세 장 밖엔 못 끊었어요. 어디 여석이 있으면… "

"하… 승차권을 발매하는 정거장에서 못 끊는 것을 차내에서 끊을 수 있겠습니까? 열차 내에는 지금 여석이 없습니다."

"이거 큰일 났군. 난 잠을 자야 되는데…그래도 어떻게 좀 해주세요."

"어떻게 좀 해준다는 게… 원칙적으로 쌍 침은 안 되지만, 한 침대에 동성끼리 두 분이 들어가서 주무시는 것은 제가 오늘만은 묵인해드리죠."

그때 배호가 자기의 침대로 들어가고 이상열이 그 뒤를 따랐다.

잠시 후, 이상열이 침대 열차원의 대기실에 앉아 있는 나에게 왔는데 얼굴에 실망의 빛이 잔뜩 어려 있었다.

"배삼룡 씨, 배 호 씨… 두 분 다 불편해하는 눈치여서 한 침대에서 둘이 같이 자잔 말을 못 하겠네요."

"… "

이상열이 다시 나에게 부탁해왔다.

"난 지금 잠이 와서 죽을 지경입니다. 어떻게 좀 해주세요."

나는 두 사람이 앉으면 꽉 차는 침대 열차원의 좁은 대기실을 손으로 가리켰다.

"여기를 비워 드릴 테니 여기에서 앉은 채로 졸며 가시죠."

"여기에서 어떻게… "

"그러면 저쪽 객차로 가봅시다."

나와 이상열은 옆의 보통 객차로 갔다.

침대권을 구하지 못한 25명의 연예인이 어느 객차의 군데군데에 앉아서 조용히 잡담을 나누고 있었다.

이상열이 여기저기를 기웃거려보다가 그중 한 곳에 가서 끼어 앉았고 나는 자매 가수라고 하는, TV에서든가 영화에서든가 본 적이 있는 어느 젊은 여성의 앞자리에 웃으며 앉았다.

"영화와 TV 방송으로만 보다가 이렇게 직접 만나보게 되니 반갑습니다."

"저희를 어디에서 보았죠?"

"글세… 영화의 제목, TV의 프로그램 이름 같은 것은 기억이 안 납니다만, 하여튼 많이 보고 들었습니다."

자매 가수는 자기들을 알아주어서 기분이 흡족해진 모양이었다. 연신 생글생글 웃고 있었고 앞에 앉아 있는 다른 연예인도 입가에 가벼운 미소를 띠고 있었다.

"좌석이 불편해서 어쩌지요?"

"괜찮아요. 이렇게 앉아 가면 되죠."

"잠을 못 주무실 텐데… "

"서울 가서 자면 돼요."

그러나 웃음을 띠고 있는 연예인의 얼굴마다 참기 어려운 피곤함이 가득하게 어려 있었다.

(잠시 후, 내가 이 자리를 떠나가면 이 사람들은 아마 전원이 다 잠들어버릴걸?)

아름다운 목소리와 좋은 연기로 많은 사람에게 기쁘고, 슬픈 감정을 전달해주는 그들.

그들이 서울에 무사히 도착할 때까지 나는 이 객차에 자주 와서, 자고 있는 그들을 관심 있게 지켜볼 것이었다.

내가 그들을 보살펴 줘야 하는 근무자였기 때문에, 또 그들을 아끼는 팬이었기 때문에…

제6화

소금 같은 존재(存在)

1970년 7월 어느 날 밤 9시 20분쯤,

강릉발 청량리행 특급 제72열차의 승무를 마치고, 종무 인사를 하기 위하여 안내원과 함께 열차사무소에 들어갔더니 교번원 변 OO 주임이 기다리고 있었다는 듯 나에게 말하는 것이었다.

"최 차장, 어제 71열차가 철암역에 도착되었을 때 여객전무로서 근무를 어떻게 했었지?"

"근무를 어떻게 하다니요… ? 뭘 물어보시는 것입니까?"

"71열차가 철암역에 도착 되어 정차하고 있을 때 여객전무가 플랫폼에 안 내려갔었다면서?"

"아하, 그때 비가 부슬부슬 내리고 있었습니다. 열차에서 플랫폼으로 내려가려니 잘 다려입은 제복이 비에 젖을 것 같고… 그래서 플랫폼에 내려가지 못하고 승강구에 선 채로 여객의 내리고 타는 모습을 지켜보고 있다가 그냥 떠났는데 그걸 어떻게 알고 계시죠?"

'어제 철암역장님한테서 우리 열차사무소에 전화가 왔었어. 71열차의 여객전무가 플랫폼에 내려오지 않았고 아울러 여객 안내도 하지 않았다고… 때문에 우리 소장님이 앞으로 승무원 교육을 잘 시켜 그런 일이 없도록 하겠다고 철암역장님에게 단단히 약속을 하셨고 사과도 드렸다네."

"… ?"

"소장님이 철암역장님에게 약속한 사항이기도 하므로 앞으론 비가 오든,

눈이 오든 꼭 플랫폼으로 내려 여객 안내를 잘하게."

"네, 알겠습니다."

4일 후, 강릉발 청량리행 특급 제72열차.

열차가 영동선의 춘양역에 도착되어 정차하고 있을 때(춘양역에선 특급 열차의 여객 취급을 하지 않지만 운전취급상 교행 관계로 72열차가 30초간 정차하게 되어있음.) 플랫폼에 내려서니 열차 감시차 플랫폼에 나와 있던 춘양역의 조역이 나에게로 와서 종이쪽지 한 장을 전달해주는 것이었다.

"철암역장님이 72열차의 여객전무에게 보낸 전보입니다."

"... ?"

전보의 내용은 대강 이러하였다.

〈금일 72열차에 당역에서 입장권 17매를 발매하였는데 이 중 7매만 회수되어, 나머지 10매의 입장권 소지자는 환송과 환영 등 원래의 목적을 저버리고 승차권 없이 72열차를 타고 간 것으로 간주되므로 차내 검찰을 철저히 하여 적발된 무찰 및 입장권 소지자에 대하여는 정상운임 외에 부가 운임도 함께 징수하고 그 결과를 통보해줄 것.〉

"... ?"

전보의 내용대로 입장권 소지자를 제대로 적발해 내려면 열차가 영주역에 도착 되어 여객이 많이 내리기 전에 얼른 검찰을 실시해야 했다.

나는 열차가 춘양역을 떠나자 이미 묵호~북평 간 한번 일제히 검찰을 해보았고, 그 후 안내원이 각 역에서 여객들이 탈 때마다 수시로 자기가 맡고 있는 객차에서 좌석 정리를 해오고 있었기 때문에 선택적인 재 검찰을 실시했다.

좌석에는 앉아 있지만 안내원의 좌석정리표에는 승차 구간과 승차권 번호가 적혀있지 않은 여객만 우선적으로 골라 승차권을 확인하고, 다음엔 식당차에 앉아있는 여객, 통로의 입석 여객과 객차와 객차 사이, 승강구 근처 등에 서 있는 여객, 그리고 세면장, 화장실 이용객의 승차권도 일일이 확인했다.

　그 결과 6명의 무찰객을 적발해 내었는데 그 중 철암역에서 입장권을 소지하고 열차에 올라탄 무찰객은 4명이었다.

　(그렇다면 나머지 6명의 철암역 입장권 소지자는 도대체 어디로 갔단 말인가?)

　그건 나도 모를 일이었다.

　나는 영주~단양 간 또 일제 검찰을 실시한 후, 철암역장에게 보내는 회신문을 작성했다.

　〈검찰 결과 통보, 춘양~영주 간, 영주~단양 간 차내 검찰을 철저히 실시해본 결과 철암역 입장권 소지 무찰객 4명 적발, 그들로부터 운임, 료금 및 부가금 0000원 징수. 끝〉

　그리고 열차가 제천역에 도착되었을 때 나는 열차 감시차 플랫폼에 나와 서있는 제천역 운전 조역에게 '이건 철암역으로 쳐야 할 전보입니다. 제천역 전신에 좀 갖다주십시오' 하며 회신문을 건네주었다. 그때 내 옆에 있던 안내원이 나에게 말했다.

　"며칠 전, 비 오는 날, 전무님께서 철암역 플랫폼에 안 내려섰다고 철암역장님이 열차사무소에 전화도 하고… 철암역장님 때문에 전무님께서 이래저래 애를 먹고 계시네요."

　"나도 처음엔 철암역장님한테 서운한 생각을 조금 갖고 있었는데… 그래도 그런 열성적이고 엄격한 역장님이 있기 때문에 우리 철도가 조금씩이나마 질서가 잡혀가고 있지 않는가?"

　"…"

　"그분은 우리 철도에서 없어서는 안 될 사람, 꼭 있어야 될 사람이라는 생각이 들어. 마치 소금 같은 존재… "

제7회
열차 투석(列車 投石)

1970년 8월 어느 날,

청량리발 강릉행 보통급행 제73열차, 새벽 2시 10분쯤, 대부분의 여객이 의자에 기댄 채 잠들어 있거나 눈을 감고 졸고 있었는데 열차가 봉양역을 막 통과했을 때였다.

보통 객차 내를 천천히 순회하고 있는 나에게 한 여객이 급히 달려왔다.

"조금 전, 열차 밖에서 누가 돌멩이를 던져 한 남자가 맞았습니다."

"… !"

급히 그 여객을 따라 몇 칸 건너의 어느 객차로 가보니 40세 가량의 한 남자가 입에 수건을 틀어막고 고통을 참으며 말도 못 하고 있는 것이었다.

수건에 배어드는 피, 피, 피…

"갑자기 큰 돌멩이가 차창 문을 뚫고 날아 들어와 이 분의 입에 정통으로 맞았어요."

"… !"

주위의 여객이 차창 문으로 날아 들어왔다는, 지름이 약 6cm가량 되는 크고 동그란 돌멩이를 나에게 보여주었다.

그리고 지름이 약 7cm가량 되게, 동그랗게 뚫려져 있는 차창 문.

"유리 파편도 보이는데 누구 더 다친 사람은 없습니까?"

"네, 이분 혼자만 그렇게 다쳤습니다."

(이럴 땐 어떻게 해야 하는가?)

열차 내에 의사나 약사 등 경험과 전문 지식이 있는 여객이 있다면 우선 그 여객에게 응급치료를 의뢰해 봐도 되겠지만, 열차가 곧 제천역에 도착될 것이므로 제천역에 하차시켜 병원으로 이송시키는 것이 제일 상책이라는 생각이 들었다.

"손님, 대단히 죄송합니다. 제천역에 내리셔서 병원으로 빨리 가셔야 되겠습니다. 치료비 같은 것은 전액, 철도에서 부담해 드릴 것입니다."

이빨이 몇 개 부러졌는지, 상처가 너무 크고 피가 계속 나오고 있기 때문에 그는 그렇게 하겠다고 머리를 끄덕였다.

나는 급히 그의 승차권을 확인하고 이름, 주소, 생년월일, 주민등록번호 등 인적사항을 물어보았다.

입을 수건으로 틀어막고 있어서 말을 못하고 있는 그는 자기의 인적 사항을 종이에 적어 나에게 건네주었다.

잠시 후,

열차가 제천역에 도착하자 나는 그를 부축하여 플랫폼으로 내렸다. 그리고 여객 안내차 플랫폼에 나와 있는 제천역 여객 조역에게 〈투석사고 개황〉과 함께 그를 인계해 주며 말했다.

"관할 경찰서에도 일단 투석사고 내용을 전보로 통보해 주십시오. 투석한 범인을 잡든 못 잡든 근거는 반드시 남겨놓아야 하니까요."

제천역에서 열차가 떠난 후, 나는 투석사고 개황을 다시 정리하며 생각에 잠겼다.

(내일 강릉발 청량리행 보통급행 74열차로 서울에 올라가면 투석사고 보고서를 정식으로 작성하여 제출해야 되고… 누군지, 달리는 열차에 무심하게, 혹은 장난으로 던진 돌 한 개 때문에 죄 없는 여객 한 명이 이빨이 여러 개 부러지는 등 큰 피해가 발생되었고, 나와 제천역 직원 등 여러 철도직원도 애를 먹고 있군.)

탄광촌(炭鑛村)을 찾아가는 여인(女人)

1970년 6월 어느 날,

청량리발 강릉행 특급 제71열차,

덕소~원주간에서 1차 검찰을 끝낸 후, 최 후부 객차인 6호차에 들어가 보니 나이 많은 운전 차장이 맨 뒤의 좌석에 혼자 앉아 있으면서 열차가 중간 역을 통과할 때마다 승강구로 나가 열차 감시차 플랫폼에 나와 있는 조역이나 역장들에게 한 팔을 수평으로 뻗으며 열차에 이상이 없다는 표시의 집무 전호를 하고 있었다.

"운전 취급을 하시느라고 수고가 많으십니다."

내가 운전 차장에게 인사하니 운전 차장이

"녜, 여기 앉으시지요."

하며 자기의 옆자리를 나에게 권했다.

나는 그의 옆자리에 앉아서 검찰하다가 의문을 품었던 점을 얘기했다.

"검찰을 하다 보면 남자 한 명이 자기 일행의 차표를 몽땅 가지고 있으면서 젊고 예쁜 여자들 네, 다섯 명. 혹은 열 명 정도와 함께 타고 가는 광경이 가끔 눈에 뜨이는데 서로가 잘 모르는 사이인 듯 말을 안 하고 있을뿐더러 즐거워하는 기색도 거의 없고…서울 등지에서 모집하여 어디로 데리고 가는 모양이지요?"

"그 일행의 착역이 어디로 되어 있던가요?"

"황지, 철암… "

"아하, 탄광촌의 술집 등에 돈 벌러 가는 여자들일 것입니다."

"… !"

"그 여자들은 탄광촌에 가서 아마 광부들을 상대로 술과 웃음을 팔아가며 생계를 유지해 나갈 것입니다."

"71열차를 탈 때마다 빠짐없이 몇 명씩 인솔돼 가는 여자들이 눈에 띄던데 그 여자들이 바로 탄광촌으로 가는 여자들이었군요."

"거의 100%가 그럴 것입니다."

"꽤 많은 여자들이 그곳으로 내려가는 걸 보면 그곳의 경기도 옛날 같지는 않겠지만 아직은 괜찮은 모양이죠?"

"그렇겠지요, 수요가 있는 곳에 공급이 있다고… 경제가 나아지면서 난방용 연료가 외국에서 수입해 들어오는 기름으로 조금씩 대체되기 시작하고 있지만, 아직은 국민의 대부분이 무연탄을 소비하고 있다는 증거입니다."

산과 냇물이 온통 시커멓고, 집안까지도 무연탄가루가 날아 들어오는데도 불구하고 돈을 벌기 위하여 꾸역꾸역 탄광촌으로 몰려가는 여자들.

그러나 그녀들도 무연탄 생산이 어느 시점에 가서 기름에 완전히 밀려 중지되어 버리면 자연스럽게 일자리를 잃게 될 것이었다.

나는 운전차장의 옆자리를 떠나며 마음속으로 바랐다.

(무연탄 산업이 기름에 밀리지 않게 되어, 광부들도 여자들도 돈벌이를 계속 오래오래 할 수 있게 되었으면 좋겠군.)

제9화

경력 차장(經歷 車掌)

1970년 6월 어느 날,

강릉발 청량리행 보통급행 제74열차,

대부분의 여객이 의자에 기댄 채 잠 들어 있거나 졸고 있는 야간열차라 영주~제천 간 전 객차와 침대차의 여객들에 대하여 한번 일제(一齊) 검찰을 해 본 나는 열차가 제천역을 떠나면서부터는 보통 객차 내를 순회하며 일제 검찰에서 빠졌을 것 같은 여객만 골라 부분 검찰을 시행하고 있었다.

한 칸, 두 칸, 세 칸… 열차의 맨 마지막 칸인 열두 번째의 보통 객차까지, 그러니까 침대차 바로 앞의 보통 객차까지 부분 검찰을 끝내고 나니 맨 뒷좌석과 승강구 사이를 왔다 갔다 하며 열차 앞쪽의 기관사와 열차 감시차 플랫폼에 나와 있는 통과역의 역장, 조역들에게 집무 전호를 하고 있는 등 운전 취급을 하고 있는 운전차장(運轉車掌)이 눈에 띄었다.

"차장님, 수고가 많으십니다."

내가 인사하며 운전차장 옆으로 다가가니 운전 차장이 자기의 옆자리를 손으로 가리키며 말했다.

"여객전무님이 수고가 많으십니다. 여기에 앉으시죠."

나는 그의 옆자리에 앉았다.

흰 머리칼, 얼굴에 주름살이 패어있어서 나이가 많아 보이는 차장,

"차장님, 정년퇴직할 때가 거의 다 되었지요?"

"녜, 내년 12월 31일 자로 정년퇴직합니다."

"고생 많이 하셨습니다. 차장 생활도 오래 하셨죠?"

"차장으로 나온 지가 올해로 15년째가 됩니다."

"많이 하셨네요. 그런데 운전 차장만 타시는 것 같던데요?"

"말썽이 많은 여객 열차의 여객 차장은 제가 성격이 맞지 않아서 못 탑니다. 제가 나이가 많고 고참 차장이기 때문에 화물 열차의 차장이나 여객 열차의 운전차장만 고집하여 타고 있지요."

"그렇군요. 저는 차장을 나온 지가 3개월밖에 안 됩니다. 조역(助役 : 6급 역 부역장)시험에 합격되어 있기 때문에 차장 6개월을 타고 나면 조역 발령을 받아 6급역 정거장에서 근무할 예정입니다. 지금은 파면된 마 00 여객전무 대신 새로운 여객전무가 발령받아 올 때까지 여객전무 대무를 하고 있고요."

"젊고 유능하시니까… 철도에도 일해 볼만한 좋은 자리가 많이 있습니다. 잘해 보십시오."

"… "

그때였다.

열차가 구학역 구내로 진입하고 있었는데 갑자기 나와 운전차장이 타고 있는 객차 밑에서 무엇인가가 "뚝!!" 하고 부러지는 소리가 나더니 이어 "탁! 탁! 탁! 탁!" 무슨 구조물이 어딘가에 둔탁하게 부딪치는 소리도 났다.

지진이 나서 땅이 움직이는 듯, 큰 파도에 배가 출렁대는 듯 뒤뚱뒤뚱 심하게 흔들리는 객차.

"객차의 바퀴들이 선로를 이탈하여 땅 위에서 그냥 끌려가는 것이 아닌가?"

"어~어~"

그 순간이었다. 객차가 뒤집힐 듯 너무 크게 흔들리는 바람에 앉아 있던 자리에서 놀라 일어나던 나와 운전 차장이 그만 몸의 중심을 잃고, 나는 옆의 의자에, 운전차장은 객차의 중앙통로에 쓰러져버리고 말았다.

의자에 앉아서 자고 있거나 졸고 있던 다른 여객도 마찬가지.

어떤 여객은 넘어지지 않으려고 의자의 한쪽 모서리를 잡고 있고, 어떤 여객은 객차의 중앙 통로에 나가떨어져 있고, 어떤 여객은 자기 의자 앞의 바닥에 주저앉아 공포에 떨고 있고…

(이럴 땐 어떻게 해야 하는가?)

내가 어찌할 바를 모르며 당황해하고 있는데 객차의 중앙 통로에 쓰러져 있던 운전차장이 안간힘을 쓰며 일어났다. 그리고 비틀거리며 객차 옆의 세면장 쪽으로 걸어가더니 세면장 위쪽에 설치되어 있는 비상변(非常瓣)을 급하게 잡아당기는 것이었다.

이럴 경우, 제동 관통기를 흐르고 있던 12K 압력의 강력한 공기가 객차 밖으로 빠져버려 열차는 제 속력을 내지 못하게 되고, 기관사는 공기압력계의 계기가 12K 이하로 떨어진 것을 확인하고 원인을 규명하기 위하여 열차를 세우게도 된다.

"과연… "

운전 차장의 비상변 잡아당기기가 효력을 발생하여 열차가 주춤주춤 속력을 줄이더니 이윽고 서는 것이었다.

나와 운전차장은 즉시 열차에서 내려 객차 밑을 살펴보았다.

"아~아, 이럴 수가 있는가?"

나와 운전 차장이 타고 있던, 흔들리던 객차 밑의 차축은 가운데가 부러져 있었고, 그 객차 및 그 뒤에 달려있던 침대차 2량과 수하물차 2량은 탈선되어 땅 위에 서 있었다. 그리고 여기저기 흩어져있는 수십 개의 침목, 나동그라져 있는 50m가량의 레일…

현장에서 추측해 본 사고의 경위는 대략 이러했다.

74열차가 달려가던 중 나와 운전 차장이 타고 있던 객차 밑의 강대한 차축이 갑자기 부러져버렸다. 부러진 차축은 열차가 달려가면서 선로의 침목을 파헤쳐 침목들과 레일이 옆으로 흐트러지게 하여 나와 운전 차장이 타고 가던 객차와 침대차, 수하물차를 탈선시켰다.

탈선된 객차 및 침대차, 수하물차들은 맨땅 위를 약 70m가량 끌려가다가 운전차장이 비상변을 급히 잡아당기는 바람에 아슬아슬하게 전복되지 않고 서 버렸다…

사고는 구학역에서 곧 운전사령, 여객사령 등 상급 기관에 급보되었고, 상급 기관에서는 탈선된 차량을 현장에 그냥 유류시켜 놓고 나머지 정상적인 차량만 갖고 빨리 현장을 떠나라는 지시가 내려졌다. 그래서 부득이 나와 차장이 타고 있던 객차와 침대차에 타고 있던 여객을 달래어 앞쪽의 안전한 객차로 이동시킨 후, 74열차는 약 1시간이 지연되어 사고 현장을 떠났는데 여객의 불평이 어느 정도 해소되자 나는 안도의 한숨을 내어 쉬며 운전 차장의 손을 다정스럽게 잡았다.

"난, 사실 아까 우리가 타고 있던 객차가 크게 흔들릴 때 너무 당황해서 비상변을 당길 것을 아예 생각도 하지 못했었습니다. 그런데 차장님이 우리가 타고 있던 객차의 비상변을 신속하게 잡아당겼기 때문에 탈선되어 끌려가던 차량 전부가 전복되지 않고 사상자가 한 명도 발생하지 않았습니다. 역시 운전 취급엔 나 같은 신참 차장보다는 차장 님 같은 고참 차장이 낫군요. 침착하고 경험이 많은 경력 차장이…"

제10화

위험(危險)한 단속(團束)

1970년 6월 어느 날, 청량리~강릉 간 특급 제71열차.

열차가 청량리역을 떠나고 나서 20분쯤 후, 나는 안내원을 대동하고 검찰에 들어갔다.

1호차가 끝나고, 2호차가 끝나고, 그리고 3호차에 들어섰을 때 나는 3호차의 분위기가 다른 객차와 좀 다른 것을 느꼈다. 객차 내에서 어떤 상황이 벌어지다가 승무원이 오게 되니까 금방 중지해버리고 시치미를 떼고 있는 것 같은 그런 분위기였다.

여객은 모두 내가 어떻게 행동을 취하나 하고 나를 응시하고 있었다. 나는 즉시 그 이상한 분위기의 원인을 감지할 수 있었다.

통로에 즐비하게 흩어져있는 사탕 봉지. 바로 그것이었다. 그것은 홍익회 판매원이 아닌 잡상인의 상품 찌꺼기였다. 잡상인이 능란한 선전으로 사탕 나부랭이를 팔다가 승무원이 오는 것을 보고 판매 행위를 중단한 것이었다.

나는 더러워진 객차 내와 차내의 무질서에 책임감을 느끼며 통로 한쪽에 치워져 있는 큰 부대를 열어보았다.

한 부대 속에는 무수한 사탕이 들어있었다. 또 한 부대에는 캔 맥주와 마른안주 등이 가득히 들어있었다. 나는 그 물건의 임자가 될 듯한 사람을 객차 내의 여객 중에서 찾아보았다. 그러나 좌석 수대로 앉아 있는 72명의 손님 중엔 잡상인의 인상을 풍겨주는 사람은 없었다.

"이 물건의 주인은 누구입니까?"

나는 답답하여 소리를 쳐 보았다. 그래도 "그건 내 것이오." 하는 사람이 없었다. 나는 재차 소리쳤다.

"주인이 없으면 이 물건을 제가 임의로 처리하겠습니다."

이번엔 응답이 왔다.

"그걸 팔던 사람은 조금 전에 저쪽 객차로 가버렸소."

어느 여객의 나지막한 귀띔에 나는 4호차 쪽을 바라보았다.

과연 4호차로 통하는 3호차의 출입문 밖에서 한 사람이 나를 주시하고 있다가 몸을 피하고 있었다.

나는 그가 잡상인이라는 것을 직감하고 빠른 걸음으로 그를 좇아갔다.

3호차 밖의 세면장 앞에서 나를 대하게 된 그는 이십칠, 팔 세쯤 되어 보이는 건장한 청년이었다. 왼쪽 뺨에 흉터가 있는 것이 과거에 칼을 맞은 자국 같았다. (이후 그를 '흉터 청년'이라고 표기함.)

"저기, 사탕과 맥주가 들어있는 부대가 당신의 것입니까?"

"… "

흉터 청년이 대답 대신 야릇한 웃음을 씩 웃었다.

"대답해 보시오. 저쪽에 있는 물건들은 당신의 것입니까?"

내가 계속 날카로운 시선으로 쏘아보자, 그는 자기를 알아주지 않아서 안타깝다는 듯 일부러 얕은 한숨을 내어 쉰 후 말했다.

"최 여객전무님, 저, 감방에 있다가 며칠 전에 나왔습니다."

"제 아이들이 최 여객전무님과 몇 번 다툰 일이 있다고 들어서 최 여객전무님이 탄 열차에선 장사를 안 하려고 했었는데… "

"… "

"오늘, 부득이 이 차에 올라왔습니다. 그렇다고 해서 최 여객전무님에게 추호라도 폐를 끼칠 생각은 없습니다. 최 여객전무님이 검찰을 하고 계시는 객차, 또는 볼일을 보고 계시는 객차에서는 최 여객전무님의 체면을 생각하여 절대로 물건을 팔지 않겠습니다. 그만한 것쯤을 다 알고 우리는 장사를 하고 있습니다. 그러니 최 여객전무님은 그저 이 열차에는 잡상인이 없겠거니 하고 모르는 체만 해주시면 됩니다. 최 여객전무님이 원하시면 잡혀가는 시늉도 해 보이겠습니다. 최 여객전무님, 앞으로 잘 받들어 모시겠습니다. 자~, 안심하고 받아두십시오."

그는 주머니에서 백 원짜리 지폐를 한 뭉치 꺼냈다. 눈대중으로 보아 대략 3, 4천원은 족히 될 것 같았다.

(이렇게 한 몫 쥐놓고는 앞으로 내가 승무하는 열차에서 두고 두고 장사를 해 먹겠다는 작정이 아닌가?)

나는 머리를 저며 굳은 표정을 지어 보였다.

"치워요. 난 그런 걸 받는 사람이 아닙니다."

"… ?"

"그리고 당신뿐만 아니라 다른 잡상인들도 지금 이 열차에서 물건을 팔고 있죠?"

나의 예측은 들어 맞았다. 시선을 돌려 옆의 4호차 안을 들여다보니 잡상인 한 명이 통로 중앙에 서서 무엇인가를 열심히 선전하고 있었다.

5호차, 6호차에서도 그럴 것이었다.

(여객전무가 지금 잡상인 단속을 하고 있는 중인데도 저 모양이니…)

그날따라 공안원의 승무가 없는 것을 나는 크게 아쉬워했다.

(나 혼자의 힘으로라도 저 사람들의 장사를 못 하게 해야겠군.)

나는 얼굴에 흉터가 나 있는 청년이 나의 주머니에 쑤셔 넣은 돈을 말없이 꺼내 그의 주머니에 넣어주고 차내 방송실로 달려갔다. 그리고 그곳에서 마이크를 잡고 약간 흥분된 어조로 방송을 하기 시작했다.

"여객 여러분에게 잠시 안내 말씀을 드리겠습니다. 지금 이 열차 내에서는 홍익회 판매원의 복장을 하지 않은, 사복을 입고 있는 사람이 과자와 캔 맥주 등을 팔고 있습니다. 그들은 철도청에서 허가를 받지 않은 신원불명의 잡상인입니다. 그들의 물건은 우리에게 해를 끼치는 불량품일지도 모릅니다. 그러므로 여객 여러분께서는 잡상인의 물건을 사지 않는 것이 좋겠습니다. 지금 철도청에서는 잡상인의 근절을 위하여 특별단속반을 편성, 운영하는 등 많은 노력을 들이고 있습니다만, 인력 관계상 단속의 손길을 전 열차마다 일일이 펼치지 못하고 있습니다. 여객 여러분께서는 잡상인의 근절을 위해 협조하는 의미에서도 잡상인의 물건을 사지 말아 주시기를 바랍니다. 거듭거듭 부탁드립니다. 잡상인의 물건을 절대로 사지 말아 주시기를 바랍니다. 감사합니다."

차내 방송을 끝내고, 3호차 쪽으로 가려고 하니 3호차의 출입문 밖에서 흉터 청년이 나를 기다리고 있다가 내 앞을 가로막아서는 것이었다.

증오에 차서 이글이글 타고 있는 눈.

"너무 합니다. 너무해요! 내가 그렇게 부탁했는데도 방송까지 하다니…"

"그럼, 나보고 어떻게 하란 말이오. 잡상 행위를 묵인하란 말입니까?"

"같이 벌어먹고 살아야 될 거 아니오!"

"같이 벌어먹다니… 당신이 철도청과 무슨 관계가 있습니까?"

"꼭 그렇게 나올 거요? 그래, 혼자서 잘 벌어먹고 잘 살아라!"

갑자기 말이 거칠어진 흉터 청년이 자기 분에 못 이겨 오른손으로 화장실 옆의 벽을 "탕!- 탕!- 탕!-" 세차게 내갈기는 것이었다.

"너와 나는 어차피 물과 기름이야! 화합할 수 없단 말이야!"

그리고 그는 두 주먹을 불끈 쥐고 하얀 이를 흉하게 내보이며 내 앞으로 한 걸음 다가섰다.

(나에게 덤벼들려고 하는구나!)

그렇다고 비겁하게 뒤로 물러설 나도 아니었다. 여객전무로서의 체면과 사나이로서의 자존심 때문에 나도 여차하면 그에게 대항하려고 온몸의 신경을 곤두세우고 그를 노려보았다.

일촉즉발의 긴장된 순간. 그러나 이때였다.

"여보세요! 여보세요! 그럼 안 돼요!"

언제 왔는지 안내원 미스 김이 나와 흉터 청년의 사이를 가로막으며 소리쳤다.

"열차 내에서 왜 난동을 부리려는 거예요! 이분은 이 열차의 책임자인 여

46

객전무님이셔요! 수백 명의 여객이 다 이분을 믿고 여행하고 있어요! 어디에다가 손을 대려고 그래요!"

또 언제 왔는지 흉터 청년의 부하 두 명이 흉터 청년의 양팔을 잡고 비틀었다.

"형님! 이러시면 안 돼요! 여객전무가 다치면 형님이 여객전무 노릇을 할 것이오?"

"… "

말리는 사람이 많아지자, 흉터 청년이 주춤해졌다.

부하에 의해 못 이기는 척 뒤로 끌려가는 흉터 청년.

나는 사납고 몰상식한 흉터와 계속 시비를 벌여봤자 이로울 것이 하나도 없다고 판단되어 안내원 미스 김을 데리고 바로 그 자리를 떠났다.

잠시 후,

특실의 빈 좌석에 앉아서 흉터 청년의 처리 문제로 곰곰이 생각에 잠겨 있는 나에게 흉터 청년이 찾아와서 크게 뉘우치는 것이었다.

"최 전무님, 제가 잘못한 것 같습니다. 다시는 이런 일이 없도록 명심하고 조심하겠습니다."

"… !"

"아까의 일은 저의 무식한 행동으로 일어난 일이오니 너그러운 마음으로 이해하고 용서해 주십시오."

"… !"

제11회

오해(誤解)

1970년 6월 어느 날, 강릉발 청량리행 특급 제72열차.

1, 2호차 담당 미스 김을 제외한 다른 안내원은 명랑치가 못했다.

근무에 전연 의욕이 없는 것 같았다.

업무상 나에게 할 말이 있을 텐데 내가 옆에 가도 별 반응이 없었다.

3, 4호차 담당 미스 조는 자기 일에만 몰두해 있었고 특실 담당 미스 박은 어느 손님과 무슨 이야기를 하고 있었고, 5, 6호차 담당 미스 리는 맨 뒤 72호석에 앉아서 멍하니 차창 밖만 내다보고 있었다.

이따금 동료들끼리 모여보지도 않고 있으니 대화가 이뤄질 수 없는 답답하고 따분한 분위기.

그런 분위기는 강릉을 떠난 열차가 영주를 지나고, 제천을 지나도 변하지 않았다.

(웬일일까?)

늦게 사 그 원인에 대해 이것저것 골똘히 생각을 해보던 나는 이윽고 입가에 쓴 웃음을 지었다.

(그렇군…)

미스 김.

눈치가 빠르고 쾌활한 성격의 그녀는 일에 충실할뿐더러 나에게 무척 자상한 마음씨를 써주고 있었다.

여럿이 식당차의 식탁에 둘러앉아서 같이 식사를 하다가

"난 이런 것을 좋아하지 않아. 전무님 더 드세요."

하며 자기 몫의 계란 프라이 같은 것을 나의 밥그릇에 자연스럽게 얹어놓은 일이 여러 번 있었고, 손님들에게서 팁을 받았다며 가끔 담배도 한 갑씩 사서 내 주머니에 살짝 넣어주었고…

언제였던가?

내가 객차의 바닥에 널려있는 도시락 껍데기. 계란껍질, 휴지 등을 보고 "객차 내가 더러워진 것 같군." 하며 청소에 대한 걱정을 했더니 그녀는 차내 청소를 담당하고 있는 홍익회 판매원을 부르지 않았다.

많은 여객이 어떻게 보든 간에 손수 빗자루를 들고, 스커트 자락으로 연신 무릎을 감추어가며 자기 담당 객차의 바닥을 차분하게 쓸어나갔다.

"집에서 걸레를 만들어 가지고 와서 승강구의 손잡이를 닦지 않나, 유리창을 닦지 않나. 화장실 청소를 하지 않나… 쟤는 전무님에게 전에 없던 충성을 다하고 있어."

동료 안내원의 빈정거림을 흘려들으며…

또 언제였던가?

내가 열차의 도중 도착 안내 방송을 하러 4호차에 달려 있는 차내 방송실에 들어갔더니 미스 김이 언제 왔는지 혼자 앉아 있었다. 그녀는 무슨 걱정이 있는 듯 시무룩한 얼굴을 하고 있었다.

"젊은 처녀가 고민이 있는 모양이로군. 시집갈 일인가?"

"시집은 무슨… 어디 신랑감이 있어야죠."

"신랑감? 아, 미스 김 정도면 신랑감이 수두룩할 텐데…"

"제 마음에 들어야죠."

"마음에 드는 사람이 없다… 어떤 사람이 미스 김의 마음에 들까? 어디 한번 얘기해 봐요."

"…"

"응? 한번 얘기해 봐요. 나도 찾아볼게."

"전무님 같은 분."

"뭐…? 내가 미스 김의 눈에 어떻게 비춰 보이기에…"

"전무님은 주체성이 있으시고, 침착하시고, 교양이 많으시고, 사관생도 같으시고…"

"…?"

"전무님은 앞으로 승진도 빠르실 거예요."

"별 소릴 다 하는군. 난 미스 김이 생각하듯 그렇게 칭찬을 받을만한 사람이 못돼. 평범한 철도원이지… 자, 이제 그런 얘긴 그만하고 기왕 미스 김이 방송실에 들어와 있으니 멋지게 한 번 안내 방송을 해봐요. 앞으로 한 5분간 더 가면 북평역이 되지?"

"제가 방송하면 안 돼요."

"왜?"

"도중 역 도착 안내방송은 3, 4호차 담당의 미스 조나 전무님께서 전담하기로 약속이 되어있지 않아요? 오늘은 제가 1, 2호차 담당이기 때문에 전무님께서 자주 오시는 방송실에 제가 와 있다는 것은 아무래도…"

"…!"

여객전무 생활에 어느 정도 익숙해져 있었을 때엔 이런 일도 있었다.

그날따라 강릉~청량리 간 상행 특급 제72열차는 늦었다.

종착역인 청량리역에 밤 9시 10분에 도착해야 할 열차가 40분이나 늦은, 밤 9시 50분에 도착했다. 안내원은 열차사무소에서 차내 수입금을 급히 마감하고 귀가를 서둘렀다. 나는 이런저런 잔무처리로 10시 10분경에 열차사무소를 나갈 수 있었다. 이미 마지막 하행 여객 열차도 떠나가버려 인적이 뜸한 청량리역 광장을 빠른 걸음으로 걸어나가던 나는 "전무님!" 하고 나지막하게 부르는 소리에 걸음을 멈추고 어둠 속으로 고개를 돌려보았다.

"아, 미스 김."

미스 김은 벤치가 있는 데에서, 놀라며 서 있는 내게로 금방 뛰어왔다.

"웬일이야? 이 밤중에?"

미스 김은 어둠 속에서 말없이 비시시 웃었다.

"집이 용산에 있다고 그랬잖아? 통행금지가 있는데 버스를 못 타면 어쩌려고 그래?"

"제 걱정 마세요. 전무님, 이거… "

미스 김은 가방 속에서 하얀 편지 봉투 하나를 꺼내 내 앞에 내밀었다.

"이건 뭐야?"

"어느 여객이 수고가 많다며 식사나 하라고 저에게 준 거 얘요. 3천 원… "

"3천 원은 왜?"

"전무님, 얼마 안 되지만 이걸로 고급 담배도 사시고, 이발도 하시고, 구두도 반짝반짝 닦으세요."

"그럴 돈이라면 내 돈으로 해야지, 왜 미스 김의 돈으로 하나?"

"제 돈으로 하면 못 쓰나요?"

"안 되지. 돈 귀한 건 누구한테나 다 마찬가지야. 난 미스 김이 고생하며 번 돈을 이유 없이 받을 수 없어."

"전무님께서 값싼 〈사슴〉 담배를 태우시는 것이 마음에 걸려서… "

"그 건 내 사정이지."

"여하튼 제 성의이니까 부담 없이 받아주세요."

"… "

나는 미스 김이 내밀은 봉투를 받아 도로 그녀의 가방 속으로 집어넣었다.

"나에 대한 미스 김의 마음은 고마워. 그러나 이런 돈은 받을 수 없지."

"… "

나는 섭섭해하는 미스 김을 데리고 광장 옆의 약방으로 찾아 들어갔다. 그리고 구연산 음료수 두 병을 산 후, 한 병의 뚜껑을 따서 미스 김의 손에 쥐어 주며 말했다.

"너무 늦었어. 이걸 마시고 빨리 집으로 가."

어떤 민원(民願)

1970년 8월 어느 날, 청량리발 강릉행 보통급행 제73열차. 여객이 굉장하게 많았다. 두 명씩 앉게 되어 있는 의자에 세 명씩 앉고도 자리가 없어서 중앙통로에 빽빽하게 서 있는 여객.

열차가 덕소역을 통과하면서부터 나는 열차원과 그 틈바귀를 헤쳐가면서 여객 정리도 할 겸 검찰을 시작했다.

"자, 승차권을 보여주십시오!"

절컥, 절컥, 절컥, 절컥, 절컥…

검찰은 상당히 빠르게 진행되어 나갔다.

여객의, 제시하는 승차권을 받아서 확인하며 검찰 가위(펀치)로 승차권에 구멍을 내며 나아가던 나는 철도직원용 무임 승차증을 내미는 한 여객의 얼굴을 무심하게 내려 보다가 적이 놀랐다.

"아니, 미스 김이 아니야?"

"원주에 급한 볼일이 있어서 탔어요. 전무님, 수고가 많으셔요."

미스 김은 그 예쁜 얼굴에 보조개를 피우며 살짝 웃었다.

"원주까지 가신다… 그럼 원주까지 침대차를 타고 가지, 내가 가라고 그러더라고 침대 열차원에게 말해요."

"싫어요. 제가 어디 침대차에 탈 수 있는 자격이라도 있나요? 여기에서 그냥 앉아 갈래요."

나는 미스 김을 지나쳐서 다시 검찰을 진행해 나갔다. 그리고 전 객차의 검찰이 막 끝났을 때 본청 감사관실 직원 두 사람이 특별 출장증을 내어 보이며 기 정리되어 있는 침대차의 현황을 확인하자고 하여 그들과 동행하여 침대차로 갔다. 침대차의 수감을 이상 없이 끝내고 나니 세 번째의 객차에서 여객끼리 싸우고 있다고 어느 여객으로부터 연락이 왔다.

세 번째의 객차에서는 술에 취한 여객끼리 유달리 큰 싸움을 벌이고 있었다.

주먹으로 치고받고 하다가 술병까지 깨뜨려서 서로를 찔렀다. 피투성이가 된 그들을 말리다 못해 나는 군용 객차의 수송관까지 불러왔다. 그 여객의 싸움을 처리하느라고 나는 깜박 미스 김이 원주에서 내리는 것을 보지 못했다.

열차가 신림~구학 간을 달려가고 있을 때 나는 졸리는 눈을 비비며 차내를 순시하기 시작했다.

네 번째와 다섯 번째 객차 사이의 연결 통로를 지나고 있을 때 승강구 쪽에서 불쑥 튀어나와 내 옷깃을 건드리는 사람이 있었다.

"… ?"

미스 김이었다. 원주에서 내렸어야 할 미스 김.

"… !"

"전무님, 오늘따라 전무님께서 무척 바쁘시네요? 차내에서 싸움판이 벌어지고… "

"… "

"사실은 제가 원주에서 볼 일이 있는 게 아니고 그저께 전무님에게 항의한 그 71열차의 특실 환승여객의 일이 걱정되어 전무님을 만나 뵈려고 탔어요."

"… !"

2일 전, 청량리발 강릉행 특급 제71열차에서였다.

열차가 강릉역에 도착할 즈음, 열차의 종착역 도착 예정 안내방송을 마치고 차내 방송실에 앉아 있는 나에게 30대 후반의 나이로 보이는 어느 남자 여객이 찾아왔다.

그는 내 옆에 앉으며 날카로운 눈초리로 나를 쏘아봤다.

"저를 기억하고 계십니까?"

"글쎄요, 전연…"

"그럴 거요. 매일 수백 명씩의 여객을 상대하다 보면 웬만한 일은 기억 못 할 거요."

"…"

"그럼 이건 기억납니까? 약 다섯 달 전의 일이죠. 영주로 가는 보통급행 열차에서 한 점잖은 여객이 신분증을 내보이며 여객전무에게 사정을 한 적이 있습니다. 돈이 없어서 그냥 열차를 탄 것이 아니라 철도에서 협조할 만한 직장에 있기 때문에 편의를 좀 봐 달라고 했습니다. 그러나 여객전무는 막무가내였습니다. 차표 값을 내라, 못 낸다 하며 시비가 벌어지고… 여객전무는 결국 그 여객을, 여객이 내리는 영주역에 서류를 갖추어 정식으로 인계했습니다. 그 여객은 영주역 직원과 잘 아는 사이인데도 여객전무가 정식으로 인계했기 때문에 청량리에서 영주까지의 정상운임과 급행료 외에 부가금까지 물었습니다. 그것은 어떤 의미로선 매우 잘한 일이었습니다. 이쯤 얘기하면 알 수 있을까요?"

나는 머리를 끄덕였다. 기억이 났다.

그는 신분증을 꺼내어 잘 읽어보라는 듯이 나에게 내밀었다.

그는 영주에 있는 모 권력기관의 직원이었다. 그는 내가 천천히 신분증을 다 확인하자 신분증을 도로 집어넣었다.

"그러면 지금부터 제가 하고 싶었던 말을 얘기해 보겠습니다. 솔직히 말하지만, 저는 그전에는 차표를 끊지 않고 다녔습니다. 물론 불문율이지만 제 신분증을 보여주면 대부분의 승무원은 묵인해주었고, 저 역시 그러려니 했습니다. 그런데 당신에 의해서 망신을 당하며 차표를 끊게 되면서부터는 느낀 점이 많았습니다. 그 후부터는 꼭 차표를 끊고 정당하게 여행을 하고 있

54

습니다."

오늘 영주에서 열차를 타보니 여객전무는 당신이었습니다. 저는 기대를 걸면서 여행을 했습니다. 당신은 도중 안내 방송도 빠짐없이 잘하였고 차내의 청소도 홍익회 판매원에게 깨끗하게 시켰습니다. 그런데 딱 한 가지, 마음에 걸리는 일이 있습니다. 이건 시정해야겠다고 생각합니다."

그는 자기의 승차권을 주머니에서 꺼내 나에게 보여주었다.

"이것은 영주에서 산 이 열차의 차표입니다. 6호차 27호석, 저의 지정좌석이죠. 그런데 저는 간밤의 직장 일로 잠을 제대로 못 잤기 때문에 좀 더 편안한 좌석으로 옮기고 싶었습니다. 그래서 특실로 갔고, 특실담당 여승무원에게 530원을 주고 15호석에 앉았습니다. 그로부터 여러 시간이 지났습니다만 … "

열차는 어느새 종착역인 강릉역에 도착했다.

꾸역꾸역 열차에서 내려 집찰구로 걸어 나가는 여객.

"열차가 종착역에 도착한 지금까지도 당신들은 나에게 아무런 증명을 해주지 않았습니다. 영주에서 산 이 차표로 강릉역을 그냥 빠져나가란 뜻이겠죠. 물론 정거장을 나가버리면 나의 철도여행은 이상 없이 끝나는 것입니다. 그렇지만 곰곰이 생각해 봅시다. 그 돈은 어디로 갔습니까? 내가 낸 돈 530원 말입니다. 나에게는 지금 이 열차에서 내리려니 섭섭한 마음이 생깁니다. 당신에게 걸었던 기대, 내가 발견했던 새로운 철도 인상은 무너져버린 것이 아닙니까?"

그는 나에게 자기의 얘기만 일방적으로 해버리고 바쁘다는 듯 열차에서 내려갔다.

"저, 손님, 제 얘기도 좀 들어보셔야지요."

나는 홈에 멍하니 서 있다가 특실에서 내려 나의 쪽으로 걸어오는 미스 김을 불렀다.

"영주에서 특실로 환승한 15호석 여객에게 특보를 안 끊어줬어?"

"아, 그 여객 말이에요. 특실좌석에 앉혀 드린 후, 특보를 끊으려고 승차권을 보여 달라고 했더니 아주 귀찮고 피곤하다는 표정으로 한 손을 내저으며 눈을 감아버리더군요. 그때 마침 저에게 오라고 손짓하는 다른 특실손님이 있어서 특보를 나중에 끊어주기로 하고 일단 그 자리를 떠났는데 다른 일도 좀 하다가 한참 후에 가보니 그 분은 잠이 들어있었어요. 또 상당한 시간이 흐른 후에 가보니 역시 자고 있었어요. 막상 그가 잠에서 깨어나있었을 때는 식당차나 화장실에 갔는지 자리가 비어있었고… 그러다가 열차가 강릉에 도착되었고, 그 여객은 끝내 제 눈에 띄지 않았어요."

"결국 여객이 안 보였기 때문에 특보(특종 보충권의 준말, 열차 내에서 승무원이 여객에게 발행해주는 대용 승차권.) 처리를 못했다는 얘기이지?"

"그래요."

"여객이 안 보이더라도 그 손님한테서 받은 특실 료금을 명확히 정리하기 위하여 특보를 미리 발행해 놓았었다면 이런 일이 없을 것이 아닌가?"

"그렇긴 합니다만 그 손님이 잠에서 깨어나면 그 손님이 보는 앞에서 특보를 발행해 주려고 했던 것이 그만… "

"좀 늦었지만 지금에라도 특보를 발행하여 환승 료금 500원, 수수료 30원을 국고에 집어넣어."

"그 여객은 말썽을 부리려고 일부러 저로부터 영수증을 안 받은 거예요."

미스 김이 분한 생각이 들었던지 울먹이며 가방 속에서 더듬더듬 특종보충권을 꺼내 받을 사람이 없는 특종보충권을 발행했다…

"그런 걸로 여기까지… "

"조그마한 민원이라도 돈과 관계가 있으면 경고장을 받거나 징계에 회부돼요. 전무님에게 누를 끼치게 될까 봐서… "

"그런 건 내가 다 알아서 할 테니까 신경 쓰지 말아요."

"어떻게 알아서 할 거예요?"

"71열차의 그 특실 환승여객에 대해선 내가 그분의 직장과 이름을 기억하고 있으니까 이 열차로 영주에 내려가면 찾아가 볼 것이고… "

"그런 계획이 있으셨군요, 거기에 드는 비용은 제가 전부 부담할게요."

"쓸데없는 소리… 아무 걱정도 말라니까?"

"전무님 같은 말씀만 자꾸 하시네요… 알았어요. 저는 그 일이 잘되기만 바라겠어요."

"미스 김이 내일 청량리역에서 아침 7시 정각에 떠나는 강릉행 특급71열 차를 타야 할 텐데 이렇게 내 차를 타고 내려가면 어떻게 하지?"

"제천역에서 이 열차와 교행이 되는 74열차를 타고 서울로 도로 올라갈래 요."

"그래야지, 피곤하겠네?"

"저보다는 전무님이 더 피곤하시겠어요."

"나는 어차피 근무이니까… "

나는 미스 김의 마음씨가 고마워 그녀의 두 눈을 똑바로 바라보며 빙그레 웃음을 띠었다.

73열차가 제천역에 도착한 후, 미스 김은 곧이어 달려온 74열차를 타고 다 시 서울로 향했고 나는 그대로 73열차를 타고 영주로 내려갔다.

그리고 낮 11시 30분쯤, 승무원 숙사에서 한숨 자고 난 나는 71열차의 민원 여객이 근무하고 있는 직장으로 찾아갔다.

정문 수위로부터 전화를 받고 수위실로 나온 그는 의외의 나를 보자 놀라 워했다.

"어떻게 여기까지… "

"어디 조용한 데로 가서 점심 식사라도 하면서 얘기하죠."

그는 내가 점심 식사 자리에서 늦게나마 발행해놓은 특종보충권을 건네 주며 환승 료금 지연 처리에 대해 정중하게 사과하자 "철도청에 진정서를 내려고 마음먹고 있었는데 당신이 이렇게 찾아와 양해를 구하니 독해졌던 마음이 풀어집니다 그려." 하며 허허 웃었다.

제13화

염원(念願)의 등불

1970년 8월 어느 날,

영주역에서 강릉발 청량리행 보통급행 제74열차를 받아 타고 서울에 도착한 나는 열차사무소의 칠판에 쓰인 〈최선권 전무, 소장 용건〉이란 전달 사항을 읽었다. 그리고 그날 오전 아홉 시쯤, 소장실에 들어간 나는 근엄한 표정의 소장님으로부터 예기치 못한 지시를 들었다.

"최 차장을 여객전무 대무로 내보내 놓고 사실 난 불안한 마음으로 지켜보았어, 정식 여객전무가 아닌 최 차장이 말썽 많은 여객열차에서 혹시 무슨 실수라도 저지르면 어떻게 하나 하고… 그런데 며칠 전, 강릉행 71열차에서 특실로 환승한 어느 여객으로부터 환승 요금과 수수료 530원을 받고 특보를 늦게 발행했다는 얘기도 들려오고… "

"… !"

"최 차장은 현재 조역(부역장) 시험에 합격해 있기 때문에 앞으로 또 무슨 일을 당하게 될지 모르므로 여객열차에서 하루라도 빨리 내리는 것이 장래를 위해 더 좋겠어… "

'… !"

소장님의 의도를 파악한 나는 서운한 생각이 들어 시선을 창밖으로 던졌다.

(아~아, 여러 사람의 기대 속에서 여객열차를 타고 있던 내가 조그마한 구설수 때문에 여객열차를 내리게 되는구나.)

서글픈 마음으로 바라보는 창밖의 청량리역 구내의 측선엔 시커먼 화차들이 즐비하게 체류되어 있었다.

유개차, 일반 무개차, 홉파형 무개차, 자갈차, 장물차, 유조차, 양회조차…

여객전무 대무를 하고 있던 내가 운전차장으로 내려가면 다시 점검하며 따라다녀야 할 화차들이었다.

그로부터 얼마 후,

새로운 여객전무가 청량리 열차사무소에 발령이 나서 부임해오는 바람에 나는 다시 5개월 전의 운전차장으로 되돌아갔다.

그리고 약 석 달 후인 1970년 11월 27일, 나는 중앙선의 능내역 조역(부역장)으로 발령이 났다.

일근 1명, 철야 근무의 갑, 을 반 인원 여덟 명, 강에서 지선을 통해 나오는 자갈과 모래의 발송(1일 10량) 때문에 하루 한차례 입환이 있고, 여객 열차 착,발 1일 9회, 소화물 취급이 조금 있고, 그 외 통과 열차를 포함하여 열차 교행 등 운전 취급을 1일 90회 정도 하는 능내역.

그 역의 조역으로 나가니 우선 긴장감에서 해방되어 좋았다.

신호 취급, 열차 감시, 서무 등 해야 할 일이 적지 않게 있어도 별다른 상황이 벌어지지 않는 한, 늘 고정적이고, 반복적인 일들이어서 모두 느긋한 마음으로 처리할 수 있었고 여객열차와 여객 및 소화물 취급이 적은 관계로 금전 관계에서도 특별히 걱정될 것이 없었다.

그렇기 때문에 그동안 여객, 화물열차를 타느라고 신경이 쓰여져서 3kg이나 줄어져 있던 체중도 서서히 늘어나기 시작했다.

(원, 이렇게 좋은 것을…)

그러나 여객전무 대무 때의 여러 가지 일들이 자주 생각이 나서 여객전무가 승무하는 보통 급행열차, 특별급행열차가 능내역을 통과할 때엔 별다른 관심을 갖고 바라보곤 했다.

그러던 어느 날 밤, 8시 30분경,

강릉발 청량리행 특급 제72열차가 능내역의 본선을 통과하고 있었는데 승강홈에서 열차 감시를 하고 있는 나를 어느 객차의 승강구에서 부르는 소리가 났다.

"조역님!"

고개를 돌려 소리가 나는 곳을 자세히 보니 72열차의 안내원 미스 김이 승강구의 계단에 서서 웃으며 나에게 손짓하고 있었다.

"오! 미스 김!"

그러나 미스 김은 내가 뭐라고 계속 외칠 사이도 없이 열차와 함께 그대로 내 옆을 통과해버리고 말았다.

"조역님~~!"

점점 멀어져가는 미스 김의 외침과 손짓.

열차는 능내역의 승강 홈을 벗어나자 속력을 더했다.

나는 멍하니 멀어져가는 열차를 바라보았다.

아직도 72열차의 승강구에 서서 내가 있는 능내역 쪽을 바라보고 있을 미스 김.

나는 손에 들고 있던 열차 감시용 등불을 높이 들어 바삐 원을 그렸다.

내가 미스 김이 타고 있는 열차를 바라보고 있다는 표시로 자꾸만 자꾸만 등불을 흔들어대었다.

마음속으로 이렇게 외치면서…

(미스 김도 이젠 그 말썽 많고 피곤한 열차에서 내려버려! 정거장에서 서무를 보거나 차표를 팔거나 안내 방송을 하는 등 다른 일을 해보란 말이야!)

제14화

서울 열차사무소(列車事務所) 여객전무(旅客專務)

다음 해(1971년) 5월 어느 날,

원주발 청량리행 보통 제172열차가 능내역에서 착발하고 난후, 172열차의 수화물차편에 등기를 발송하려고 나갔던 역무원이 사무실에 들어와 양평역 전신으로부터 온 여러 통의 전보를 내어놓았다.

무슨 일은 어떻게 하라, 이런 일은 몇 월 며칠까지 조사하여 보고 하라, 몇 월 며칠 몇 시엔 어떤 임시 열차가 운행된다는 등의 내용…

전보 중엔 대략 이런 내용의 것도 끼어 있었다.

〈여객전무 전형 실시. 다음 직원은 6월 며칠 몇 시에 관리과 계획계에 출두하여 여객전무 전형에 응할 것, 능내역 조역 최선권.〉

여객전무들 중 악성 민원을 받았거나 차내 수입실적이 부진한 여객전무 들을 대폭 교체한다는 소문이 나돌더니 드디어 실현하는 모양이었다.

3일 후, 나는 철도국에서 지시한 대로 관리과 계획계에 출두했다.

각 역에서 모여든 20여 명의 조역이 키 몇 cm, 체중 몇 kg, 용모, 걸음걸이, 말하는 태도 등 20여 가지나 나열된 〈여객전무 심사표〉에 의해 여러 명의 심사위원 앞에서 심사를 받았다.

심사가 끝나고 나선 응시자 전원이 합격 여부도 모르는 채 〈부정부패의 근절〉, 〈부조리 척결〉, 〈서비스 향상〉, 〈철도 수입 증대〉 등에 대한 특별교육을 받았다.

그리고 약 열흘 후,

철도국으로부터 나에게 신분 변동을 알리는 전보 한 장이 날아왔다.

〈능내역 조역, 최선권, 서울열차사무소 여객전무를 명함, 6월 18일부.〉

그래서 나는 능내역 조역 6개월 만에 좋든 싫든 간에 여객전무로서 다시 열차 승무를 하게 되었다.

이번엔 청량리 열차사무소 담당인 중앙, 영동선이 아닌 서울열차사무소 담당인 경부, 호남, 전라, 경전, 장항선의 열차 승무를…

제15화

순진(純眞)한 무찰객(無札客)

목포역에서 밤 8시 40분에 떠난 용산행 보통 제188열차가 하남~임곡 간을 달리고 있을 때였다. (당시, 제도가 좀 바뀌어 여객 차장이 전문적으로 타던 보통열차도 장거리 보통열차에 한해 얼마 동안 여객전무가 승무했었다.)

"죄송합니다. 승차권을 좀 보여주십시오."

열차원을 앞세우고 익숙한 솜씨로 부지런히 검찰을 해나가던 나는 어느 객차의 마지막 좌석에 가서 검찰을 중단하고 말았다.

20세 내외로 보이는 수수한 옷차림의 처녀들 4명이 2개의 긴 의자에 앉은 채 2명씩 서로 몸을 기대고 곤히 잠들어있었기 때문이었다.

나와 열차원은 그냥 지나쳐버릴까 하다가 〈다른 여객의 차표는 다 보았는데〉 하는 마음이 생겨 자고 있는 처녀들을 깨우기로 했다.

"미안합니다. 검찰중이오니 승차권을 보여 주십시오."

처녀들은 잠에서 깨어나지 않았다.

"차표를 보여주십시오."

이번엔 열차원 한 사람이 약간 큰 소리로 말하며 한 처녀의 옷깃을 살짝 흔들었다.

그래도 잠에서 깨어나지 않는 처녀들.

(이렇게 시간을 허비하고 있으면 안 되는데…)

나와 열차원은 합세하여 처녀들의 옷깃을 잡아 세게 흔들었다.

"차표 좀 보여주십시오."

처녀들은 그때에야 비로소 눈들을 부스스 떴다.

초점이 없는 멍한 시선들.

"차표 좀 보여주십시오."

그러나 처녀들은 차표를 꺼내 보여줄 행동을 않고 서로들의 얼굴을 쳐다보며 계속 멍하니 앉아있는 것이었다.

"우린 시간이 없는 사람들입니다. 빨리 승차권을 보여주십시오."

"… "

"차표를 보여 달라니까요."

"… "

"아니, 어떻게 된 겁니까? 차표가 없습니까?"

"… "

계속 말을 못하고 있는 처녀들.

처녀들에겐 차표가 없는 것 같았다. 모두 걱정스럽고 두려운 표정들을 지으며 나와 열차원을 말없이 쳐다보고 있었다.

"그러고 보니 이제까지 깨워도 계속 자는 체 한 건 차표가 없기 때문이었군."

"… "

"차표가 없으면 없다고 빨리 말해야지, 이렇게 가만히 있으면 어떻게 해."

나와 열차원은 그동안 시간을 허비한 것이 분했다.

"차표가 있는 사람도 자리가 없어서 저렇게 서 있는데 차표가 없는 사람들이 말 한마디 없이 그냥 자리를 차지하고 있으면 어떻게 해… "

"… "

"전부 일어나요!'

처녀들은 엉거주춤 앉았던 자리에서 일어섰다.

"이쪽으로 나와요."

처녀들이 객차 가운데의 통로로 나왔다. 그러자 옆에 서 있던 몇 몇의 여객이 얼른 처녀들이 앉아 있던 자리에 가서 앉았다.

"어디로 가려고 차표 없이 탔나?"

처녀들 중 한 명이 모기소리로 가느다랗게 대답해왔다.

"서울… "

(이제 이 차표 없는 처녀들을 어떻게 처리해야 할 것인가?)

좋은 방법이 생각나지 않았다.

가출을 했든, 차표 살 돈이 없을 정도로 찢어지게 가난했든, 처녀들의 사정은 딱했지만 처녀들 때문에 더 이상 시간을 지체할 수가 없었던 나는 처녀들에 대한 처리를 나중에 하기로 하고 우선 그 자리를 떠났다.

그러나 여객전무로서의 위엄을 갖추기 위해 무심하게 한마디 하기는 했다.

"차표가 없으면 열차를 탈 수 없지, 다음 역에서 내려버려!"

그런데 얼마 후, 188열차가 임곡역에서 잠시 정차했다가 스르르 떠났을 때였다.

어느 객차의 승강구에 서서 어두컴컴한 임곡역 승강홈을 별생각 없이 바라보고 있던 나는 4명의 처녀들이 승강홈 한쪽에 뭉쳐 서서 울고 있는 것을 발견했다.

(아니, 조금 전 검찰을 할 때 차표가 없던 그 처녀들이 아닌가?)

차표가 없는 처녀들이 "다음 역에서 내려 버려!" 라고 한 내 말에 잔뜩 겁을 집어먹고 얼떨결에 열차에서 그대로 내려 버린 모양이었다.

(아~아, 이걸 어떻게 하나, 이 열차가 막차이기 때문에 내일 아침까지 서울로 가는 후속 열차가 없는데…)

또, 1971년 6월 어느 날 새벽 1시쯤,

여수발 서울행 보통급행 제118열차가 황등~다산 간을 달리고 있을 때였다.

혼자서 열차 내를 순회하고 있던 나는 한 청년이 어느 승강구의 철판 덮개에 쪼그리고 앉아서 졸고 있는 것을 발견하고 말했다.

"저쪽 객차에 비어있는 자리가 하나 있던데 그리로 가서 앉으십시오."

청년이 소스라치게 놀라며 일어섰다.

모자에 노란 금테를 두르고 여객전무 완장을 차고 있는 나를 보고 벌벌 떠는 태도.

(혹시 무임승차를 하고있는 것이 아닌가?)

나는 의심스러운 눈초리로 그에게 물었다.

"차표 있습니까? 차표 좀 보여주십시오."

"… "

그는 느린 동작으로 바지 주머니에 손을 집어넣어 주섬주섬 차표를 찾아보더니 돌연 내 곁을 빠져나가 열차의 앞쪽으로 도망치는 것이었다. 그가 뛰어서 도망치는 바람에 의자에 앉아서 졸거나, 자고 있던 일부 여객들이 번쩍 눈을 뜨고 있었다.

나는 그런 여객을 바라보며 도망친 청년을 뒤쫓아 천천히 객차의 중앙 통로를 걸어갔다.

내가 다음 객차의 출입문을 밀고 들어갔을 때 그는 이미 어디로 갔는지 그 다음 객차의 유리 출입문을 통해서도 보이지 않았다.

(도망가 봐야 달리고 있는 열차 안이지.)

나는 의자마다 꽉 차게 앉아 있는 여객들을 훑어보며 걸어갔는데 의자 밑도 살펴보고 화장실도 열어보고… 다음 객차에서도 그는 보이지 않았다.

그는 훨씬 앞쪽의 객차로 도망친 것이 분명했다.

다음 객차, 다음 객차… 그러다가 어느 객차와 어느 객차 사이의 연결 통로를 지나가게 되었는데 그곳에서 뭔가 이상한 느낌이 들어 발걸음을 멈추었다.

"… !"

닫혀있는 승강구 출입문의 밑으로 보이는 두 개의 발.

도망쳤던 청년은 열차 밖에서 승강구의 문을 닫고 손잡이에 아슬아슬하게 매어 달려 있는 것이었다.

"위험해! 들어와!"

"… "

"차표가 없어도 좋아! 봐줄 테니 안심하고 들어와!"

"… "

청년은 계속 달리는 열차 밖에서 위험하게 매달리고 있었다.

"떨어지면 죽어! 제발 들어와!"

"… "

그가 죽을까 봐 객차와 객차 사이의 연결 통로에서 사색이 되어 소리치던 나는 곧 그가 열차 안으로 못 들어오는 이유를 알게 되었다.

열차 밖에서 매달려 있는 그에겐 닫혀있는 승강구 출입문을 한 손으로 열 힘이 없었기 때문이었다.

"내가 문을 열어줄 테니까 있는 힘을 다해 매달려 있어!"

그러면서 나는 승강구 문의 손잡이를 왼쪽으로 비틀고 안으로 힘껏 잡아 당겼다. 그 순간 그는 출입문 왼쪽을 잡고 있던 그의 손을 오른쪽으로 옮겨 오른손과 함께 오른쪽 손잡이에 매달렸다. 다음, 출입문을 안쪽 벽으로 붙여 출입문을 열어놓은 내가 위험을 무릅쓰고 그의 왼팔을 잡아 나의 쪽으로 힘껏 끌어당겼다. 그러자 그도 온 힘을 다해 나에게 협조하여 열차 안으로 끌려 들어왔다.

그렇게 해서 그는 추락사를 면할 수 있었다.

제16화

화전민(火田民)의 아들

1970년 7월 어느 날, 용산발 목포행 보통 제181열차.

열차가 천원역에서 1분간 정차했다가 떠난 후인 오후 1시 12분쯤, 각 객차 내를 돌아다니며 천원역에서 승차했을 듯한 여객만 골라 승차권을 확인해 나가던 나는 어느 객차의 뒤쪽 좌석에 앉아서 차창 밖만 내다보며 일부러 승무원의 시선을 피하고 있는 듯한 허름한 복장의 한 중년 남자를 발견하고 그에게 말을 걸었다.

"천원역에서 승차하셨습니까?"

"… 네."

"승차권을 좀 보여주시겠습니까?"

"… 요새 통 잡지 못해서… 차표를 못 샀습니다."

"뭐를 잡지 못했습니까?"

"제 직업이 땅꾼입니다."

"땅꾼이라… 뱀을 잡아서 파십니까?"

"그렇소… "

"녜에… "

나는 약간 신기한 생각이 들어 그의 옆자리에 앉았다.

"저도 과거에 산에서 혹은 논두렁에서 뱀을 돌로 쳐서 잡아본 일이 있고 어느 때엔 독사를 한꺼번에 열세 마리를 잡아본 일도 있습니다."

"아니, 독사를 한꺼번에 열세 마리를 잡아보았다고요?"

땅꾼이 못 믿겠다는 표정을 지어왔다.

"녜, 틀림없이 한꺼번에 열세 마리를 잡아보았습니다."

나는 내 말이 사실이라는 것을 납득시키기 위해 과거의 기억을 더듬어 나갔다.

경북 안동의 36예비사단에서 군대생활을 하고 있을 때인 1965년 여름, 서울의 건국대학교와 성균관 대학교의 R.O.T.C생 수백 명이 훈련을 받기 위하여 내가 있는 36사단으로 왔다.

어느 날,

R.O.T.C생들이 산 위의 적군을 쳐부수고 고지를 점령하는 훈련을 하게 되어 기간 병으로서 적군의 역할을 맡았던 나는 다섯 명의 대항군 분대원과 함께 부대 근처 어느 산 중턱의 훈련용 엄폐호(掩蔽壕)에 R.O.T.C생보다 먼저 올라가서 숨어있어야 했다.

더운 날씨, 철모에 〈대항군〉이란 글씨를 써 붙이고 엠 원 소총을 메고 산 위로 얼마쯤 걸어 올라가던 우리 분대원들은 잠시 쉬려고 큰 나무 밑의 바위에 산 아래쪽을 바라보며 앉았다.

화랑담배를 꺼내 피우며 잡담을 나누기도 하고, 바로 옆의 도토리 비슷한 개암나무 열매를 따서 먹어보기도 하고…

그러던 중 누군가가 갑자기 소리쳤다.

"저거, 뱀이 아닌가?"

그가 손가락으로 가리키는 약 4m 등 뒤의 바위 밑 좁은 틈새를 바라보니 뱀 한 마리가 똬리를 틀고 앉아서 우리 쪽을 바라보며 혀를 날름거리고 있는 것이었다.

"머리가 세모꼴이고 회색 몸통에 검은색의 무늬가 얼룩덜룩 있는 걸 보니 독사로구나."

우리는 모두 긴장하며 자리에서 일어났다.

"잡자!"

분대원 한 명이 돌멩이를 집어 들고 또 다른 분대원 한 명이 엠 원 소총에 대검을 꽂는 것을 보고 내가 말렸다.

"독사를 섣불리 건드렸다가 죽이지 못하면 우리가 도리어 물려, 그냥 놔 두고 우리가 이 자리를 고이 떠나는 게 좋겠어."

나의 의견이 받아들여져서 우리는 즉시 뱀을 피해 산 위로 향했다.

그로부터 얼마 후,

R.O.T.C생들의 고지 점령 훈련이 시작되었고 우리 대항군 분대원은 적군 인 체 하며 허공을 향해 공포탄을 마구 쏘아 대었다.

"탕! 탕! 탕! 탕! 탕!"

각자 한 발을 발사하고 나면 엠 원 소총의 약실 앞 탄도에 또 한 개의 공포 탄을 집어넣고 노리쇠를 전진시킨 후 방아쇠를 잡아당겨 발사시키고…

"탕! 탕! 탕! 탕! 탕!… "

계속하여 발사시키다가 내가 지급 받은 스무 개의 공포탄 중에서 한 개는 약실 앞의 탄도에 공포탄이 완전히 삽입이 되지 않은 상태에서 노리쇠를 전 진시켰기 때문에 탄피의 일부분이 약간 찌그러져 버렸다. 그래서 그 당장 사 용할 수 없게 된 공포탄을 급한 김에 옆으로 제쳐놓고 다른 공포탄들을 마저 장전하여 쏘았다. 그리고 훈련이 끝난 후, 나중에 반납하기 위하여 사용하지 못한 공포탄 한 개와 탄피들을 주워 탄창에 집어넣고 분대원들과 함께 산에 서 내려가기 시작했다.

그런데 산에서 내려가던 우리는 약 두 시간 전, 독사가 똬리를 틀고 앉아 서 우리를 노려보고 있던 그 장소를 다시 지나가다가 적이 놀랐다.

예의 그 독사가 그 장소에서 두 시간 전의 자세 그대로 우리를 또 노려보 고 있는 것이었다.

"이상하다. 왜 저 독사가 꼼짝 않고 그대로 자리를 지키고 있을까?"

우리들은 멀찌감치 서서 한참 구경하다가 그 독사를 잡기로 했다.

돌멩이를 모아오고 엠 원 소총에 대검을 꽂고…

나는 사용하지 못하고 가지고 온 공포탄이 생각나서 탄창에서 그 공포탄을 골라냈다.

"이것도 20m 이내에서 맞으면 사람, 동물, 다 다치는데… "

돌멩이로 공포탄의 찌그러진 부분을 살짝살짝 두들겨 보았더니 이내 제대로의 모양을 갖추었다.

다음, 그 공포탄을 엠 원 소총의 약실 앞 탄도에 집어넣고 노리쇠를 전진시켜 보았더니 장전이 정확히 되었다.

이제 방아쇠만 당기면 "탕!~" 하고 20m가량 화약을 내뿜으며 공포탄으로서의 큰 소리를 발생시킬 것이었다.

"독사가 움직이지 않고 있으므로 돌멩이로 때리거나 대검으로 찌르지 말고 이걸로 한번 쏴보자."

내가 소리치며 공포탄이 장전되어 있는 엠원 소총을 들고 조심스럽게 독사 쪽으로 다가가자 다른 분대원은 모두 각자의 행동을 중지하고 나를 주시했다.

한 걸음, 두 걸음…

엠 원 소총의 총구는 내가 조금씩 움직이는 대로 독사에게 점점 가까이 갔다.

여전히 똬리를 틀고 앉은 채 혀를 날름거리고 있는 독사.

어느덧 내가 들고 있는 엠원 소총의 총구는 독사 머리의 50cm 앞까지 갔다.

또 조심스럽게 조금씩 전진하여 40cm, 35cm, 30cm… 총구가 독사의 머리에 20cm 정도까지 가까이 갔을 때 나는 방아쇠를 당겼다.

"탕!!!~"

총구에서 화약 냄새와 함께 허연 연기가 피어올랐고 공포탄을 직격으로 맞은 독사는 순간 각종 감각 기능을 상실해버렸는지 괴로운 용틀임을 하며 내 앞으로 휘청휘청 기어 나왔다.

그런 독사를 나는 엠 원 소총에 꽂은 대검으로 머리를 찍어 엠원 소총을 땅에 수직으로 꽂았다. 대검에 찍힌 채 땅에 머리를 박고 몸을 흔들어대는 독사.

독사는 한참 동안 버둥대다가 다른 분대원이 대검으로 계속 머리 부분을 찍어대자 아주 죽어버렸다.

나는 대검에 머리가 찍혀있는 독사를 위로 쳐들었다.

길이가 70cm 가량, 독사의 가운데쯤, 배 부분이 볼록하게 나와 있었다.

"야아, 이놈이 개구리를 잡아먹은 모양이로구나. 배가 이렇게 뚱뚱한 걸 보니…"

나는 무슨 전리품이나 되는 것처럼 죽은 독사가 매어 달려 있는 엠 원 소총을 어깨에 메고 분대원과 함께 산을 내려갔다. 그리고 더 이상 장난삼아라도 죽은 독사를 부대까지 가지고 갈 수가 없어서(그 시절, 뱀을 먹는 일은 지금처럼 즐겨하지 않았다. 밭에서 일하고 있는 한 농부에게 그냥 가져가라고 해도 징그럽다며 마다 했다.) 논두렁에 죽은 독사를 내려놓고 볼록한 배를 개구리가 나올 줄 알고 대검으로 갈라보았다. 그랬더니 웬걸? 뜻밖에도 죽은 독사의 뱃 속에는 길이가 5cm 가량씩 되는 독사의 새끼가 들어있는 것이었다.

한 마리, 두 마리, 세 마리, 네 마리… 모두 열두 마리였다.

"이놈의 독사가 해산 직전으로 몸이 불편했기 때문에 그렇게 여러 시간 동안 한 장소에서 가만히 있었구나."

"어미 독사 한 마리, 그 어미 독사의 뱃 속에 들어있는 새끼 독사 열두 마리, 합계 열세 마리, 그렇게 해서 한꺼번에 독사 열세 마리를 잡았다는 얘기이군요?"

"그렇지요."

"계산상으로 맞긴 맞습니다만. 허, 허…"

땅꾼이 웃고 나서 말을 이었다.

"여객전무님께서 잡은 그 독사는 살무사일 것입니다."

"살무사요?"

"네, 살무사는 몸길이가 70cm 정도 되고 몸빛이 엷은 회색입니다. 몸통의 옆면에 짙은 회색의 얼룩얼룩한 무늬가 있고 눈의 뒤쪽에서 길이로 담색의 줄무늬가 복부의 등과 하면을 경계 짓는… "

"그러고 보니 맞습니다. 제가 잡았던 독사가 바로 그런 독사였습니다."

"대부분의 뱀은 어미가 낳은 알에서 부화되어 뱀이 되지만 살무사는 어미의 뱃 속에서 직접 뱀이 되기 때문에 살무사의 새끼가 어미의 뱃 속에서 모두 나오면 어미 살무사는 탈진하여 죽고 맙니다. 그래서 새끼가 어미를 죽이는 뱀이라 하여 일명 살모사(殺母蛇)라고도 하지요."

"이름을 해석해 보면 그렇기도 합니다만… 우리나라엔 어떤 종류의 뱀들이 있습니까?"

"지금 말한 살무사 외에 맹독을 가진 독사로는 까치살모사, 불독사 등이 있고 그 외에 빛이 누런 황구렁이, 몸길이가 120cm 정도로 머리가 넓고 주둥이의 끝은 둥글며 꼬리가 가늘고 끝이 뾰족한 능구렁이, 몸이 굵은 원통상(圓筒狀)이고 1m 정도 되는 꼬리가 가늘고 뾰족한 먹구렁이, 몸길이가 100~120cm로 주둥이가 부리 모양으로 뾰족하게 내밀려 있고 몸빛이 회갈색이고 배가 은백색인, 물에서 헤엄치며 물고기 따위를 잡아먹고 사는 물뱀들, 몸길이가 70~100cm 정도로 온몸이 적갈색인 무자치, 몸이 암갈색이고 흰 줄이 목에서 꼬리까지 양쪽에 있으며 이 흰 줄을 따라 검은 점이 온몸에 흩어져있는 산무애뱀들, 산무애뱀들 중의 하나로 검은 바탕에 배가 흰 무늬로 아롱져 있는 흑질(黑質百章) 등 모두 열네 종의 뱀들이 있습니다."

"독사와 비독사의 구별은 어떻게 합니까?"

"독사는 머리가 삼각형이고 물린 잇자국에 두 개의 독 이빨 자리가 있습니다. 비독사는 머리가 둥글고 물린 잇자국에 독 이빨 자리가 없으며 둥급니다."

"독사의 독은 얼마나 독한가요?"

"독사의 독에는 신경독(神經毒)과 용혈독(溶血毒) 두 가지가 있습니다. 신경독은 근육마비를 일으키는데 먼저 입과 목 그리고 호흡근을 순차적으로 마비시킵니다. 신경독에 의한 증상은 졸음이 오고 호흡곤란 등이 나타나며 맥박이 느려지고 근육무력증이 나타나고 구역증, 구토, 그리고 혼수상태에 빠지며 결국 호흡마비나 심장마비로 사망합니다. 용혈독은 주로 해혈(解血) 현상을 일으키는데 혈관 벽의 내면이 파괴되고 조직세포도 파괴합니다. 따라서 내출혈이 일어나며 뇌에 뇌출혈이 있을 경우에는 경련이 일어납니다. 물린 자리가 크게 부어오르고 몸이 몹시 쑤시고 아프며 출혈하는 등 대체로 순환기 부전으로 사망합니다."

"그렇게 무서운 뱀을 잡는 일을 생활수단으로 하고 계시니… 그러나 뱀이 자주 눈에 띄어야 잡을 게 아닙니까?"

"끝에 두 갈래 쇠붙이가 달린 막대기로 풀숲을 헤쳐 나가다 보면 가끔 뱀이 발견됩니다. 뱀 굴을 찾아보기도 하고… 경험으로 잡는 것이지요."

"봄부터 가을까지는 그런대로 뱀을 잡을 수 있겠지만, 겨울철엔 뱀이 없어서 못 잡겠네요?"

"왜요, 겨울철에도 뱀을 잡습니다. 겨울철엔 뱀 굴이 있을 만한 양지바른 곳을 짐작과 경험으로 골라 얼어붙은 땅을 녹이기 위해 우선 나무를 모아 불을 지르고 그다음에 땅을 파 봅니다. 뱀 굴이 나오면 대개 여러 마리가 겨울잠을 자느라고 엉겨 붙어있는데 어떤 때에는 수백 마리가 한데 엉겨 붙어 있는 경우도 있습니다."

"네에, 그 뱀들이 덤벼들면 어떻게 하지요?"

"겨울잠을 자던 놈들이기 때문에 덤벼들지 않습니다. 집게로 집어내면 되죠."

"말씀하시는 것을 보니 의학적인 용어 등 이것, 저것, 아는 것이 상당히 많으신데… "

"아니오, 저는 국민학교 밖에 못 나왔습니다. 제가 말한 내용 중엔 경험으로 얻은 것도 있지만 뱀집 주인들이나 의사들한테서 여러 번 들어서 알고 있는 것도 많습니다."

"많은 직업 중에서 왜 하필 땅꾼 일을 택해서 하고 계십니까?"

"저는 화전민(火田民)의 집안에서 태어났습니다. 어려서부터 배운 것이라곤 산 밭을 가꾸는 일, 약초를 캐는 일, 땅꾼 일 등 밖엔 없어서 지금까지 그런 일들만 계속해오고 있습니다. 그래서 다른 걸 좀 해보고 싶어도 원체 아는 것과 돈이 없기 때문에 전연 못해 보고 있습니다."

열차가 속력을 늦추기에 차창 밖을 내다보니 조금 전에 노령신호장을 떠난 열차가 어느새 백양사역에 진입하고 있었다.

"전, 여기에서 내려 또 산으로 올라가야 합니다."

땅꾼이 여장을 차리며 자리에서 일어났다.

"뱀을 잡으려고요?"

"녜."

"차표가 없는데 정거장을 어떻게 빠져나가시려고 하십니까?"

"백양사역에 사정을 해봐야죠."

"그럴 것 없이 제가 차표를 한 장 만들어 드리죠. 뱀에 관한 상식도 얻었으니까."

나는 주머니에서 급히 특종보충권(대용승차권)을 꺼냈다.

"그리고 산으로 가시거든 정말 몸조심하십시오. 독사에게 물리지 않도록 …"

제17화

남자복(男子福)이 없는 여인(女人)

①

1971년 6월 어느 날,

용산발 목포행 보통 제187열차. 이른 아침 6시경,

열차가 송정리역을 떠나서 2분쯤 지났을 때였다.

"달가닥, 달가닥, 달가닥, 달가닥… "

속력을 내어 달리던 열차가 갑자기 주춤해졌다.

기관사가 급하게 비상조치를 취했던지 바퀴에 심하게 제동이 걸리는 느낌…

그 바람에 차창이 부르르 소리를 내며 떨렸고 여객들의 자세가 한쪽으로 약간 흔들렸다.

타력으로 조금 더 나아가다가 이윽고 서 버리는 열차.

(무슨 사고가 났구나…)

객차 내를 순회하다가 일순간 휘청 몸의 중심을 잃어버릴 뻔했던 나는 급히 열차에서 내려 기관차 쪽을 바라보았다.

그러나 내가 내린 자리는 열차의 후부 쪽이었기 때문에 열차의 앞쪽이 잘 안 보였다.

나는 기관차 쪽을 향해 뛰다시피 걸었다. 점점 가까워지는 기관차.

잠시 후, 기관차의 앞쪽 철길에서 두 사람이 내 쪽으로 걸어오는 것이 보였다. 자세히 보니 한 사람은 기관사였고 한 사람은 젊은 여자였다.

기관사의 한 손이 여자의 팔소매를 붙잡고 있었고 여자의 걸음걸이가 끌려오듯 느린 것이 기관사가 여자를 붙잡아오는 것 같았다.

(… ?)

이윽고 기관사와 여자가 내 앞에 당도하여 섰다.

화가 잔뜩 나 있는 나이 많은 기관사와 얼굴색이 핼쑥한 22, 3세 정도의 예쁜 여자.

기관사가 나에게 큰 소리로 말했다.

"여객전무! 이 여자를 목포역까지 끌고 가서 경찰에 고발하시오!"

"이 여자가 무슨 일을 잘못했습니까?"

"자살하려고 남자와 둘이서 나란히 철길에 가로누워 있었소!"

"녜에… ?!"

"안개가 자욱하게 끼어 속도를 많이 줄이고, 주의 운전을 하였기 망정이지… "

"… "

"약 70m 앞 철길에 희미하게 뭐가 있는 것을 발견하고 급히 제동을 체결했는데 제동취급을 1초만 늦게 했어도 두 사람은 열차 바퀴에 깔리고 말았을 것이오."

"… !"

"열차가 철길에 가로누워 있는 두 사람의 바로 옆에 아슬아슬하게 선 다음 내가 기관차에서 내리니 남자는 겁이 나서 어디론가 도망가 버렸소. 이 여자는 그대로 철길에 누워있었고… "

젊은 여자는 자기의 잘못을 알고 있는 듯 수그린 고개를 들지 못하고 있었다.

"죽고 싶으면 남한테 피해가 안 가게 죽지… 아, 내 차에 깔려 죽으면 난 어떻게 하라고 그래!!"

"… !"

"여객전무, 이 여자를 경찰에 고발해요. 내 결과를 확인할 테니까… !"

기관사가 나의 소속과 이름을 수첩에 적고 난 후, 나는 여자를 데리고 객차에 올라갔다.

다시 움직이는 열차.

나의 안내로 어느 빈 좌석에 앉은 여자는 얼굴을 푹 내려뜨리고 모든 것을 체념한 듯 계속 말이 없었다.

"주민등록증을 내어놓으십시오."

"… "

"주민등록증이 없으면 주소와 이름을 대십시오."

"… "

"왜 죽으려고 했지요?"

"… "

"도망간 남자는 누구입니까?"

"… "

"철길에 누워 열차의 운행을 방해하면 징역 몇 년을 살게 되는지 알고 계십니까?"

"… "

"나에게 자세한 얘기를 해줘야 나도 참작하고 아가씨에게 도움을 줄 수 있지 않겠습니까?"

"… "

나의 끈질긴 질문과 설득에 여자는 결국 입을 열었다.

아주 힘없이 가느다란 목소리로 띄엄띄엄…

그녀는 가난한 어느 농가의 맏딸이었다.

국민학교만 졸업하고 집에서 가사를 돕고 있다가 공장에 다니는 한 청년과 우연히 알게 되었다.

한 6개월쯤 비밀리에 사귀다가 사랑이 깊어져 임신까지 하게 되었는데 막상 결혼하려고 양가의 부모에게 그 사실을 알렸더니 양가의 부모 모두가 펄쩍 뛰며 두 사람의 결혼을 결사반대하는 것이었다. 그래서 거의 한 달 동안 울며불며하다가 어차피 떳떳하게 이뤄질 수 없는 사랑, 저세상에 가서나 행복하게 살아보자고 합의가 되어 둘이 서로의 몸을 꽉 껴안고 철길에 누워버렸다는 것이었다.

"아까는 죽어버리려고 철길에 누웠었지만… 어때요, 지금도 죽고 싶은 심정입니까?"

"… "

"같이 죽자고 하던 애인은 도망가고 없는데… 그렇게 의리 없는 사람을 나중에 만나면 또 사랑하고 그 사람의 자식도 낳아줄 것입니까?"

"… "

여자는 두 손바닥으로 얼굴을 감싸고 서럽게 울기 시작했다.

"흑, 흑, 흑, 흑… "

세게 파도치는 어깨.

통한의 울음은 여전히 계속되고 있었다.

"난, 아가씨를 경찰에 고발하지 않겠습니다."

"… "

"그 대신 부디 용기를 갖고 굳건하게 살아가시기를 간절히 바랍니다."

②

1971년 9월 어느 날,

서울발 광주행 임시특급 제00열차가 황등~이리 간을 달리고 있을 때인 새벽 3시20분쯤, 대부분의 여객이 의자에 기댄 채 졸고 있거나 잠이 들어있었는데 객차 내를 순회하던 나는 앞 객차의 승강구 쪽에서 웬 여자가 "사람 살려요~!!" 라고 가느다랗게 외치는 소리를 듣고 아연 긴장했다.

(사람 살려요?… 그럼 누가 죽을 지경에 처해 있다는 말인가?)

빠른 걸음으로 소리가 난 곳을 찾아가 보니 7호차와 8호차 사이의 한 승강구 상판 위에서 22세 내외로 보이는 젊은 남녀 한 쌍이 티격태격 몸싸움을 하고 있는 것이 눈에 띄었다.

승강구의 문 쪽에 있는 여자가 안쪽으로 들어오려고 하고 승강구의 안쪽에 있는 남자가 여자를 승강구의 문 쪽으로 밀어내려고 하고…

"사람 살려요! 이 남자가 나를 열차 밖으로 밀어내어 죽이려고 해요!"

내가 그들의 옆으로 다가가자, 여자는 백만 응원군을 얻은 듯 더욱 크게 소리쳤다.

"이 남자가 정말 나를 죽이려고 해요! 사람 살려요!"

여자의 말이 사실이라면 남자가 여자에게 겁을 주기 위해 극단적인 폭행을 가하려고 하고 있거나 여자를 죽이기 위해 열차 밖으로 밀어뜨리려고 하는 것이 분명했다.

"여, 여보시오!"

나는 당황하며 소리쳤다.

"이 무슨 짓이오! 위험하게!"

내가 큰 소리로 나무라자 남자가 힐끗 나를 쳐다보며 태연하게 말했다.

"이 여자는 내 여자요! 간섭하지 마시오!"

"아니애요! 저는 이 남자하고 아무 관계가 없습니다! 살려주셔요!"

여자가 간절한 목소리로 외쳐왔다.

"이 남자는 우리 동네에서 살고 있을 뿐이에요. 제가 열차를 타는 걸 보고 괜히 따라와서 자기 말을 안 듣는다고 이러는 거예요!"

"거짓말 마!"

남자가 큰 주먹으로 여자의 머리를 퍽! 하고 내려쳤다.

"아이구구!"

여자가 두 손으로 머리를 감싸며 승강구의 상판으로 무너져 내렸다.

"아니, 도대체 당신들, 이게 무슨 짓이오!"

보다 못해 내가 한 손으로 남자의 팔 소매를 잡아 뒤로 끌었다. 그러나 그는 내 쪽으로 끌려오기는커녕 나를 쳐다보지도 않고 완강한 팔의 힘으로 내 손을 뿌리치는 것이었다. 그 바람에 오히려 내가 뒤로 휘청거렸다.

(이거, 잘못 건드렸다간 역부족으로 내가 도리어 망신을 당하겠구나.)

순간적으로 이렇게 판단을 한 나는 그들의 싸움을 옆에서 구경만 하기로 했다.

(내가 지켜보고 있는 이상 여자에게 더 심한 행동은 안 하겠지.)

여자는 울며 계속 남자에게 말로 대들었다.

"내가 싫다는데 댁이 뭐예요?! 왜 나를 때리는 거예요?!"

"내, 우리 아버지한테 다 얘기하고 경찰에도 고발할 거예요!"

남자는 여자의 입을 막으려고 가끔 주먹으로 여자의 머리통을 무자비하게 쥐어박았다.

"아이구!… 나 죽어요!"

내가 쿵쿵 뛰는 가슴을 겨우 억누르는 사이, 열차가 이리역에 도착했다.

다급하게 홈에 내려서니 마침 사법권을 갖고 있는 이리역 주재 공안원 두 명이 정복을 입은 채로 홈 한쪽에 서 있는 것이 보였다.

나는 그들에게 뛰어갔다.

"자기가 짝사랑하는 여자를 뒤따라가서 사랑을 안 받아준다고 폭력을 쓰는 놈이 있습니다. 그냥 놔두다간 여자에게 아주 큰 일이 일어날 것 같습니다."

"여자에게 폭력을 어떻게 쓰고 있습니까?"

"승강구에서 밀어뜨리며 죽인다고 엄포를 놓고 주먹으로 세게 때리고 여자가 다른 데로 도망쳐 버릴까 봐 움직이지 못하게 하고… "

"그런 사실을 입증할만한 목격자가 있어야 하는데… "

"내가 직접 봤습니다. 목격자 확인서를 써서 보내드릴 테니까 우선 그들을 열차에서 내리게 하여 조사부터 철저히 하여 주십시오."

"그들을 꼭 끌어내려야 되겠습니까?"

"그냥 놔둬 버리면 그 여자가 위험합니다."

"..."

"그 남자가 워낙 강하고 사납기 때문에, 또 달리는 열차에서 나와 차장의 힘으론 도저히 안 되겠기에 이렇게 요청하는 것입니다."

"..."

"위기에 처해 있는 여자를 살려내기 위해선 그 들을 열차에서 끌어내려 조사를 한 후 고발 조치를 취하는 것이 최선의 방법이라고 생각합니다. 자~, 빨리 나하고 같이 가서 그들을 강제로 끌어냅시다."

잠시 후, 그들은 나와 공안원들에 의해 열차에서 끌어 내려졌다.

제18화

백만장자(百萬長者)의 사윗감

1971년 6월 어느 날, 부산 승무원 숙사.

서울역에서 아침 여덟 시에 떠나는 11열차를 타고 부산에 오후 두 시쯤에 도착한 내가 낮잠과 독서로 시간을 보내다가 밤 열한 시쯤, 내일의 12열차(부산역에서 아침 여덟 시 정각에 떠남) 승무를 위해 잠자리에 막 누웠을 때였다.

"11열차 도착 여객전무님, 전화를 받으세요."

승무원 숙사의 관리인이 내가 누워있는 방문 앞에 와서 일러주었다.

"… ?"

나는 숙사 직원실로 뛰어가서 전화를 받았다.

"여보세요, 11열차 도착 여객전무 최선권 입니다."

"최 전무님이세요? 저, 이 00 입니다."

"이 00 씨… ?"

"저를 모르십니까? 이리역(지금 익산역)에서 근무하는… "

"아, 이리역 개, 집찰구에서 근무하는 이 00 씨… 거기가 지금 어디입니까?"

"부산 열차사무소입니다."

"부산 열차사무소는 부산역과 한 건물 내에 같이 있는데 이리역에서 근무하는 이 00 씨가 부산 열차사무소엔 웬일로?… "

"부산에 볼일이 있어서 와 있습니다. 부산역에서 밤 열한 시 삼십 분에 떠나는 서울행 특급 은하호 열차를 타고 대전으로 가려고 부산역에 나왔다가 최 전무님 생각이 나서 혹시나 하고 부산 열차사무소에 들려 서울 열차사무소의 최 전무님 도착 여부를 알아봤더니 마침 최 전무님이 11열차로 부산에 와 계시더군요. 그래서 지금 전화를 드리고 있는 것입니다."

"하, 참… 나를 생각해줘서 고맙군."

"저는 은하호 열차를 안 타겠습니다. 최 전무님, 밖으로 나오시지요."

"지금 몇 시인가?… 열한 시이니까 통행금지 시각이 한 시간밖에 안 남았는데… "

"통행금지가 문제입니까? 저도 은하호 열차 타는 것을 포기했습니다. 아무 걱정 말고 나오세요."

"… "

"부산역 건너편의 길가 이층에 〈동백〉이라는 다방이 있습니다. 제가 지금 그리로 갈 테니까 빨리 나오십시오."

"… "

이리역 개, 집찰계원 이 00 .

내가 그를 알게 된 것은 약 7개월 전 어느 날에 승무한 서울발~목포행 특급 제41열차(태극호)에서였다.

그날 41열차가 논산~강경 간을 달리고 있을 때 나는 9호차에서 검찰을 하고 있었다.

"9호차 64호석, 서대전에서 정읍, 9호차 65호석, 서대전에서 나주… "

내가 여객이 제시하는 승차권의 내용을 읽어가며 검찰가위로 짤깍, 입협을 하면 안내원이 익숙한 솜씨로 좌석리스트에 받아적고…

9호차의 검찰을 끝내고 10호차로 가려고 9호차의 출입문을 밀고 나서니 9호차의 세면대 앞에 25세 내외의 젊은 청년 한 명이 서 있었다.

나를 두려워하는 표정.

"차표 좀 보여주세요."

안내원이 그에게 말했다.

"저… "

그는 잠깐 주저하다가 주머니에서 지갑을 꺼냈다.

"이리역에서 근무하고 있는데요."

나는 그가 허리를 굽히며 펼쳐 보이는 지갑을 받아 읽어 내려갔다.

통근용 철도무임승차증, 이리역 고용원, 이 00, 관내 보통열차.

"이리역에서 무엇을 하고 계십니까?"

"개찰, 집찰 일을 하고 있습니다."

"관내의 보통열차만 탈 수 있는 통근용 무임 승차증으로 특급열차를 탔기 때문에 이렇게 나와 계시는군요."

"녜에… "

그가 미안해하며 허리를 굽혔다.

"직위야 어떻든 우리, 다 같은 철도 종사원이 아닙니까? 아무 데나 빈자리에 가서 앉으세요."

"… !"

얼마 후, 41열차의 검찰을 완전히 마친 나는 각 객차 내를 순회하다가 이리역의 이 00 이 어느 객차의 빈 좌석에 앉아있는 것을 발견했다.

(고용원의 직위로 특급열차에 탄 것을 그렇게 송구스러워 하니…)

나는 엄밀히 따져보면 정식 공무원도 아닌 고용직의 그가 몹시 측은하게 생각되어 사이다와 빵을 사가지고 그에게로 갔다.

"날씨가 더운데 우리, 목이나 축입시다."

"… !"

다음은 내가 따라주는 사이다를 황송한 태도로 마시며 그가 나에게 들려준 얘기.

자취방이 이리역 근처에 있다는 그는 부모 네가 살고있는 본가가 논산에 있는 관계로 이리 논산 간을 가끔 열차를 이용하여 다니는데 바로 하루 전날인 어제였다.

본가에 볼일이 있어 이리에서 목포발~서울행 특급제42열차를 탔는데 검찰을 하고있는 여객전무에게 그의 관내 통근용 무임승차증을 보여줬더니 "관내 보통열차를 탈 수 있는 통근용 무임승차증으로 특급열차를 탔으니 특별급행권을 끊으시오." 하더라는 것이었다.

그래서 "이제까지 다른 여객전무님들은 다 봐주던데요." 했더니, "나는 규정대로 할 뿐이오." 하며 수첩에 그의 신분을 적고 특별급행료금을 내라고 계속 채근하는 등 너무 강경하게 나와 할 수 없이 특별급행료를 지불하였다는 것이었다.

"음… 아까 내가 검찰할 때 당신이 세면대 앞에 나가 있은 것은 어제처럼 여객전무가 또 특별급행권을 끊으라고 할까 봐서이었군."

"그렇습니다. 돈도 아깝고 많은 여객 앞에서 창피를 당하는 것도 싫고… "

"어제 임자를 한번 잘 만났었군. 어제 41열차를 어느 여객전무가 탔었던가?"

"이 00 씨 였습니다."

"아, 그분은 우리 서울 열차사무소 20여 명의 여객전무 중에서 차내 수입을 일등으로 올리는 분입니다. 당신한테는 섭섭한 여객전무인지는 모르겠지만, 철도 전체로 볼 때에는 아주 유능한 여객전무이지요."

"… "

"나도 권력기관, 특수기관, 신문, 잡지사 등에서 근무하고 있는 것을 핑계로 하여 협박을 하듯 무임승차를 하려고 하는 사람이 있으면 악착같이 대들어, 받아야 되는 철도 운임과 요금을 다 받아냅니다만… 주인 의식이 없으면 해낼 수 없는 일입니다."

"… "

"이 00 여객전무를 나쁘게 생각하지 마십시오. 고군분투하는 그런 여객전무도 있어야 열차 내의 무질서가 조금씩 바로 잡혀가는 것입니다."

그와 잠깐 얘기를 나누고 있는 사이, 열차가 이리역에 도착되고 있어서 내가 자리에서 일어나자 그도 자리에서 일어났다.

"여하튼 최 전무님, 저를 오늘, 따뜻한 마음으로 대해줘서 정말 고맙습니다."

그렇게 이리역의 이 00을 알게 되고 나서 약 5개월 후, 서울열차사무소로 한 통의 편지가 왔다.

〈최 전무님, 제가 가끔 여객전무의 승무하는 열차를 타고 최 전무님도 승무 교번에 의해 호남, 전라, 경전선의 열차를 타시게 될 때엔 이리역을 거치실 텐데 이상하게도 만나볼 수 있는 기회가 없네요. 한번 만나서 그동안 저에게 있었던 일들을 얘기해 드리고 싶습니다.〉

그러나 나는 열차 타기에 바빠 그에게 답장도 띄우지 못했고, 이리역에서 내려 찾아가 보지도 않았다.

그리고 약 두 달 후,

내가 11열차를 타고 부산에 내려갔더니 마침 부산에 볼일이 있어 온 그가 부산 열차사무소에 문의하여 내가 부산에 도착해있는 것을 알아내고 만나자고 전화를 해온 것이었다.

(그가 나를 잊지 못하고 있었군.)

밤 11시 10분쯤, 승무원 숙사에서 외출 신고를 하고 그가 지정한 동백다방을 찾아 들어가 보니 그는 이미 와서 앉아 있다가 자리에서 일어나며 나를 반기는 것이었다.

"어서 오십시오, 최 전무님."

"오래간만입니다."

그와 나는 웃으며 손을 맞잡은 후 자리에 앉았다.

"아직 시간이 있으니까 웬만하면 애초에 계획했던 대로 서울행 은하호 열차를 타고 가지…"

"안되지요. 무리를 안 하면 최 전무님을 뵐 수 없습니다."

"나하고 만나면 무슨 이득이 있다고…"

"최 전무님은 빈틈없는 성격이지만 인자하시고 제 얘기를 처음부터 끝까지 진지하게 잘 들어주십니다. 그리고 무슨 일이든 긍정적으로 해석하시며 가능한 한 제 의견에 동조하려고 하십니다."

"전에 41열차에서 나와 얘기를 나눌 때 그렇게 느꼈었나? 그럼 앞으로도 계속 그런 식으로 이 00 씨를 대해야 되겠군. 허, 허… "

다방 여종업원이 보리차를 갖고 탁자 옆으로 와서 허리를 살짝 굽히며 예를 취했다.

"최 전무님, 뭘 드셔야죠."

"커피를 마시면 잠이 안 오니 홍차를 들겠네."

"난, 커피… 그리고 청자 담배 둘."

다방 여종업원이 카운터 쪽으로 돌아간 후, 내가 시계를 보며 말했다.

"11시 15분이야, 통행금지 시각도 가까웠고 다방 문도 닫을 시간이 다 되었고… 우리, 차를 마신 후 승무원 숙사의 내 방으로 가서 얘기나 하다가 같이 자세."

"아, 제가 최 전무님의 방에서 자려고 최 전무님을 불러냈겠습니까? 최 전무님도 저도 여관에서 함께 자야죠."

"이 사람, 여관비가 얼마인데 쓸데없이 돈을 낭비하려고 그래?"

"이젠 돈 같은 건 걱정 없습니다."

그는 주머니에서 천 원짜리 지폐를 한 뭉치 꺼내어 나에게 보여주었다.

(당시엔 오천 원권, 만 원권 지폐가 없었음.)

"… ?"

다음은 다방 여종업원이 날라 온 차를 함께 마시며 그가 나에게 들려준 얘기.

나와 41열차에서 처음 만났다가 헤어진 후의 어느 날 밤 10시 30쯤,

그는 논산의 본가로 가기 위해 이리에서 서울행 열차를 탔는데 마침 등산복 차림의 젊은 여성이 앉아있는 의자의 옆자리가 비어있어서 용기를 내어

그 빈자리에 앉게 되었다.

첫인상이 좋게 느껴졌던지 상대편을 호의적으로 바라보는 그녀.

"여기에 좀 앉아 가도 되겠습니까?"

"벌써 앉으셨는데 그런 말씀을 하세요?"

"하긴… 순서가 틀렸군요. 저는 가끔 이런 엉뚱한 실수를 저지른답니다."

"한 가지를 보면 열 가지를 짐작해 볼 수 있다는데… 큰일이군요."

"네, 이 건 보통 큰일이 아닙니다. 앞으로 잘 좀 지도해 주십시오."

"저는 지금 정읍의 내장산으로 단풍 구경을 갔다가 부산의 집으로 돌아가고 있는 바쁜 여행객입니다. 처음 보는 댁에게 어떤 지도 같은 걸 해드릴 의무도 없지만 그럴만한 시간적 여유도 없는 사람입니다."

"그렇습니까? 제가 또 사람을 잘못 알아보고 엉뚱한 부탁을 했군요."

"자주 실수를 하다 보면 저절로 지혜와 경륜도 생겨나게 되니까 과히 염려를 안 하셔도 될 것 같습니다."

"동감이 가는 지당하신 말씀… 그런데 부산에서 정읍의 내장산까지, 정읍의 내장산에서 부산의 집까지 그렇게 먼 길을 또 밤 열차로 왜 혼자 다니십니까?"

"같이 구경 다닐만한 마땅한 친구가 없어서요."

"하… 당돌하십니다."

"발랄하지는 않고요?"

"네, 발랄도 하십니다."

"당돌하고 발랄하니까 모르는 남자에게도 이렇게 함부로 말대꾸를 하고 있는 게 아니겠어요?"

"끼~익!~"

"너무 급하게 브레이크를 밟으면 자동차가 뒤집어지는 수도 있어요."

"오, 그대는 내가 이제까지 찾고 있던 바로 그 처녀 여왕이로소이다."

"처녀 여왕? 듣기에 나쁜 말은 아니로군요. 그러면 댁은 뭔가요?"

"처녀 여왕의… 아니, 그냥 충실한 처녀 여왕의 신하라고 해둡시다."

"충실한 신하라면 여왕의 분부를 잘 따라야 될 게 아닙니까?"

"여부가 있겠사옵니까? 여왕 마마."

"그러면 나의 분부를 잘 따라 해보세요."

"하명만 하십시오, 여왕 마마."

"이 열차가 대전에 도착하면 부산행 열차가 바로 접속되는지 알아봐 주십시오."

"여왕 마마, 대전에는 대전역과 서대전역 두 역이 있사옵니다. 마마가 타고 계신 이 열차는 경부선 열차가 정차하는 대전역으로 가지 않고 서대전역에 정차했다가 회덕역을 거쳐 한양으로 가게 되어 있사옵니다."

"어허… 말이 어째 그리 길으시오. 알아듣기 쉽게 간단히 요점만 설명하시오."

"마마께옵서는 서대전역에서 일단 내리셔서 꽃가마를 타시고 대전역으로 가셔야 되옵니다."

"대전역에는 12시가 넘어야 도착될 텐데… 나는 애초에 대전역에 가면 부산행 열차를 바로 탈 수 있게 되는지가 궁금해서 물어보았소. 그것만 대답해 보오."

"이조판서 아니, 철마 판서 대감께서는 〈언제든지 역에 나오시면 열차를 타실 수 있습니다〉라고 방을 붙이고 있습니다. 그러하므로 마마께옵서도 대전역에 가 오시면 마땅히 부산행 열차를 타실 수 있다고 소신은 굳게 믿고 있사옵나이다."

"그런 추상적인 말은 믿지 못하겠소. 만약 내가 부산행 열차를 못 타게 된다면 당신이 책임질 수 있겠소?"

"신하의 임무가 뭣이 옵니까? 마마를 업고서라도 부산으로 가겠사옵니다."

그녀와의 농담 섞인 대화가 점점 무르익어가자 그는 신이 나서 논산에서 내릴 것을 포기하고, 지나가는 홍익회 판매원으로부터 초콜릿, 빵, 사이다 등을 사서 그녀에게 상납했다.

그녀는 당돌하고 발랄한 처녀답게 잘 받아먹고 마셨다.

나중엔 얼굴이 불그레해지게 맥주까지도 한 잔씩 했다.

자정이 넘어 00시 20분쯤, 서대전역에서 내려 택시로 대전역 앞에 도착한 그들은 서로가 마음에 들어, 또 헤어지기가 싫어, 부산행 열차가 바로 있었지만, 열차를 타기 위해 역 안으로 들어가지 않고 근처의 한 여관으로 찾아 들어갔다. 그리고 날이 새도록 다정하게 여러 가지의 얘기를 나누었다.

여행에 대한 얘기, 영화에 대한 얘기, 사랑에 대한 얘기, 결혼에 대한 얘기 … 그들의 장래에 대한 약속까지도…

"뭐, 번갯불에 콩 구워 먹는다는 말이 있더니 되게 빨리 진행되었군. 하룻밤 사이에… "

"그다음에도 계속 빨랐죠."

"… ?"

"처녀가 부산으로 내려간 이후, 우리는 사흘이 멀다 하고 자주 만났습니다. 만나기로 한 날엔 제가 논산에서 대전으로 가고, 그녀가 부산에서 대전으로 오고… 그 때문에 대전은 우리들의 만남과 연애 장소가 되어버렸죠."

"… "

"자꾸 만나다 보니 자연히 알게 된 것인데… 그녀네 집은 사업체를 여러 개 가지고 있는 무지무지한 부자였습니다. 게다가 그녀는 무남독녀, 외딸이고… "

"… !"

"사귄 지 네 달 후쯤에 그녀가 나와 결혼하겠다고 그녀의 부모에게 알리자 그녀의 부모는 처음에 노발대발했습니다. 그러나 두 사람의 사랑이 너무 깊어져 있는 것을 알고 할 수 없이 결혼을 승낙하여 열흘 전에 양가 부모, 친척들의 축복 속에 약혼식도 마쳤습니다."

"… !"

"조금 전에 제가 주머니에서 꺼내 보여드린 돈은 제가 오늘 부산에서 약혼녀를 만나고 밤 열한 시 반 차로 간다고 하니까 장모 되실 분이 차비나 하라며 주머니에 넣어준 돈입니다."

"철도직원이 열차를 공짜로 탈 수 있는데 이 00 씨의 장모님 되실 분이 그 많은 돈을 차비로 쓰라고 주셨군."

밤 11시 40분쯤,

다방을 나간 우리는 통행금지 시각이 가까워졌기 때문에 맥주 몇 병을 사들고 근처의 여관에 들어갔다. 그리고 맥주를 마시며 계속 얘기를 나누다가 잠이 들었다.

아침 6시 20분,

잠에서 깨어난 우리는 세면을 한 후, 그가 안내하는 어느 한식집으로 가서 궁중요리를 특별히 주문하여 급하게 먹었다.

7시 20분,

승무원 숙사로 가는 길에 그가 잠깐 보여줄 것이 있다고 하여 약 200m쯤 걸어 고급 주택이 많이 들어서 있는 어느 동네로 들어섰다.

"저 집이 제 약혼녀가 살고 있는, 저의 처가가 될 집입니다."

그가 가리키는 한 곳을 바라보니 대지 수백 평에 건평이 많은 3층 건물이 정원수에 둘러싸여 있었다.

"놀랍군, 놀라워."

"자가용도 식구 수대로 세 대씩이나 있던데요."

"… !"

그와 함께 승무원 숙사로 가서 출무 준비를 한 나는 부산역에서 8시 정각에 떠나는 서울행 특급 제12열차를 타기 위해 부산역 쪽으로 걸어가며 그에게 당부했다.

"카네기의 〈성공의 비결〉이란 책에서 읽은 것인데… 슬하에 자식이 하나도 없는 미국의 어떤 백만장자가 죽기 전에 재산을 핏줄이라곤 하나 밖에 없는 자기의 가난한 조카에게 몽땅 물려주려고 마음을 먹었었지. 그래서 재산 양도의 뜻을 기쁘게 알려주기 위하여 어느 날 갑자기 조카네 집을 방문했는데 그의 조카는 점심을 준비하면서 그의 부자 삼촌이 쇠고기 요리를 좋아하는 줄을 뻔히 알면서도 한 푼이라도 돈을 아끼기 위하여 값싼 돼지고기 요리를 내어놓았었지. 그 바람에 비위가 뒤틀려버린 백만장자는 식사를 하지 않고 그대로 조카네 집을 나가버렸다네. 그의 막대한 재산을 조카에게 물려주지 않기로 마음먹고 말이야…”

“…”

“내가 왜 이런 얘기를 자네한테 들려주는가 하면… 자네와 자네의 약혼녀는 서로가 지극하게 사랑하고 있기 때문에 어차피 결혼을 하긴 하겠지만, 그래도 결혼식을 마칠 때까지는 항상 언행에 각별히 조심해야 한다고 생각되네. 조그마한 실수로 큰일을 그르칠 수도 있는 것이니… 그리고 결혼한 후엔 처가에 너무 의존하지 말게. 어디까지나 처가는 처가이고 자네는 자네가 아닌가?”

제19화

동상이몽(同床異夢)

1971년 7월 어느 날, 서울~부산 간 특급 제13열차.

서울역을 09시에 떠난 열차가 11시 50분쯤 영동~황간 간을 달려가고 있을 때였다.

열차 내를 순회하기 위하여 4호차와 특실 사이의 식당차를 지나가고 있는데 누가 나지막한 목소리로 나를 불렀다.

"저, 여객전무님."

걸음을 멈추고 소리가 난 곳으로 고개를 돌려보니 한 청년이 커피잔을 앞에 놓고 앉아 있다가 미소를 띠며 자리에서 일어나는 것이었다.

27, 8세 정도의 나이에 건장한 체격, 준수한 얼굴, 교양 있는 태도…

"… ?"

내가 의아한 얼굴로 그의 앞으로 다가가자 그가 두 손으로 그의 앞의 빈자리를 가리키며 앉으라는 시늉을 하였다.

"무슨 일입니까?"

"잠깐 드릴 말씀이 있는데 바쁘시지 않으시면 커피나 한잔 마시지요."

"아, 네… "

나는 그의 성의가 고마워 그의 앞자리에 앉았다.

그도 그의 자리에 도로 앉았다.

"하고 싶다는 말은?"

"천천히 얘기하죠. 커피를 드시겠습니까?"

내가 머리를 끄덕이자 그가 카운터 쪽을 향해 소리쳤다.

"여기, 커피 하나 더요!"

"… "

곧 커피가 날라져 왔다.

"드시지요."

"녜, 듭시다."

그는 내가 커피를 한 모금 마시고 나자 조심스럽게 입을 열었다.

"이거, 말씀드리기가 부끄럽습니다만… 제가 이 열차에서 내리고 나면 영영 기회가 없을 것 같아서요… "

"무슨 얘기인지 말씀해 보십시오."

"이 열차의 여자 승무원 두 명 중에서 몸이 풍만하고 입술이 도톰한 한 여승무원 있지 않습니까?"

나는 안내원 이 00을 머릿속에 떠올렸다.

"아, 네… 있지요."

미인이고 체격이 좋고 차내 안내 방송을 잘하고 상냥하고 애교가 많은 이 00.

"여객전무님과 그녀에게 점심 식사를 대접하고 싶습니다."

"왜요?"

"사실은… 이 열차가 서울역을 떠나기 직전, 홈에서부터 지금까지 쭉 그녀를 지켜보았었습니다."

"녜에… "

"그 여승무원하고 결혼하고 싶습니다."

"… !"

"제가 일시적으로 장난 삼아 하는 말이 아닙니다. 진심입니다."

"결혼을 하려면 상대편의 성격, 직업, 학력, 재산 정도 등 알아봐야 할 것이 여러 가지이고 양가 부모님들의 승낙도 있어야 되는데… "

"사람이 마음에 들면 다른 것은 다 저절로 해결되는 게 아닙니까?"

"… "

"그 여승무원을 꼭 제 사람으로 만들고 싶습니다."

"너무 비약하는데… 손님은 확실한 미혼입니까?"

"네, 틀림없이 미혼입니다."

"무엇으로 증명합니까?"

"호적등본을 떼어보면 알 수 있지 않겠습니까?"

"이 열차에서 지금 호적등본을 떼어볼 수 있습니까?"

"제 말을 믿으십시오. 저는 지금 미혼이고 장래를 약속한 애인도 없습니다."

"직업은 무엇입니까?"

그는 주머니에서 신분증을 꺼내 나에게 보여주었다.

함부로 남에게 보여줘서는 안 될 것 같은 정부 특수기관의 특수 직책.

"지금 중앙000에서 일하고 있습니다. 나이는 29세입니다."

"부모님은 다 계신가요?"

"네, 부산에서 두 분 다 사업을 하고 계십니다."

"장남이십니까?"

"아닙니다. 2남 1녀 중의 차남입니다."

"재산은 어느 정도 물려받을 수 있습니까?"

"먹고 살기엔 걱정 없을 것입니다. 문화생활도 충분히 할 수 있고… "

"학교는요?"

"00대학 00학과를 나왔습니다."

"내가 이것저것 물어보는 것은 손님의 용모라든가 태도라든가 첫인상이 무척 좋았기 때문입니다. 그러나 어디까지나 나의 참고사항일 뿐… "

"고맙습니다."

"나도 그 안내원에 대해서는 잘 모르고 있습니다. 그 안내원의 부모가 목포에서 살고 있다는 것 외에는… 더구나 그 안내원에게 지금 애인이 있다든가, 결혼할 상대자가 정해져 있다든가 그런 것에 대해서는 전연 모르고 있고

… "

"어떻게 일이 잘되게끔 힘 좀 써주십시오."

"웬만하면 직접 그 안내원에게 얘기해 보시지요."

"제가 직접 얘기하면 오해가 생길 우려도 있고 또 좋지 않은 인상을 줄까 봐서… 여객전무님께서 제 의사를 중간에서 잘 전달하여 주는 것이 제일 무난한 방법이라고 생각합니다."

" … "

"일차적으로 여기에서 식사를 하며 자연스럽게 대면한 후, 열차가 부산에 도착하면 이차적으로 여객전무님의 입회하에 제가 그 여승무원에게 해운대 바닷가 구경을 시켜 주면 어떻겠습니까? "

" … "

나는 그의 말에 거짓이 없다고 판단되어 그의 차내 좌석번호를 알아둔 후 그 자리를 떠났다.

용모 단정하고 키 몇 cm 이상, 체중 몇kg 이상…

일정한 심사 기준에 의해 선발된 열차의 접객승무원이 많은 사람들의 시선을 받으며 열차 승무를 하다 보면 그들을 좋게 보는 사람으로부터 결혼 신청을 받는 일이 가끔 있었다.

약 1년 전, 내가 청량리 열차사무소에서 차장으로 여객전무 대무 승무를 할 때의 일인데 어느 날 밤. 청량리~강릉 간 보통급행 제73열차를 탔더니 총각인 침대열차원이 나에게 부탁해오는 것이었다.

"전무님과 함께 청량리~강릉간 71~72열차를 타는 안내원 박 00 양과 결혼하고 싶은데 중매 좀 해주십시오."

그는 키가 안내원 박 00보다 조금 작았고 직급은 철도수 10등급이었다.

"그녀를 먹여 살릴만한 재산이 있는가?"

"안동에 본 집이 있고 선대로부터 물려받은 재산이 좀 있어서 먹고살기엔 아무 걱정이 없습니다."

"앞으로 철도에서 승진할 자신이 있는가?"

"노력하겠습니다."

며칠 후,

71열차를 타게 되었을 때 내가 안내원 박 OO 양에게 그 얘기를 했더니 그녀는 냉담한 표정으로 말하는 것이었다.

"저는 그분이 누구인지 얼굴도 모르지만 알고 싶지도 않아요."

"왜, 한번 만나 보지 그래."

"싫어요."

"싫은 이유가 뭔가?"

"… "

또 한 번은 내가 서울~부산 간 특급 제19열차를 탔을 때의 일인데 대신~아포역 간에서 열차 순회를 하고 있으려니 40대 후반으로 보이는 한 남자 여객이 자리에 앉아있다가 차나 한잔 마시자며 나를 식당차로 데리고 가는 것이었다.

"보아하니 여객전무의 나이가 상당히 적으신 것 같은데… "

"네, 스물여덟 살입니다."

"아직 결혼도 안 하셨겠네?"

"결혼은 벌써 했습니다."

"설마 결혼을 했을라고?"

"… ?"

"요새 젊은 사람은 통 갈피를 못 잡겠단 말이야. 결혼한 사람은 결혼 안 한 척하고 결혼 안 한 사람은 결혼한 척하고… "

"그런 사람도 있습니까?"

"내가 겪어봤으니까 하는 소리이지… "

"저는 어느 편이라고 생각되십니까?"

"글세… 결혼한 것도 같고 결혼 안 한 것도 같고… 아니, 확실히 얘기해 봐요. 결혼을 했소? 안 했소?"

"왜, 그런 질문을 저에게 하시는지 그 이유부터 말씀해 보시지요."

"아, 이런 답답하긴… 알았어, 여객전무가 미혼이라는 전제하에 내 솔직히 얘기를 하지… "

"… ?"

"아까 내 옆자리에 앉아 있던 처녀 말이오, 내 조카딸인데 지금 국민학교 선생이라오. 처녀의 부모는 부산에서 큰 공장을 하고 있고… "

"… "

"걔가 직장에 다니느라 바빠서 또 성격이 얌전해서 아직 연애 한 번 못해 보고 결혼도 못했는데… 아까 내가 걔에게 이 열차의 여객전무가 총각 같아 보이는데 결혼 상대로 어떠냐고 물어보았더니 고개를 숙이고 아무 말이 없 더군."

"… !"

"처녀가 그런 태도를 보인다는 건 여객전무가 마음에 든다는 표시이기도 한데 어때, 여객전무, 내 조카 딸하고 한 번 만나보는 게 어떻겠나?"

"… !"

(그때의 결혼 얘기는 두 건 다 한 쪽의 불응 내지 무자격으로 피차 만나보 지도 못하고 무산되어 버렸지만, 오늘은 양쪽 다 별 하자가 없는 것 같으므 로 웬만하면 성사가 될지도 모르겠네?)

나는 기대를 걸며 10호차에서 좌석 정리를 하고 있는 안내원 이 00에게 갔 다.

"미스 리 때문에 내가 모처럼 비프스테이크를 얻어먹게 되겠군."

"… ?"

"미스 리에게 반한 한 총각이 미스 리와 결혼하겠다며 식당차에서 나와 미스 리에게 점심을 대접하겠대. 같이 식사나 하며 얘기를 해보자는 것이지 … "

"… "

99

"그는 키가 178cm 정도 되고 신체가 좋고 미남인데다가 중앙○○○에 다니고 있으며 학교도 대학교를 나왔대."

"…"

"2남 1녀의 차남으로 양친이 부산에서 사업을 하고 있다는데 재산도 꽤 많이 있는 모양이야."

"…"

"혹시 미쓰 리를 행복하게 해줄 수 있는 〈백마를 타고 온 왕자님〉일지도 모르지 않나?"

내가 계속 설득을 하자 미소를 띠며 말없이 듣고만 있던 미스 리가 처음으로 입을 열었다.

"전무님이 자꾸 그러시니 한번 만나볼게요."

잠시 후, 나의 주선에 의해 미스 리와 그 청년이 식당차에서 서로 대면하게 되었다.

"저, 김 ○○이라고 합니다."

"이 ○○입니다."

두 사람은 부끄러운 듯 어색한 웃음을 나누며 몹시 쑥스러워했다.

"난, 미스 리와 김 ○○ 씨 두 사람에 대해 속속들이 잘 모르고 있습니다. 그러나 외관상으로 보고 느낄 때 어울릴 수 있는 사람이라고 판단되어 이렇게 인사를 나누게 했습니다. 앞으로 잘 사귀어 보시기 바랍니다."

"고맙습니다. 여기 메뉴판이 있는데… 식사, 뭘 드시겠습니까?"

"아무거나 좋을 대로 합시다. 미스 리, 뭘 들 거야?"

"…"

"카레라이스, 함박스테이크, 비프스테이크… 하나 골라 봐요."

"…"

미스 리가 고개를 숙인 채 말이 없자 청년이 나에게 권했다.

"비프스테이크, 어떠신지요?"

"비프스테이크? 그거 좋겠군. 비프스테이크는 누구나 다 좋아하는 음식이니까… ”

청년이 주문을 받으러 온 식당차 종업원에게 말했다.

"비프스테이크 3인분, 맥주 두 병 주십시오."

그 후, 우리는 즐겁게 식사를 하면서 여러 가지의 얘기를 나누었다.

얘기는 나와 청년이 주로 했고 미스 리는 간간이 나와 청년의 질문에 간단하게 대답만 하였을 뿐 그저 듣는 편이었다.

"벌써 30분이 지났네?"

식사가 끝나자 우리는 곧 자리에서 일어났다.

청년은 자기의 좌석인 7호차 65호석으로 갔고 나와 미스 리는 특실로 갔다.

"미스 리, 그 사람 만나보고 나니까 어때?"

"만나보고 나니까가 아니라 만나보기 전부터 전, 그런 사람한테는 전연 흥미가 없어요."

"아니… 그러면 그 사람을 식당차에서 왜 만났으며 음식은 왜 얻어먹었지? 그 청년한테 공연히 실망만 주게… ”

"마침 점심때가 되었고 전무님께서도 비프스테이크를 드시고 싶어 하시기에… ”

"… !"

제20화
조치원(鳥致院) 깡패

1971년 6월 어느 날, 목포~서울 간 특급 제42 열차.

열차가 조치원역에서 30초간 정차했다가 떠난 후, 5호차에서 여객 정리를 하다가 바로 옆의 특실에 들어가 보니 특실 담당 안내원 미스 김은 어디로 갔는지 보이지 않고 4호차에 가까운 통로의 한쪽에 30세 내외로 보이는, 얼굴이 남자같이 생기고 체구가 무척 뚱뚱하고 큰, 반 팔 원피스 차림의 웬 여자 한 명이 잔뜩 화가 나 있는 표정으로 서 있는 것이었다.

(특실좌석권을 가지고 있는 여객일까?)

나는 궁금하여 그 여자에게 다가갔다.

내 팔뚝의 두 배쯤 되어 보이는 굵은 팔뚝, 팔뚝마다 무수하게 나 있는, 칼에 찔렸던 자국이나 다른 어떤 상처 자국…

(몸싸움을 많이 해본 여자로군.)

그런데 내가 그 여자에게 "차표 좀 보여주십시오"라는 말을 막 꺼내려고 할 때였다.

그 여자가 먼저 나에게 무엇을 항의하듯 말하는 것이었다.

"아니, 뭐 그런 애가 다 있어요?"

"… ?"

"특실을 담당하고 있는 애 말예요. 걔가 글쎄 내가 여기 6호석에 앉아 있었더니 나를 못 알아보고 '차표를 보여 달라.'고 하는 거예요."

"… ?"

"'너, 나 모르니?' 했더니 한술 더 떠서 '몰라요, 특실좌석권이 없으면 다른 객차로 가 주세요'하는 거예요."

"… "

"내 참, 기가 막혀서… 내가 걔 말 듣게 됐어요?"

"… ?"

"그년, 특실에 들어오기만 해봐라. 그냥 머리채를 잡아서 통째로 빼어버릴 테니… "

"… !"

순간 나의 머릿속엔 기억나는 것이 있었다.

얼마 전,

서울~부산 간 보통급행 제103열차에서 검찰을 하고 있을 때였다.

"승차권을 보여주십시오."

나와 남자 열차원이 옆에 서서 채근을 해도 들은 체를 하지 않고 차창 밖만 내다보는 남루한 옷차림의 청년이 한 명 있었다.

"차표 좀 보여주십시오."

"… "

"여보시오, 차표 좀 보여주십시오."

"… "

열차원이 답답하여 그의 소매 깃을 잡아 흔들었다.

그래도 우리 쪽을 쳐다보지 않고 계속 차창 밖만 내다보고 있는 청년.

"이상한 사람도 다 있군."

내가 못마땅하여 불쾌한 얼굴을 해 보이자, 열차원이 그의 소매 깃을 더 세게 흔들었다.

"아! 여보세요, 차표를 좀 보여 달라니까요!"

그때였다.

말없이 차창 밖만 내다보고 있던 청년이 별안간 자리에서 벌떡 일어나며 열차원의 손에서 운임 조견표, 열차 시각표 등을 잽싸게 낚아채더니 갈기갈기 찢어버리는 것이었다. 그리고 놀라 "어~ 어~" 소리를 내고 있는 나의 반소매 성하 복을 세게 잡아당겨 찢으며 신경질적으로 소리치는 것이었다.

"대한민국 국민이 나라 차를 좀 탔기로서니 왜 이리 귀찮게 굴어!"

그 바람에 단 한 벌 근무복을 찢겨 못 입게 된 나는 열차 내에서 흰 와이셔츠를 구하지 못해 동대구~부산 간을 일도 못하고 자리에 그냥 앉아서 갔다.

(그때엔 그 청년이 정신이상자라는 것을 몰랐기 때문에 그런 어이없는 봉변을 당해 버렸지만, 오늘은 자기의 차표 없음을 승무원에게로의 억지 행패로 상쇄해 버리려고 하는 이 여자의 숨은 의도를 미리 눈치챘으므로 그런 일을 또 당하지 않도록 상당히 조심을 해야 되겠구나…)

여기까지 생각이 미친 나는 그녀를 특실에서 몰아내지 않기로 하고 약간 미소 띤 얼굴로 얼버무렸다.

"특실 담당 안내원이 사람을 몰라보고 그랬었나 보죠… "

여자가 씩씩거리며 6호석에 도로 앉는 것을 보고 나는 특실을 나가 어디론가 피신해버린 안내원 미스 김을 찾아 나섰다.

3호차에도 없고 2호차에도 없고… 미스 김은 차내 방송실에 혼자 앉아있었다.

"특실에 들어온, 그 얼굴이 검고 덩치 큰 여자와 무슨 일이 있었나?"

"그 여자는 차표도 없으면서 열차를 탈 때마다 특실에 들어와 앉아요. 미워죽겠어… "

"그 여자가 열차에서 내릴 때까지 특실에 들어가지 마, 예의이고 법이고 뭐 없더군."

그 여자는 천안역에서 내려버렸다.

특실 담당 안내원 미스 김이 다시 특실로 들어갔다.

그로부터 1시간쯤 후, 42열차가 별일 없이 서울에 도착하자 나는 열차사무소의 승무원 대기실에 갔다가 우연히 동료 여객전무들 및 차장들에게 그 여자에 대한 얘기를 꺼냈다.

그랬더니 의외로 여러 승무원이 그 여자에 대해 잘 알고 있는 것이었다.

"그 여자의 팔뚝에 흉하게 또 무수하게 나 있는 상처 자국들은 거의가 자해(自害)를 해서 생긴 것이라고 합니다. 남과 다툼이 있을 때 성질을 못 참아서 이빨로 물어뜯거나 칼 등 아무 것으로나 자기 몸의 이곳저곳을 마구 찔러 피가 많이 나게 하여 상대편을 겁나게 한답니다."

"그 여자가 늘 조치원역에서 열차를 타고 성깔도 사납다고 하여 여러 승무원이 '조치원 깡패'라고 하던데요."

"… !"

제21화

부모(父母)가 바쁜 아이

1971년 8월 어느 날, 목포발 서울행 특급 제44열차.

열차가 송정리역에 도착하여 여객 안내차 홈에 내려갔더니 송정리역 주재 공안원 한 명이 국민학교 4, 5학년생으로 보이는 남자아이 한 명을 데리고 나에게로 왔다.

반바지, 반소매 차림의 건강하게 보이는 아이.

"여객전무님, 이 아이를 서울로 데려가 주십시오."

"… ?"

공안원이 나에게 32절 크기의, 똑같은 내용이 적혀있는 쪽지 두 장을 내밀었다.

신병 인계 인수서(身柄 引繼 引受書)

주 소: 서울 용산구 원효로 3가 00번지
성 명: 강 00 (남자, 10세)

위 어린이는 가출한 아이로 소지하고 있던 현금 5,000원과 함께 인계, 인수함.

1971년 8월 0일

인계자: 순천철도국 송정리 역 주재 공안원 000 (인)
인수자: 서울철도국 서울열차사무소 여객전무 000 (인)

신병 인계, 인수서를 읽고 나서 아이를 자세히 살펴보니 세면을 못해서 얼굴이 깨끗하지 못하고, 잠을 못 잤는지 약간 피곤한 기색이 엿보일 뿐 두려워하는 표정 같은 것은 전연 없었다.

"서울에서 어떻게 여기까지 내려왔지?"

"… "

공안원이 대신 대답했다.

"못 보던 아이가 송정리역 주변에서 어정거리고 있는 것이 수상해서 붙잡고 물어봤는데… 서울에서 집을 나간 후, 이리저리 돌아다니다가 서울역에 가서 열차 운임이 싼 수원역행 차표를 사 갖고 무작정 아무 열차나 타고 내려가던 중 송정리역에서 여객들이 많이 내리는 것을 보고 자기도 덩달아 따라 내렸다고 합니다."

"오늘 내려왔나?"

"열차는 어젯밤 서울역에서 탔고, 오늘 새벽 송정리역에서 내려, 이곳저곳으로 돌아다니다가 송정리역에 다시 와서 방황하고 있는 걸 제가 발견했습니다."

"밥은 굶지 않고?"

"집에서 돈을 만 원 정도 갖고 나왔다는데 차표 사고 밥 사 먹느라고 5,000원 가량 쓰고 나머지 5,000원은 주머니 속에 넣어놓고 있었습니다. 이 돈 5,000원이 바로 그 남은 돈입니다."

나는 신병 인계, 인수서에 서명을 해준 후, 나도 한 장을 받아 주머니에 넣었다.

그리고 아이를 데리고 열차로 올라갔다.

"너, 여기에 앉아서 서울까지 나하고 같이 가야 돼."

"… "

"어디로 도망칠 생각을 하면 안 돼?"

아이가 그러겠다는 듯이 머리를 끄덕였다.

열차가 송정리역을 떠난 후, 나는 아이에게 이것저것 물어보았다.

"집에서 왜 나왔지?"

"… "

"집에 아버지, 어머니, 다 계시느냐?

아이가 아까처럼 또 머리를 끄덕였다.

"아버지는 뭘 하시는 분인가?"

"… "

"엄마는 뭘 하시지?"

"… "

"집에 전화 있어?"

"네."

아이가 처음으로 입을 열었다.

"집에 전화가 있는 걸 보니 잘 사는 모양이로구나. 서울에 도착하면 혼자 집으로 찾아갈 수 있어?"

"네."

"집으로 가라고 보내주면 또 다른 데로 가버리려고?"

"… "

나는 아이가 대답하기를 귀찮아하는 것 같아서 더 이상 묻지 않기로 했다.

"빵과 사이다를 사줄 테니까 먹고 서울까지 고이 가야 돼?"

그리고 일곱 시간 후인 밤 아홉 시쯤, 열차가 서울역에 거의 도착하게 되어 나와 차장은 아이에 대해 의논했다.

"저 아이를 어떻게 할까?"

"… "

"규정대로 경찰에 인계할까?"

"글쎄요."

"이 아이가 자기 집을 알고 있다니까 아예 택시를 타고 집까지 데려다주는 것이 좋겠군."

"… "

108

"아이네 집은 원효로에 있고, 나의 집은 아이네 집과 반대 방향인 장위동에 있어서 아이를 집에까지 데려다주고 우리 집에 가려면 너무 늦게 되는데… 차장님은 집이 어디요?"

"흑석동에 있습니다."

"아이네 집과 같은 방향에 있으니까 가는 길에 저 아이를 아이네 집까지 데려다주세요. 저 아이의 부모가 몹시 고마워할 텐데… "

"네, 제가 데리고 가지요."

차장은 아이의 부모로부터 후대를 받을 것이 예상되었던지 쾌히 승낙했다.

3일 후, 열차사무소의 복도에서 그 차장과 마주친 나는 가출한 아이의 일이 궁금하여 물어보았다.

"그날, 아이를 집에까지 잘 데려다줬습니까?"

"네… "

"사례금 같은 것을 받았겠네?"

"사례금요? 봉투 하나를 주긴 줍디다만… 기분이 언짢아서 안 받았습니다."

"… ?"

차장이 애기한 내용은 대략 이러하였다.

밤 10시 10분경,

아이와 함께 택시를 타고 아이네 집을 찾아가 보니 커다란 집은 늙은 가정부 혼자서 지키고 있었다.

"철도승무원입니다. 이 아이가 전라도 송정리에서 방황하고 있는 것을 그곳의 철도 직원이 발견하여 서울행 열차 승무원에게 인계하고, 제가 여기까지 데려오게 되었습니다."

"아이고 고마워라."

가정부는 좋아서 어쩔 줄을 몰라 하며 아이와 차장을 응접실로 데리고 들어갔다.

"네가 집을 나가버리는 바람에 너의 아버지와 어머니가 되게 싸웠단다."

"… "

아이는 시무룩한 표정을 지으며 자기 방으로 들어가 버렸고 가정부는 부랴부랴 수화기를 들고 다이얼을 돌렸다.

먼저 아이의 아버지가 일하고 있는 회사에…

아이의 아버지는 지방의 현장으로 출장을 가있기 때문에 지금 전화 통화가 안 된다며 당직을 하고 있는 회사 직원이 답해왔다.

다음은 아이의 어머니가 일하고 있는 가게에…

"00이가 돌아왔어요. 철도승무원이라고 하는 사람이 00이를 데리고요."

아이의 어머니는 매우 반가워하는 음성으로 대답해 왔다.

"가게 문을 닫고 집에 가려면 한 시간 이상 걸리니 00이에게 맛있는 것을 해주세요."

보아하니 아이의 부모는 일 때문에 매우 바쁜 모양이었다.

차장이 가정부에게 물었다.

"이 집 주인은 무슨 일을 하고 계십니까?"

"건축회사의 현장 소장 일을 맡고 있어요. 지금 천안에 가 있대요."

"아이의 어머니는요?"

"남대문 시장에서 장사를 하고 있어요. 이젠 들어올 때도 되었는데… "

"지금은 00이가 돌아와 있지만… 아이가 가출해 있는데도 아이의 어머니가 이렇게 늦게까지 가게 일을 보고 계십니까?"

"아이가 가출한 것이 이번이 세 번째예요. 첫 가출 때엔 어디 가서 며칠 있다가 제 발로 걸어 들어오고 두 번째에도 별 탈 없이 지내다가 집에 돌아오고… "

"그렇다고… 아이의 부모는 아이에게 너무 관심이 없군요."

차장이 못마땅한 얼굴로 말하자 가정부가 아이의 방을 흘긋 쳐다보며 아주 낮은 목소리로 귀띔하듯 말했다.

"아이의 친엄마는 몇 년 전에 이혼하여 나가버렸고 지금 부인은 재혼한 여자예요."

약 5분 후, 차장이 가려고 현관으로 나가자 가정부가 말렸다.

"애 어머니를 만나보고 가시지요."

"아니지요, 아이를 데려다줬으니 제 임무는 끝난 것입니다. 가야죠."

차장이 현관에서 구두를 신고 있으려니 가정부가 급히 방으로 들어가서 봉투 하나를 들고 왔다.

"이거 정말 고맙습니다. 약소하지만 택시를 타고 가십시오."

"아, 괜찮습니다. 저는 버스를 타고 가겠습니다."

웬일인지 우울한 기분이 들은 차장은 그 봉투를 받고 싶지 않았다.

그래서 가정부가 고집스럽게 건네주는 봉투를 끝내 사양하고 도망치듯 그 집을 빠져나가 버렸다.

(내 걱정일랑 말고 아이에게나 신경을 많이 써주시오.)

제22화

군인 무찰객(軍人 無札客)

1971년 9월 어느 날, 서울발~부산행 보통 급행 제103열차.

열차가 안양~수원 간을 달려가고 있을 때 나는 열차의 시발 안내방송을 마치고 차장과 함께 1차 검찰을 시작했다.

한 객차를 마치고 다음 객차로 들어가고, 또 한 객차를 마치고 다음 객차로 들어가고 …

다섯 번째 객차의 검찰을 완전히 끝마치고 여섯 번째의 객차로 가기 위해 출입문을 밀고 나서니 승강구의 한쪽에 서서 열차 밖을 내다보고 있는 한 군인이 눈에 띄었다.

얼룩덜룩한 무늬의 특수부대 전투복, 상등병 계급장.

"검찰 중입니다."

"승차권을 좀 보여주십시오."

"… "

그는 나와 차장의 말에 아랑곳하지 않고 계속 열차 밖만 내다보고 있다가 나와 차장이 묵묵히 그의 반응을 기다리며 서 있자 이윽고 천천히 우리 쪽으로 고개를 돌렸다.

왜 이리 귀찮게 하느냐 하는 일그러진 표정.

"죄송합니다. 승차권을 좀 보여주십시오."

"… "

그는 기분 나쁘게 나와 차장의 위아래를 훑어본 후, 마지못해 입을 열었다.

"난, 차표가 없습니다."

"그러면… 어디에서 탔습니까?"

"영등포역에서… "

"어디까지 가십니까?"

"평택까지… "

"왜, 차표를 끊지 않고 열차를 탔습니까?"

"… "

"지금 차표를 끊으시지요."

"단거리인데 그냥 봐주시오."

"단거리이니까 차표를 끊으셔야죠, 돈도 얼마 안 되는데요."

"군인이니까 좀 봐주시오."

"군인이라도 군용 객차가 달려 있는 열차를 타고 간다면 몰라도… 물론 그때에는 군 수송관의 확인을 받아야 되겠지만… 군인도 일반 여객 열차를 타고 갈 때엔 다른 여객과 마찬가지로 정당하게 차표를 끊고 가야 됩니다."

"이것저것 이유를 들어 다 안 된다면… 난, 차표를 못 끊겠소."

"못 끊겠다니… 그럼 다음 역에서 내리십시오."

"다음 역에서 내리지도 않겠소."

"… !"

그는 퉁명스럽게 대답하고 나와 차장에게 맘대로 해보라는 듯 자신만만하고 반항적인 태도를 해 보였다.

(이럴 때에는 어떻게 대처해야 되는가?)

다음 정차역에서 나와 차장이 그를 물리적인 방법으로 열차에서 끄집어 내리려고 하면 그가 극단적인 행동으로 나와 차장에게 대항해 올 것이 틀림없었다. 그렇게 되면 나와 차장은 물론 그도 몸 어딘가에 상처가 날 것이고…

(나와 차장은 먼 거리를 달려가며 많은 여객을 보살펴야 할 의무가 있지 않은가?)

나와 차장은 몰상식하고 무례하기 짝이 없는 그를 어이없는 표정으로 바라보다가 말없이 그 자리를 물러났다.

(많은 군인 중엔 저렇게 배짱으로 살아가고 있는 군인도 있군.)

1971년 10월 어느 날, 서울발 여수행 보통 급행 제117열차.

천안~조치원 간에서 검찰을 실시하던 나는 어느 객차의 한쪽 승강구에 서 있는, 얼룩덜룩한 무늬의 전투복을 입고 있고, 중위 계급장을 달고 있는 한 젊은 장교와 시선이 마주쳤다.

"죄송하지만 승차권을 좀 보여주시겠습니까?"

내가 그렇게 말하자 그는 매우 난처한 표정으로 대답해왔다.

"미안합니다. 차표 없이 탔습니다."

"차표가 없으면 차표를 끊으셔야죠."

"… "

"차표를 안 끊으시겠습니까?"

"… "

"장교님은 국가로부터 정당한 생활비를 받고 있지 않습니까? 차표를 끊으시죠."

"… "

"자, 어디에서 어디까지 가시는지 말씀하시고 돈을 내어놓으십시오. 차표를 끊어 드리겠습니다."

"… "

"아, 말씀 좀 하십시오. 차표를 끊겠다든지, 안 끊겠다든지… "

"… "

그는 봐달라는 듯 계속 난처한 표정만 짓고 있었다. 그러나 한편으로는 나의 말 한마디, 두 마디를 관심 있게 듣고 있었고, 나의 움직이는 부분 마다에 재빠르게 시선을 옮겨가고 있었다. 긴장하며 경계하는 눈초리로 봐서 여차하면 물리적으로 대항해 올 듯한 태세…

(이 장교가 지금은 이렇게 말없이 저자세를 취하고 있지만, 만약 다음 정차역에서 내가 강경하게 내리라고 한다면 아마 가만히 있지를 않을 걸?)

검찰을 계속해야 했던 나는 시간이 아까워 더 이상 그에게 다른 얘기를 않고 그 자리를 떠났다.

(그래도 지난번의 그 상등병보다는 태도 등이 좀 낫군.)

1971년 10월 어느 날, 서울발~목포행 특급 제43열차.

열차가 영등포~안양 간을 달리고 있는 동안, 시발안내방송을 마치고 차내 방송실을 나가려고 하니 특실을 담당하고 있는 안내원 미쓰 박이 나를 찾아왔다.

"전무님, 특실로 좀 가보세요."

"왜, 특실에 무슨 일이 있나?"

"웬 장교 한 사람이 차표도 없이 특실에 들어와서 앉아 있는데 제가 무찰객 처리 규정을 아무리 설명해도 정당 운임과 요금은 낼 수 있어도 부가 운임, 요금은 못 내겠대요."

"차표 없는 장교가 부가 운임과 요금은 못 내겠다… "

나는 중얼거리며 미스 박을 따라나섰다.

몇 개의 보통실과 식당차를 지나서 특실에 들어가 보니 무찰객이란 장교는 의외에도 계급이 아주 높은 대령이었다.

사단의 연대장급인 대령. 과거 내가 안동의 36사단 포병사령부에서 군대 생활을 할 때 부대장인 포병사령관의 계급이 대령이었다.

병장으로 군대 생활을 고생스럽게 마친 나는 대령 계급장에 존경심과 위압감을 동시에 느끼며 그의 앞 빈자리에 앉았다.

"차표가 없으십니까?"

"녜, 서울역에 너무 늦게 나가는 바람에 차표를 살 시간적 여유가 없었습니다. 그냥 개찰구를 통과하여, 떠나려고 하는 열차에 간신히 올라탔습니다."

"국유철도 여객규정에 승차권을 사지 않고 열차를 타게 되면 정당 운임, 요금과 그 정당 운임, 요금의 반에 해당하는 금액을 부가금으로 함께 내게 되어 있습니다."

"철도여객 규정이 그렇다 치더라도 난, 운임, 요금을 포탈하려고 일부러 차표를 안 산 것이 아니지 않습니까?"

"그 점, 충분히 이해가 갑니다만, 이런 경우에는 승무원의 재량이 인정되고 있지 않습니다."

"그럼 얼마를 내야 합니까?'

"어디까지 가십니까?"

"목포까지요."

"서울에서 목포까지 운임이 1,200원, 특별급행료가 660원, 특실 좌석료가 600원, 그리고 운임과 요금에 대한 부가금이 1,260원, 합계 3,720원이 되겠습니다."

"너무 많은데… 서울역에서 정당하게 차표를 샀더라면 2,460원이면 될 것을… "

대령은 부가금 1,260원을 더 내야 하는 것이 몹시 아깝고 기분이 나쁜 모양이었다.

그래서인가? 그의 얼굴엔 억울함과 분노의 표정이 어리고 있었고, 그의 넓은 이마엔 하나… 둘… 작은 땀방울이 맺히기 시작했다.

"여기, 특실 말고, 옆의 보통실로 가시면 돈을 조금 절약하실 수 있습니다."

"… "

그는 자존심이 상하는지 고개를 설레설레 흔들었다.

나는 그의 입에서 부가 운임. 요금 1,260원이 빠진 2,460원 만으로 목포까지 어떻게 차표를 좀 해달라는 말이 나오기를 은근히 기다렸다. 그로부터 그런 부탁이 온다면 규정에 위배 되는 일이긴 하지만 못 이기는 체 하고 그 2,460원에 맞게끔 도중의 역에서 무임 승차하여 특실 좌석에 앉은 것으로

하여 목포까지 특종보충권을 끊어줄 수도 있는 것이었다.

그러나 그는 침통한 얼굴로 잠시 생각해보다가 이윽고 모든 끓어오르는 감정을 억제하고 약간 떨리는 음성으로 차분하게 말했다.

"정 규정이 그렇다면 할 수 없이 따라야지요. 내라는 돈을 다 내겠습니다. 그 대신 영수증을 꼭 발행해 주십시오."

안내원 미스 박이 그가 내미는 돈 3,720원을 받고 익숙한 솜씨로 특종보충권을 발행해주었다.

나는 땀이 송골송골 맺혀있는 그의 이마를 바라보며 자리에서 일어났다.

(과연, 대령은 대령이군.)

신동 접시꽃역(驛)

1971년 8월 어느 날, 부산발 용산행 보통 제162열차,

열차가 지천~연화 간의 신동역에 도착하자 신동역의 스피커에서 안내방송이 흘러나왔다.

"부산발~용산행 보통 제162열차는 부산발~서울행 특급 제12열차와 부산발~서울행 관광 제2열차의 대피 관계로 당역에서 앞으로 약 15분간 더 정차되겠습니다."

나는 즉시 그 사실을 차내 방송을 통해 여객에게 재차 알려주었다.

열차 내에 그냥 앉아 있기가 답답하여 15분간이나마 바깥 구경도 해보고 신선한 공기도 마셔볼 겸 열차에서 내리는 수십 명의 여객.

나도 열차에서 내려갔다.

그런데 플랫폼에 내려선 나와 여객들은 신동역의 구내를 한 바퀴 휘이 둘러보다가 눈을 크게 떴다.

역사 쪽의 길고 넓은 화단과 구내의 여러 곳에 1~2 m 정도의 키로 가득하게 피어있는 꽃, 꽃, 꽃, 꽃, 꽃… 수 백 그루가 될 듯싶은 그 꽃은 모두 접시꽃이었다.

아욱과에 속하는 다년생 풀이며, 중국 원산의 원예 화초로 넓은 심장 모양의 잎이 5~7 갈래로 깊게 째지며, 가장자리에 톱니가 있어 쭈글쭈글하고, 다른 이름으로 덕두화(德頭花), 촉규(蜀葵), 촉규화(蜀葵花), 층층화(層層花)라고도 불리는 접시꽃…

"야아, 굉장하구나."

"정거장이 온통 접시꽃으로 뒤덮였어."

나와 여객은 접시꽃을 자세히 구경하기 위하여 꽃밭으로 다가갔다.

"이 꽃 색깔을 좀 봐, 진홍색(眞紅色)이야."

"잎들도 싱싱하게 살이 쪄있는데요."

"빨간색이 살짝 엿보이는 꽃봉오리들도 탐스럽고… "

"이제까지 여기저기에서 접시꽃들을 가끔 보아왔지만 이렇게 잘 자라고 예쁘게 피어있는 접시꽃들을 보기는 처음이야."

"이곳의 땅과 기후가 접시꽃들이 성장하기에 알맞기 때문이겠죠."

"가꾸고, 관리하기도 잘했겠죠."

나와 여객은 감탄에 감탄을 거듭하며 접시꽃을 구경하다가 이윽고 각자의 집이나 직장으로 가서 나름대로 접시꽃을 피워보기 위하여 접시꽃 씨를 수집하기 시작했다.

꽃씨 덩어리를 따서 종잇조각이나 수건에 담는 여객도 있고, 그냥 주머니에 집어넣는 여객도 있고…

나는 신동역에서 신문지를 한 장 얻어다가 한 컵 정도의 접시꽃 씨를 따서 담았다.

그리고 얼마 후,

특급열차와 관광열차가 몇 분 간격으로 통과하고 나자 신동역의 스피커에서 또 안내방송이 흘러나왔다.

"부산발 용산행 보통 제162열차가 곧 떠나게 되오니 열차에서 내려있는 여객 여러분께서는 속히 열차에 올라타 주시기 바랍니다."

나와 여객은 꽃구경과 꽃씨 수집을 중단하고 열차를 향해 걸어갔다.

그때 내 귀에 들려온 여객의 얘기 소리.

"가만있자… 이 역의 이름이 뭐지?"

"저기 역명판에 씌어 있잖아? 신동역이라고… "

"신동역… 신동역이라고 하지 말고 역명을 바꿨으면 좋겠어."

"뭐라고?"

"예쁜 접시꽃이 많이 피어있으니까 〈신동 접시꽃 역〉이라고… "

"신동 접시꽃 역… 신동 접시꽃 역… 부르기에 좀 이상하게 느껴지긴 하지만 역의 특색을 나타내는 이름이라서 그것도 괜찮을 것 같아."

용산행 보통 제162 열차가 신동역을 떠난 후,

나는 수집해온 접시꽃 씨를 만져보며 잠시 생각에 잠겼다.

(신동역 직원들은 여객에게 꽃을 보는 기쁨을 주기 위하여 지역의 특성에 맞게끔 '접시꽃 일색'의 착안도 잘했을 뿐만 아니라 평소 바쁜 업무임에도 불구하고 그 많은 접시꽃을 예쁘게, 아름답게, 실하게 키워내고, 또 잘 관리해오느라고 틈틈이 수고도 많이 했겠군.)

제24화

만인(萬人)의 연인(戀人)

1971년 9월 어느 날, 서울발 부산행 특급 제19열차.

일요일이어서 여객들이 꽤 많았다.

완행열차와 다름없게 객차마다 중앙 통로에, 승강구 근처에 빽빽이 서 있는 입석승차권(立席乘車券)소지 여객.

그 여객 틈을 이리저리 헤치며 여객정리차 열차의 앞쪽으로 바삐 걸어가던 나는 식당차 주방 옆의 좁은 통로를 지나가다가 걸음을 멈추었다. 반대편에서 나의 쪽으로 걸어오던 젊은 여인이 나를 보자 나에게 할 말이 있는 듯 걸음을 멈추었기 때문이었다.

수수한 검정색 원피스에 색안경을 끼고 있는, 어디에서 본 듯한 여인.

그녀가 먼저 나에게 말을 걸어왔다.

"여보세요… "

"녜, 무슨 일입니까?"

"이 열차에 특실이 있습니까?"

"녜, 있습니다."

"그러면 제 좌석이 보통실의 좌석인데 특실로 옮기고 싶은데요."

"그렇게 하시지요."

나는 그녀와 몇 마디 얘기를 나누면서 그녀가 〈밀짚모자 목장 아가씨〉를 부른 가수 박재란과 비슷하게 생겼다고 느꼈다.

가수 박재란을 실제로 만나본 일은 없지만, 그녀가 옥 같은 목소리로 시원스럽게 부른 〈밀짚모자 목장 아가씨〉가 하도 마음에 들어 라디오, 혹은 길거리의 음반점에서 〈시원한 밀짚모자, 하늘에 구름 가네. 양 떼를 몰고 가는 목장의 아가씨, 연분홍빛 입술에는 살며시 웃음 띄우고… 〉가 흘러나올 때는 흥미 깊게 듣고 있었고, 또 그녀가 가끔 TV에 출연하여 노래를 부를 때는 관심 있게 보아 와서 그녀의 얼굴을 어느 정도 기억하고 있는 터이었다. 그러나 지금 내 앞에 서 있는, 얼굴에 여드름 자국이 조금 나 있고, 가무잡잡한 피부의 이 여인이 가수 박재란일 리는 없고…

(세상에는 비슷하게 생긴 사람들이 많이 있군.)

그녀가 또 나에게 물었다.

"특실이 어디에 있지요?"

이런 경우, 내가 그녀를 특실로 직접 안내해주는 것이 열차 접객승무원으로서의 의무이자 도리이기도 하겠지만 나는 열차의 앞쪽으로 바삐 가던 중이어서 특실이 있는 열차의 뒤쪽으로 도로 가기가 싫었다. 그래서 그녀에게 특실을 혼자 찾아가라고 손짓으로 가리켰다.

"이 식당차 다음 칸이 특실입니다. 특실담당 안내원이 그곳에 있으니까 가서 좌석을 하나 달라고 얘기하면 됩니다."

"네, 고맙습니다."

그녀는 나에게 고개를 약간 숙이는 것으로 예의를 취하고, 나를 지나쳐 특실로 향했다. 나도 앞쪽으로 발걸음을 옮겼다. 그리고 금방, 나는 가던 걸음을 멈추고 몸을 돌려 몇 발자국 걸음을 옮겨간 그녀를 불렀다.

"저, 아가씨… "

여인이 걸음을 멈추고 내 쪽을 바라보았다.

나는 환하게 웃으며, 그러나 감탄스러운 표정으로 그녀에게 말했다.

"아가씨는 가수 박재란과 비슷하게 생겼습니다."

그랬더니 그녀는 흡족한 듯 말없이 입가에 미소를 띠어 보이는 것이었다.

다시 몸을 돌려 제 갈 길로 가는 나와 그녀.

약 30분쯤 후.

열차의 앞쪽으로 가며 좌석 안내, 중복된 좌석 해결 등 여객 정리를 대강 마친 나는 열차의 뒤쪽으로 되돌아가다가 식당차에도 한번 들어가봐야 되겠다고 생각하고 그곳에 들어 갔다.

식사를 하고 있는 여객, 맥주를 마시고 있는 여객…

그런데 식당차 중간쯤에 걸어가다 보니 그들 중 나지막하게 나를 부르는 소리가 있었다.

"여보세요."

걸음을 멈추고 소리가 난 곳을 바라보니 가수 박재란을 닮은 여인이 커피잔을 앞에 놓고 혼자 앉아있다가 나에게 자기의 앞자리에 앉으라는 시늉을 하는 것이었다.

"특실에 좌석이 없습니까?"

내가 미안한 얼굴을 하며 그녀의 앞자리에 앉자 그녀가 머리를 옆으로 흔들었다.

"아니… 특실담당 여승무원한테 얘기해 보았더니 좌석이 있었습니다."

"… "

"좌석은 얻었고, 지금 커피를 마시려고 여기에 와 있지요."

"녜에… "

"커피 한 잔 하시겠어요?"

그녀의 커피잔은 이미 비어있었다. 내가 마시기 위하여 새삼스레 또 커피 한 잔을 청하기는 무엇하고…

"조금 전에 마셨기 때문에 별생각이 없습니다. 그냥 이대로가 좋습니다."

나는 담배를 꺼내 피워 물었다.

"그러면… "

여인은 조금 뜸을 들이다가 미소를 머금으며 말했다.

"아까, 저 보고 가수 박재란을 닮았다고 그러셨죠?"

"녜에, 그랬었습니다. 아가씨는 가수 박재란을 많이 닮았습니다."

"그래요?"

그녀는 소리 없이 웃으며 자기의 색안경을 벗어 내렸다.

"제가 박재란입니다."

"아… "

그러고 보니 그녀는 박재란을 닮은 사람이 아니라 바로 박재란 당자였다.

"하… 미안합니다. 가수 박재란 씨를 얼른 못 알아보고… "

그녀는 재미있다는 듯 소리 없이 웃고만 있었다.

"거, 박재란 씨가 부른 〈밀짚모자 목장 아가씨〉를 저는 무척 좋아합니다. 꾀꼬리 같은 목소리에 가사도 시원스럽고… 더운 여름철, 그 노래를 들으면 속이 후련해집니다."

"칭찬해주셔서 고맙습니다."

"그런데 지금 어디로 가시는 중입니까?"

"김천으로요."

"아, 김천극장에서 쇼가 있는 모양이죠?"

"네."

"그곳에서 또 〈밀짚모자 목장 아가씨〉를 부르겠군요?"

"네."

"그렇게 노래를 잘 부르고, 여러 사람들이 좋아하는 박재란 씨가 어디 여행을 하려면 애초부터 특실좌석권을 끊고 타셔야지… "

"저는 이 열차에 특실 같은 것이 있는 줄 몰랐습니다."

"그러셨겠죠. 이 책은?"

나는 커피잔 옆에 놓여있는 주간지 한 권을 눈짓하며 물었다.

"이런 책 좋아하십니까?"

"네, 그냥 열차로 혼자 가기가 심심해서… "

"하긴 그런 책도 많이 읽어야 될 겁니다. 연예인들에 대한 기사가 많이 실려 있으니까요… "

"… "

"그건 그렇고… "

나는 박재란이 불러 히트 친 노래들 중 한 곡을 생각해냈다.

"〈산 너머 남촌에는 누가 살길래 해마다 봄바람이 남으로 오네〉, 그 노래도 좋더군요."

박재란이 기쁜 듯 아주 낮은 목소리로 그 노래를 이어 나갔다.

"〈아~~꽃 피는 4월이면 진달래 향~기, 밀 익는 5월이면 보리 냄~새〉"

"아주 좋습니다."

"그다음, 제가 부른 노래 중에서 뭐 생각나는 게 없으세요?"

"글쎄요… 뭐가 있더라… ? 아, 그 나무꾼이 철종 임금이 된 강화도령의 노래… 〈강화 도련님, 강화 도련님, 도련님이 어쩌다가 이 고생을 하시나요?〉… 텔레비전에서 연속극〈강화 도령〉을 방영할 때 주제가가 참 멋있었습니다."

"용케도 가사를 외우고 계시는군요. 또 다른 노래는요?"

"다른 노래… 갑자기 생각이 안 나네요. 들어보면 아는데… "

"〈럭키모닝, 모닝, 모닝, 럭키모닝… 〉"

"그렇지요, 〈럭키모닝〉도 있지요, 〈달콤한 사랑 속의 그대와 나, 행복한 가슴에 꿈을 안고서〉"

"〈푸른 날개〉는요?"

"〈푸른 날개〉?"

"〈아무리 서러운 슬픔은 많아도 가슴을 털어놓고 노래합시다. 하늘도 푸르고 마음도 즐거워, 청춘의 푸른 날개여〉"

"그 노래도 참 좋았습니다."

이럭저럭 얘기를 나누는 사이, 시간이 좀 흘러간 것 같았다.

열차에는 여객이 많고, 박재란 씨도 특실에 가서 쉬어야 할 것이고… 나는 자리에서 그만 일어날 때가 되었다고 생각하며 박재란 씨에게 당부했다.

"고운 목소리로 좋은 노래를 많이 부른 박재란 씨는 많은 사람의 연인입니다. 앞으로도 계속 좋은 노래를 많이 불러 많은 사람의 영원한 연인이 되어주십시오."

제25화

후회(後悔)되는 일들

①

1971년 6월 어느 날, 서울발 부산행 특급 제19열차.

열차가 영등포역을 떠난 직후, 열차의 시발 안내방송을 마치자마자 바로 검찰에 들어갔는데 검찰이 두 번째 칸의 중간쯤까지 진행되었을 때였다.

27, 8세 정도로 되어 보이는 한 젊은 여인이 자기의 차례가 되자 나에게 철도 가족용 1회 승차권을 내밀며 말하는 것이었다.

"저… 김기덕 씨 아시죠?"

"김기덕 씨요? 지금 본청 운수국 여객과장님으로 계시는 김기덕 씨?"

"녜… "

"아, 그분 알고말고요."

"… "

약 3년 전.

내가 경리국 심사과 수소화물 심사계에서 근무하고 있을 때인 1968년 가을.

제천역에서 근무할 때 사귄 한 처녀(지금의 아내)와의 결혼식을 한 보름 앞으로 남겨놓고 청첩장을 찍으려니 주례를 맡아줄 마땅한 사람이 없었다.

1950년 12월의 유엔군 흥남철수작전 때 흥남 부두에서 미국 배를 얻어 타고 거제도로 피란을 내려간 이후, 열악한 환경 때문에 아버지와 누이동생이 죽고 어머니와 단 둘이 외롭게 살아오던 터라 누구 도와줄 사람도 없고…

생각다 못해 나는 우리 구(중구. 나는 그때 필동2가에서 살고 있었다) 출신의 야당 국회의원 정일형 씨 댁에 전화를 걸었다. 얼마 전, 신문에서 중구가 지역구인 국회의원 정일형 씨가 지역구 주민의 주례를 많이 서줬다는 기사를 읽었기 때문이었다.

"네…"

신호 소리가 끊어지며 웬 남자가 받는소리.

"여보세요. 거기가 국회의원 정일형 씨 댁입니까?"

"그렇습니다."

"선거구민의 한 사람인데요, 정일형 씨 좀 바꿔주시겠습니까?"

"정일형 씨는 지금 안 계신데… 무슨 말씀인지 저한테 얘기하시지요."

"선생님은 누구이십니까?"

"정일형 씨의 비서입니다."

"녜에… 다름이 아니라 제가 결혼식을 올리게 되어 정일형 씨한테 주례를 좀 서주십사하고…"

"아, 그런 얘기라면 내일 정일형 씨 사무실로 나와서 의논해보시지요."

"정일형 씨 사무실이 어디에 있습니까?"

"국도극장 건너편에 있습니다. 내일 10시까지 나오십시오."

"녜. 알겠습니다."

다음 날,

집에 중요한 일이 있어서 직장에 좀 늦게 출근한다고 직장의 상사에게 전화를 한 후,

약속한 시간에 맞추어 길거리의 간판들을 읽어보며 〈국회의원 정일형사무소〉로 찾아간 나는 사무실 안으로 들어가지 않고 밖에서 유리창을 통하여 사무실 안을 들여다보게 되었다.

정일형 씨는 보이지 않고, 정일형 씨를 만나러 왔는지 대기상태로 묵묵히 앉아있는 다섯 명의 남자.

(내 차례가 오려면 멀었군.)

나는 밖에서 계속 사무실 안을 들여다보며 머뭇거리고 있었는데 이때 내 옆에서 나처럼 사무실 안을 기웃거리고 있는 중년 신사가 한사람 있어서 나는 그에게 물었다.

"선생님도 정일형 씨를 만나러 오셨습니까?"

"네."

"저도 결혼식 주례를 부탁하고 싶어서 왔습니다."

"국회의원에게 결혼식 주례를 부탁하려면… 아마 양복 한 벌은 해줘야 될 걸요?"

"녜에? 양복 한 벌요?!"

그 당시 양복 한 벌을 맞춰 입으려면 15만 원쯤 들여야 된다고 알고 있었다.

(내 월급이 얼마인데…)

눈이 둥그레진 나는 곧장 발길을 돌려 직장으로 향했다.

한 시간쯤 후, 직장에 출근한 나는 일하면서 나의 직속상관인 수소화물 심사계 우종표 계장(사무관)에게 고민을 털어놨다.

"결혼식 주례를 설 사람이 없습니다."

그랬더니 우 계장이 한참 생각해 보다가 말했다.

"국장(경리국장)님에게 부탁해 보겠네."

'… ?'

얼마 후.

국장실에 다녀온 우 계장의 얼굴 표정이 약간 밝아있었다.

"국장님에게 자네의 사정을 말씀드렸더니 그날(11월21일 결혼식 날) 국장님이 다른 일정이 예약되어 있어서 자네의 결혼식에 참석 못하신대. 그 대신

국장님이 과장님(심사과장)에게 주례를 좀 서주라고 말씀하셨는데 과장님이 승낙하셨어."

'… !'

이렇게 해서 나의 결혼식 주례를 맡아주셨던 김기덕 심사과장님.

내가 김기덕 과장님을 알고 있다고 대답하자 젊은 여인은 말없이 입가에 빙그레 미소를 띠었다.

"그런데… 왜 그런 걸 저에게 물으시죠?"

"그분이… 저의 아버님이셔요."

"아, 그러세요?"

나는 놀라며 여인의 얼굴을 찬찬히 들여다보았다.

빼어난 미인은 아니지만, 김기덕 씨를 조금씩 닮아 있는 눈, 코, 입, 얼굴형…

그리고 철도 가족용 1회 승차권에 씌어있는 〈운수서기관 김기덕, 서울~부산〉.

"은인의 따님을 이런 자리에서 만나게 되다니… 반갑습니다."

김기덕 과장님의 따님은 계속 미소만 짓고 있었다.

"제가 심사과를 나와 차장, 조역을 거쳐 열차 승무를 하고 있는 동안 운수국 여객과로 가셨다는 소식을 듣긴 들었는데… "

"… "

"저의 얼굴을 어떻게 알고 계시죠?"

"아버님께서 주례 서실 때 찍은 사진을 가끔 들여다보셔요, 저도 몇 번 사진을 자세히 들여다보아서 사진 속의 신랑 얼굴을 대강 기억하고 있고… 지금 열차 승무를 하고 있다는 것도 아버님한테서 들어서 알고 있어요."

"아이고, 그렇게 저에게 관심이 많으신 걸… 한 번 시간을 내어 찾아가 뵙겠습니다."

나는 하던 검찰을 중단할 수가 없어서 김기덕 과장님의 따님에게 정중히 인사를 하고 검찰을 계속해나갔다.

그리고 30분쯤 후.

검찰도 중요하지만, 김기덕 과장님의 따님에게 우선 마실 것이라도 좀 갖다 드려야겠다고 생각한 나는 검찰을 중단하고, 차내의 홍익회매점에서 우유와 과자 등을 산 뒤 김기덕 과장님의 따님을 찾아갔다.

그런데 웬걸, 김기덕 과장님의 따님의 자리는 비어있었다.

"여기에 앉아있던 여자분, 어디로 갔지요?"

"아까 수원역에서 열차가 섰을 때 내리던데요"

"… !"

김기덕 과장님의 따님이 소지하고 있던 철도 가족용 1회 승차권의 승차 구간이 서울~부산으로 되어있어서 어디 먼 데로 여행이라도 가는 줄로 알고 있었던 것이 큰 착각이었다.

(아~아, 어쨌든 그냥 보내는 게 아닌데…)

②

1971년 7월 어느 날, 서울발 목포행 특급 제41열차.

보통 객차에서 한 두어 시간 동안 검찰을 실시하다가 열차가 서대전역을 떠난 후 특실에 들어가서 특실담당 안내원에게 특실의 현황을 듣고 있던 중 특실의 중간쯤에 앉아있던 나이가 꽤 들어 보이는, 부부로 보이는 두 남녀가 나의 옆으로 다가와서 그들 중 남자가 나의 명찰을 들여다보며 말하는 것이었다.

"혹시… "

그래서 나는 그들을 유심히 살펴보게 되었는데 웬걸 그들은 나의 국민학교 시절, 한 집에서 같이 살던 주인집 부부였다.

"아니, 수자의 아버님이 아니십니까?"

"맞았어, 긴가 아닌가 했더니… "

나와 수자의 아버지는 너무 반가워서 얼싸안을 듯 시늉을 하며 양손을 마주 잡았다. 그리고 수초 후, 나는 수자의 어머니의 양손도 마주 잡았다.

"수자의 어머님… "

"그래, 네가 그동안 커서 이렇게… "

나의 위아래를 훑어보며 대견스러워하는 수자의 아버님과 어머님.

(아, 어려웠던 시절, 고생을 같이했던 분들이 아닌가?)

6.25 한국전쟁이 일어났던 해인 1950년 12월, 여덟 살의 어린 나이로 흥남 부두에서 부모님을 따라 남한으로 가는 배를 탔던 나는 피난지 거제도에서 전염병으로 아버님과 누이동생을 잃고, 어머니와 단둘이서 외롭고 비참한 생활을 해왔다.

1953년, 남북 간 휴전이 성립된 후, 피난민 중 가깝게 지내던 광택이(당시 4살)네 집이 서울로 이사를 간다는 바람에 어머니도 나를 데리고 함께 따라 나섰는데 그때 폐허가 다된 서울에서 기거를 하게 된 곳이 광택이네 식구들 과 잘 아는 사이인 수자(당시 10살)네 집이었다.

이북에서 단신 월남하여 미군 부대에서 노무자로 일하고 있는 수자의 아 버지, 역시 6.25 한국전쟁 때 북한에서 폭격으로 남편을 잃고, 자신은 다리 하나를 잃어 의지(義肢)를 한 채 어린 수자 하나 만을 데리고 간신히 남한으 로 피란을 내려온 수자의 어머니.

이 두 분이 동정과 사랑으로 결합하여 함께 살고 있던 집이 수자네 집인데 그 수자네 집의 방 한 칸을 빌려, 나와 어머니뿐인 우리 두 식구와 광택이네 의 네 식구, 이렇게 두 세대가 함께 살았다. 생계를 위해서 나의 어머니는 미 군 부대에서 흘러나온 옷가지를 이곳저곳으로 숨겨가며 팔았고, 광택이네 할머니는 길가에서 목판에 캐러멜, 사탕, 성냥 등을 널어놓고 팔았고…

우리 식구들과 광택이네 식구들이 각기 다른 방을 얻어 나갈 때까지의 약 1년 동안, 좌절하지 않고 희망을 잃지 않게 늘 인자한 웃음으로 따뜻하게 보 살펴 주던 수자의 아버지와 어머니.

그 두 분을 헤어진 지 17년 만에 28세가 된 내가 열차에서 우연히 만나게 된 것이었다.

실로 오래간만의 만남이라 나와 수자의 아버지와 어머니는 반가워서 한동안 어쩔 줄을 몰라 하다가 그들의 자리로 갔다.

수자의 아버지와 어머니는 열차 내에서 점심 식사를 하고 있었던지 빈 그릇과 젓가락이 의자에 놓여있는 것이 보였다.

"어디로 가시는 길입니까?"

"으응, 논산에서 내릴 예정이네."

"논산엔 무슨 일로요?"

"구경 다니는 중이란다."

"네에, 논산엔 유적지가 많이 있지요, 그런데 점심 식사를 왜 관광지에서 사 잡수시지 않고… "

"집에서 아예 음식을 싸 왔단다. 사 먹는 것이 불결한 점도 있고… 어머니는 무고하시나?"

"네, 지금 정정하십니다. 동대문시장에서 포목 장사를 하고 있습니다."

"그럴 거야, 너의 어머니는 참 억세지, 너도 인젠 장가를 들어서 애들도 있겠네?"

"네, 벌써 딸 둘이 생겼습니다. 수자도 결혼했겠지요?"

"그럼, 결혼해서 애 둘이 있고, 지금 고등학교 선생이란다."

"잘 되었습니다. 국민학교 때 내가 수자에게 미술 숙제를 해주던 일이 생각납니다."

나는 수자의 아버지와 어머니와 계속 이런저런 얘기를 나누다가 마침 홍익회판매원이 음료수 등을 팔며 지나가고 있었으므로 그를 불러 세웠다.

"여기 사이다 두 병하고… "

"사이다는 왜?"

"점심 식사를 마치신 모양인데 목을 축이셔야죠."

"아니, 그럴 필요가 없어. 우린 집에서 보리차를 갖고 왔지."

수자의 어머니가 마호병을 들어 보였다.

"그러면 다른 것이라도… "

"다른 것도 필요 없어, 우린 지금 아무것도 먹고 싶은 거 없네."

수자의 아버지가 머리를 가로저으며 손을 흔드는 바람에 홍익회판매원은 아무것도 팔지 못하고 가버렸다.

(이분들이 내가 돈을 쓸까 봐서 그러는군.)

나를 생각해주는 마음은 예나 지금이나 다름이 없었다.

얼마 후 열차가 논산역에 도착하자 수자의 아버지와 어머니는 열차에서 내렸다.

"잘 가게."

"네, 안녕히 가십시오."

한쪽 다리가 의지여서 절뚝거리며 걷는 수자의 어머니, 그 절뚝거리는 아내를 부축하며 걷는 수자의 아버지.

나는 안주머니에 들어있던 비상금을 몽땅 꺼내 수자 아버지의 주머니에 넣었다.

"이거 약소하지만, 택시비에 보태 쓰십시오."

"아니, 이 사람 이러면 안 돼."

수자 아버지는 내가 넣어준 돈을 도로 꺼내 억지로 내 주머니에 쑤셔 넣었다.

"한 푼이라도 아껴서 자네 어머니를 봉양하게. 자네 어머니도 이젠 늙으셨잖아?"

"… !"

열차가 논산역을 떠난 후, 나는 모처럼 만난 수자의 아버지와 어머니에게 사이다도 한 병 못 사드리고, 택시비도 드리지 못한 것을 크게 아쉬워했다.

(억지로라도 사이다를 마시게 하고, 억지로라도 택시비를 받게 할 것을 …)

③

1971년 6월 어느 날, 서울발~장항행 특급 제25열차.

서울~천안 간의 일차 검찰 도중 30세 내외로 보이는, 검소한 옷차림의 한 여인이 자기의 승차권을 보여줄 차례가 되자 철도직원용 승차증을 내보이며 나에게 말했다.

"공무원증 갱신발급신청을 내셨죠?"

"공무원증요?"

〈공무원증 갱신발급신청〉이란 말을 들으니 머릿속에 얼핏 떠오르는 것이 있었다.

내가 서울 열차사무소 여객전무로 발령이 나기 직전, 능내역에서 철도국으로 보낸 나의 〈공무원증 갱신 발급신청〉이었다.

그때 과거의 소속, 직급, 직명 등에서 〈능내역, 운수주사보, 조역〉 등으로 내용을 바꾸기 위하여 철도국에 사진이 첨부된 공문을 열차 편 등기로 발송 시켰었는데 서울열차사무소로 발령이 나서 근무처를 옮긴 이후, 열차 타기에 바빠서 공무원증에 대해 까맣게 잊고 있었던 것이었다.

"녜, 전에 있던 능내역에서 〈공무원증 갱신 발급신청〉을 내긴 냈었습니다만… "

나는 그녀가 누구인지 확실히 몰라서 의아한 눈으로 내려다보았다.

"제가 철도국의 공무원증 담당자인데요."

"아, 그렇습니까?"

나는 감탄하는 어조로 얼굴에 환한 웃음꽃을 피웠다.

"만들어놓은 공무원증을 하도 안 찾아가기에 능내역에 전화를 했더니 서울열차사무소로 옮기셨다고 그러고, 서울 열차사무소에 전화를 했더니 전화를 받은 내근 직원이 알았다고 그랬는데 통 찾으러 오지 않고… 그래서 최 여객전무님의 이름을 외우고 있었는데 오늘 이 열차를 타고 보니 최 여객전무님이 바로 이 열차의 여객전무님이시군요."

"… ?"

그런데 그 일이 있은 뒤부터 약 일주일쯤 지난 후였다.

서울발~부산행 특급 제15열차를 탄 내가, 열차가 영등포역을 떠난 후, 열차의 시발 안내방송을 마치고, 어느 객차에서 검찰을 하고 있으려니 그 객차의 앞쪽 좌석에 앉아있던 한 젊은 여성이 자기의 차례가 되자 나에게 승차권 대신 어떤 공무원증을 내밀며 미소를 띠는 것이었다.

"공무원증 가져왔어요."

그 여인은 철도국의 공무원증 담당자였고, 공무원증의 사진을 보니 주인공이 나였다.

"아니, 고맙게도 이걸 이렇게 직접 갖다주십니까?"

"집으로 가는 길에 갖고 왔어요."

"그렇다 치더라도 내가 타는 열차를 미리 알아보고 맞춰 탄다는 게… "

"… "

나는 공무원증을 안주머니에 집어넣고 하던 검찰을 계속해나가면서 철도국의 여직원에게 어떤 보답을 해야겠다고 생각했다. 그래서 한 다섯 칸쯤 검찰을 마쳤을 때 남은 검찰을 중단하고 철도국의 여직원이 앉아있던 객차로 갔다.

"… ?"

철도국의 여직원은 내가 검찰을 하는 동안 도중의 수원, 혹은 평택역에서 내려버렸는지 그녀의 자리는 쓸쓸하게 비어있었다.

(그놈의 검찰 때문에… 나에게 큰 성의를 베풀어준 그녀에게 내가 인간으로서의 도리를 지켜주지 못한 것 같군.)

제26화

젊은 반발(反撥)

①

1971년 6월 어느 날.

광주역에서 오후 5시 20분에 떠나는 용산행 보통 제186열차.

열차가 광주역을 떠나기 직전에 열차 내를 한 바퀴 돌아보니 중, 고교의 남녀통학생이 꽤 많이 타고 있었다.

이 객차에 한 20여 명, 저 객차에 한 30여 명, 다음 객차에 한 20여 명… 수소화물을 취급하지 않아 비어 있는 1량의 수화물차에는 50여 명의 통학생이 각기 책가방 등을 들고 서서 저희끼리 잡담을 나누고 있었다.

소곤소곤, 재잘재잘, 웅얼웅얼, 웅성웅성, 와글와글…

(광주 학생운동이 일어났던 일제시대, 이곳의 조선인 학생과 일본인 학생의 통학 모습도 이러했던가?)

그런데 약 1분 후, 열차가 스르르 움직이기 시작하여 광주역을 떠났을 때였다. 열차의 중간쯤, 어느 객차의 통로에 서 있던 나는 내 주위에 서 있는 한 무더기의 학생에게 무심코 물어보게 되었다.

"너희들, 차표를 다 끊고 다니니?"

"… "

"차표가 있느냐 말이다."

"네, 학생 정기승차권을 갖고 있어요."

몇 몇의 학생이 자신 있게 대답해왔다. 그러나 나머지 20여 명의 학생은 입을 봉한 채 말들을 안 하고 있었다.

뭘 말해주기가 귀찮아서인지 아니면 승차권을 사지 않고 탔는지 나를 쳐다만 보고 있는 학생, 우물쭈물 애매한 태도를 보이고 있는 학생, 나의 시선을 피해버리는 학생, 슬금슬금 옆의 객차로 옮겨가는 학생…

"야, 너희, 차표 좀 보자."

"… "

그들의 석연치 못한 태도에 의심을 품은 내가 학생 전체를 향해 승차권의 제시를 요구하자 나에게서 좀 떨어져 있는 2명의 남학생이 후다닥 동작을 빨리하여 옆의 객차로 도망치는 것이었다.

"저, 저런… "

일부 통학생의 무질서를 발견하고 분개한 나는 곧 차장과 함께 열차의 맨 뒤 칸부터 학생만을 상대로 검찰을 시작했다.

이제까지 몇 번 타본 186열차의 검찰은 송정리~서대전 간에서 한 번, 서대전~천안 간에서 한 번, 이렇게 통상 두 번을 실시했기 때문에(다른 여객전무도 마찬가지였을 것이다.) 단거리이고 통학생이 많이 있는 광주~송정리 간의 검찰은 처음 해보는 검찰이었다.

"자, 학생, 차표 좀 보자."

검찰가위와 특종보충권을 들고 있는 나와 차장이, 자리가 없어서 객차의 출입문 근처에 서 있는 20여 명 학생의 옆으로 갑자기 다가가자 학생들은 놀란 눈을 하며 각자의 주머니에서 1회용 보통 승차권과 1개월, 3개월용 정기 승차권을 꺼내 놓았다. 승차권이 없는 5, 6명의 학생은 난처한 표정만 짓고 있고…

나는 차표가 없을 듯한, 키가 크고 인상이 고약한 한 남학생을 골라 물어보았다.

"넌, 차표가 없느냐?"

"… "

"왜 차표를 안 끊고 다니지?"

"… "

"차표 끊어."

"… "

"광주역에서 탔을 것이고 어디까지 가지?"

"… "

"대답해 봐!"

"극락강역이요."

"운임 80원. 부가금 40원이니까 120원 내놔."

"… "

"못 내놔?"

"한 번만 봐주세요."

"한 번만 봐주게 생겼니? 지금 이 열차에 타고 있는 학생들의 대부분이 너처럼 차표가 없어!"

"… "

"못 내놔?!"

학생은 내가 때릴 듯 험악한 표정을 짓자 할 수 없이 주머니에서 돈을 꺼냈다. 그 돈을 받고 차장이 재빠르게 특보를 끊어주었다.

"다음, 너희들도 차표 없으면 돈을 내놔,"

"… "

"못 내놔?!"

"… "

"왜 말이 없어!"

나는 도망가려고 눈치만 살피고 있는 한 학생의 머리에 가볍게 군밤을 먹여 주었다.

"낼 거야? 안 낼 거야?"

"낼게요."

"너는 왜, 돈을 내지 않고 나를 째려만 보고 있니?"

나는 반항적인 태도를 보이고 있는 한 학생의 엉덩이를 발로 내질렀다.

"아이구구, 왜 때려요!"

"엄살은… 이 자식아, 돈을 내야 안 때리지."

그도 마지못해 돈을 내놓았다.

"너도 돈을 내."

"낼게요."

"너도… "

"저는 돈을 안 가지고 왔는데요."

"정말 없어?"

"네. 정말요. 10원도 없어요."

"너는 아예 이 열차를 공짜로 타려고 집에서 돈도 안 가지고 나왔구나."

또 군밤 세례.

"다음 역에서 내려버려!"

"아구구구."

이렇게 옥신각신하며 6명으로부터 돈을 받고 특보를 끊어주고 나니 열차가 어느새 극락강역에 도착했다.

열차에서 내려 근무자가 없는 생울타리 쪽으로 유유히 빠져나가는 수십 명의 학생.

(저 학생 중엔 차표가 없는 학생이 상당수가 끼어 있겠구나."

나와 차장은 열차가 극락강역을 떠난 후 검찰을 계속했다.

차표가 없어서 앞쪽으로 앞쪽으로 밀려가는 학생들.

도망가다가 붙잡힌, 차표 없는 학생들에 대한 설득, 엄포, 군밤 먹이기, 발로 살짝 엉덩이 차기…

한 15명으로부터 돈을 받고 특보를 끊어주고 나니 열차가 송정리역에 도착했다. 송정리역에서 거의 대부분의 학생이 내려버렸고, 그래도 50여 명의 학생이 전도의 하남, 임곡, 옥정, 장성역 등으로 가는지 열차에 그냥 남아있었다. 그 학생에 대한 부분 검찰마저 끝내고 나니 하남역.

그러나 송정리역에서 많은 여객이 탔기 때문에 나는 전 여객에 대한 검찰을 새로 시작했다.

한 객차를 끝내고, 다음 객차로 넘어가고, 또 한 객차를 끝내고 다음 객차로 넘어가고…

검찰을 하면서 자주 생각나는 것이 광주~송정리 간의 차표가 없던 학생들의 반항적인 태도이었다.

"이제까지 광주~송정리 간에선 차표 검사를 한 번도 하지 않았기 때문에 우리도 차표를 안 사고 열차에 탄 거예요."

"돈을 내면 될 게 아네요? 왜 돈을 안 내는 줄로 알고 윽박지르는 거예요?"

"아저씨는 우리 같은 동생이 없어요? 너무 그러지 마세요."

하며 쏘아보던 매서운 눈초리. 그 눈초리엔 원망과 증오가 가득하게 담기어져 있었다.

(내가 너무 과격하게 무찰 단속을 했다고 그들 중 철없는 학생이 열차가 떠날 때 나에게 돌멩이 같은 것을 던질지도 모르는 일이지 않는가?)

문득 이런 생각이 든 나는 전도의 역에서 열차가 서고 떠날 때마다 밖에서 잘 안 보이는 객차의 화장실 앞 통로 같은 데에 서 있었다. 아니나 다를까? 그리고 얼마 후, 열차가 신흥리역에서 정차했다가 막 떠났을 때였다.

나는 어느 객차의 화장실 앞 통로에 서 있었는데 바로 옆의 승강구 벽에서 별안간 "쾅…!" 하고 무엇이 세게 부딪치는 소리가 났다. 이어서 객차와 객차 사이의 통로에 떨어져 내 앞으로 힘없이 굴러오는 돌멩이 하나. 직경 7cm쯤 되는 큰 돌멩이였다.

(누가 나를 향해 돌멩이를 던졌구나.)

나는 떠나가는 열차에서 얼른 승강구 밖으로 얼굴을 내밀고 신흥리역 구내를 살펴보았다.

신흥리역 구내의 옥수수밭에서 내 쪽을 바라보고 있다가 내가 열차에서 내다보자 황급하게 뛰어 도망가는 한 남학생.

(저놈이었구나.)

그는 뛰어 도망가면서도 누가 따라올까 봐 연신 고개를 돌려 뒤쪽을 살펴보고 있었다.

나는 열차에서 뛰어내려 그를 쫓아가 볼까 하다가 여객전무가 자기의 열차를 못 타고 가면 안 된다는 생각이 강하게 들어 할 수 없이 열차에서 뛰어내리지 못했다.

(나나 여객들이 돌멩이에 맞지 않은 것이 다행이로군.)

②

1971년 10월 어느 날,

용산발 부산행 보통 제161열차. 16시쯤.

열차가 사과 명산지의 경산역에 가까워지면서부터 나의 마음은 불안해지기 시작했다.

나에게 악한 감정을 품고 있을 사과 장수 한 명의 얼굴이 머릿속에 떠올라 왔기 때문이었다.

약 한 달 전,

서울발 부산행 보통급행 제101열차를 탔을 때이었다.

열차가 청도역에 도착하자 10여 명의 잡상인이 이 지역의 특산물인 사과를 여객에게 팔기 위하여 열차로 몰려들었다.

2, 3개씩의 사과 광주리를 양손에 무겁게 들고, 혹은 5개씩, 10개씩 한 줄로 묶은 사과를 들고 객차내로 들어와, "자, 사과요! 사과! 달고 시원한 사과 사세요! 사과!"

"선물용 사과 있어요! 사과!"

"한 광주리에 500원이요! 500원!"

"한 개밖에 안 남았어요! 차 떠나기 전에 얼른 사세요!"

이렇게 외쳐대며 비좁은 여객들의 사이를 누비고 다니는 사과 장수.

또 열차 밖의 플랫폼에서 열차 내를 향해 사과 선전을 하는 사과 장수.

"다음 정차역인 밀양역에서도 사과 장수들이 열차에 올라올 것이고…"

"이 열차가 부산에 도착할 때까지 아마 계속 사과 장수가 타고 내릴 것입니다."

시끄러운 사과 장수 때문에 기분이 좋지 않았던 나와 열차원은 동대구~부산 간엔 검찰을 꼭 한 번 실시해야 하므로 열차가 청도역을 떠난 후 바로 검찰을 시작했다.

검찰을 하다가 사과 등을 팔고 있는 잡상인 단속에 임하기도 하고, 잡상인 단속에 임하다가 검찰을 하기도 하고…

나와 열차원이 어느 객차의 검찰을 완전히 끝마치고 다음 객차로 들어가 보니 4명의 남녀 잡상인이 사과를 팔다 말고 주춤, 나와 열차원의 눈치를 살피고 있는 것이었다.

미안한 표정을 지으며 형식적이나마 사과 광주리를 등 뒤로 혹은 의자 밑으로 감춰놓고 있는 3명의 잡상인.

그런데 유독 22, 3세 정도의 한 키가 크고 잘생긴 청년만이 잠시 주춤하고 있다가 승무원이 묵인해주겠지 하는 마음이 생겼던지 이내 사과 팔기를 계속했다.

"사과 사세요, 사과. 달고 시원한 사과 사세요."

"…?"

나와 열차원은 어느 여객에게 사과 광주리를 건네주고 돈을 받고 있는 그의 옆으로 다가갔다.

"이봐, 지금 뭐 하고 있어."

"…"

그는 자기의 잘못을 알고 있는 듯 사과 광주리들을 밑으로 내려놓고, 얇은 미소를 흘려 보이며 고개를 숙였다.

"열차 내에서 장사를 하면 안 돼."

"녜… "

"저쪽 승강구 쪽에 나가 있다가 다음 역에서 내려버려."

"네."

그가 밑으로 내려놓았던 자기의 사과 광주리들을 주섬주섬 챙겨 들고 객차의 출입문 쪽으로 걸어갔다.

나는 열차원과 함께 그 객차의 검찰을 시작했다.

"자~, 승차권 좀 보여주십시오."

주머니에서 승차권을 꺼내 보여주는 여객,

짤깍 짤깍…

그리고 약 30초쯤 후

검찰을 하던 내가 "사과 사세요"라는 나지막한 소리를 듣고, 시선을 돌려 객차의 출입문 쪽을 바라보니 조금 전, 나의 제지를 받고 출입문 쪽으로 걸어 나갔던 사과 장수 청년이 출입문의 바로 앞에서 사과 팔기를 계속하고 있는 것이었다.

"한 광주리에 500원씩 입니다. 사과 사세요."

"… !"

약이 바싹 오른 나는 검찰을 중단하고 열차원과 함께 그의 옆으로 갔다.

"한 번 얘기했으면 들어야지, 또 장사를 하고 있어!"

"… "

"승무원을 무엇으로 알고 있나!"

묵묵히 서 있던 그가 나를 똑바로 쳐다 보았다. 조금 전의 협조적인 태도와는 달리 아니꼽고 치사스럽다는 눈초리.

"아니, 이 자식이 이 건방진 태도 좀 봐?"

얼떨결에 나의 입에서 〈이 자식이〉라는 말이 튀어나왔다. 그랬더니 그의 얼굴엔 반항의 표정이 역력히 나타났다.

"이 자식이요?"

"그래, 이 자식이다. 왜 말을 안 들어?"

"말을 안 듣는다고 욕을 합니까?"

"그럼, 말을 안 듣는 놈한테 더 말을 안 듣게 존칭을 써주랴?"

나는 나를 쏘아보며 말 대꾸를 하는 그가 극도로 얄미워 오른발로 그의 정강이를 힘차게 내질렀다.

"퍽!"

그가 그의 정강이에 심한 통증을 느꼈던지 아래로 몸을 굽히며 맞은 부위를 두 손으로 감쌌다. 그리고 보란 듯이 바지를 걷어 올렸다. 침착한 느린 태도, 나의 구두 발에 채인 그의 정강이의 부위는 금세 충혈되어 벌겋게 달아올라 있었다. 그가 충혈된 부위를 잠시 살펴본 후, 바지를 내리지 않은 채 굽힌 자세 그대로 나를 쳐다보았다.

"네가 여객전무라고 함부로 남에게 발길질을 하느냐?" 하는 표독스러운 표정.

매섭게 쏘아보는 그의 눈엔 이번엔 증오의 살기가 잔뜩 어려 있었다.

"그래, 그런 눈으로 나를 쏘아봐서 어떻게 하겠다는 거냐?"

자존심이 크게 상한 나는 오른발로 그의 정강이를 두 번째로 냅다 질렀다.

"퍽!"

"… !"

그래도 꼼짝을 않고 나를 노려만 보고 있는 그.

(독한 놈이구나.)

나는 그의 가까스로 참고 있는 감정이 폭발될까봐 더이상 그에게 다른 조치를 취하지 않았다. 그도 나를 계속 쏘아보다가 순간적으로 어떤 결심을 했는지 거칠게 사과 광주리들을 걷어들고 객차 밖으로 횡 나가버렸다.

"… "

나와 열차원과 많은 여객 중 아무도 입을 열지 않는 무거운 분위기.

뭔가 크게 잘못되었다는 느낌.

(말로 해도 될 것을 괜히 발길질을 했군.)

수초 후, 그가 나가버린 객차에서 나는 열차원과 함께 다시 검찰을 시작하며 불길한 예감에 사로잡혔다.

(저놈이 언젠가는 나에게 어떤 보복을 해오겠지.)

그날 이후.

나는 가끔 경부선 열차를 타고 동대구~부산 간을 달릴 때마다 사과 장수 청년으로부터 예기치 못한 어떤 기습적인 공격을 받을까봐 신경을 곤두세웠다.

열차 내를 순회할 때엔 여객 중 사과 장수 청년이 끼어 있나 하고 유심히 살펴보기도 하고, 쇠로 만들어져있는 검찰 가위를 방어용으로 항상 손에 쥐고 다니기도 하고, 승강구 옆을 지나다닐 때엔 누가 갑자기 밀지나 않을까 하여 조심하기도 하고…

그러던 어느 날, 우연하게 한 신문의 사회면에서 다음과 같은 기사를 읽게 되었다.

〈0월 0일 0시경, 경전선의 00~00구간을 달리던 00열차의 여객전무 000(00열차사무소 소속. 35세)가 차내 잡상인의 칼에 찔려 숨졌다.〉

또 어느 날, 목포 승무원 숙사에서 쉬다가 저녁밥을 먹고 있으려니 나보다 목포에 2시간 늦게 도착한 00열차의 여객전무가 식사를 하러 와서 이런 얘기를 들려주는 것이었다.

〈어젯밤, 목포발 서울행 특급 제00열차가 강경~논산 간을 달리고 있을 때 00지점에서 갑자기 돌멩이들이 무수하게 날아들어 객차의 유리창이 20여 장이나 깨어져 버렸다.〉

그래서 내가 발로 찼던 사과 장수 청년에 대한 경계심을 더욱 많이 가지게 되었는데 그날따라 승무 교번에 의해 모처럼 타게 된 용산발~부산행 161열차가 완행열차이라서 사과 산지의 역마다 서게 되고, 사과 산지의 서는 역에서마다 사과장수가 열차에 올라올 것이 예상되어 긴장된 신경을 더욱 날카롭게 해주는 것이었다.

(오늘은 그 청년이 내 차에 꼭 탈 것 같은 기분이 드는군.)

열차가 경산역에 도착하자 예상한 대로 여러 사과 장수가 열차에 올라왔다.

차내를 왔다 갔다 하며 그 청년을 찾아보았으나 보이지 않았다.

다음 삼성역.

삼성역에서도 그는 열차에 올라오지 않았다.

다음 남성현역.

다음 청도역.

다음 신거역.

다음 유천역.

열차가 밀양역에 도착하자 "서울발 부산행 특급 제00열차의 대피 관계로 161열차가 당역에서 약 10분간 정차하겠습니다"라는 역 방송이 스피커로 흘러나왔다.

나는 밀양역에서 열차에 올라타는 여객을 바라보며 플랫폼으로 내렸다.

그늘을 찾아서 플랫폼 가운데에 서 있는 큰 나무 밑에 가게 되었다.

(그 사과 장수 청년은 어떻게 된 판인지 달 반이 지났는데도 통 볼 수가 없군.)

내가 이런 생각을 하며 플랫폼의 이곳저곳에 서 있는 몇 사람을 바라보고 있을 때였다.

약 50m 북쪽에서 웬 키 큰 남자 한 명이 내 쪽으로 곧장 성큼성큼 걸어오는 것이 보였다.

"… !"

그가 내 쪽으로 20m쯤 접근해왔을 때 자세히 보니 그는 의외에도 내가 경계하고 있던 그 사과 장수 청년이었다.

"… !"

부딪치는 눈과 눈.

이윽고 그가 나와 1m쯤의 거리를 두고 걸음을 멈추었다.

굳은 표정으로 계속 쏘아보는 눈과 눈.

"… "

"… "

(네가 공격해오면 나도 맹렬하게 공격해나갈 것이다.)

긴장된 순간이 수초 간 지나간 후, 그가 먼저 입가에 엷은 웃음을 띠며 나에게 말했다.

"제가 누구인지 알겠습니까?"

나도 입가에 빙그레 미소를 띠며 말했다.

"알고 있지."

"그럼 우리 화해합시다."

"… ?"

그가 먼저 손을 내미는 바람에 나도 오른손에 들고 있던 검찰 가위를 왼손으로 옮기고 오른손으로 그의 손을 잡았다.

"왜, 요샌 사과 장사를 안 하나? 통 안 보이던데… "

"… "

그는 잠시 묵묵히 있다가 입을 열었다.

"이젠 사과 장사를 그만두렵니다. 딴 직업을 찾아야죠."

"… ?"

이번엔 내 쪽에서 말이 없자 그가 자기의 말을 계속했다.

"최 여객전무님한테 발길질을 당한 그 날, 너무 서럽고 기분이 나빠서 집에 가서 엉엉 울었습니다."

그는 약간 흥분되는 듯 어조를 높였다.

"솔직히 말씀드립니다만, 최 여객전무님에게 복수하려고 그날 밤 시장에 가서 조그마한 칼을 한 개 준비했었습니다."

"… !"

"그런데 이상한 것이… 제가 운이 좋았던지, 최 여객전무님이 운이 좋았던지… 제가 칼을 품고 열차에 올라탄 날마다 그 열차의 여객전무님은 최 여객전무님이 아니고 딴 분이었습니다."

"… !"

"며칠 동안 복수의 일념으로 지내다가 어느 순간 저는 제 생각이 크게 잘못된 것이라는 것을 스스로 느꼈습니다."

"…"

"저도 좋은 직업 택해서 노력하여 앞으로 잘살아봐야죠,"

"잘 생각했네. 그 칼은 어떻게 했나?"

"가지고 다니면 사고를 칠 것 같아 최 여객전무님을 찾아보던 열차에서 낙동강 물속으로 집어 던져버렸습니다."

"그러면 오늘 나를 찾아온 이유는?"

"최 여객전무님을 한번 꼭 뵙고, 지금까지 말한 내용을 얘기해드리고 싶어서였습니다."

"말로 복수하는 방법인데… 지금 다 얘기했으니 속이 시원하겠군."

"네, 속이 시원합니다. 또 막상 최 여객전무님을 만나보니 반가운 마음도 듭니다."

"나도 자네를 만나보니 반갑네."

내가 파안대소를 하며 손을 내밀자, 그도 꾸밈없이 웃으며 나의 손을 또 잡고 흔들었다.

"자네가 앞으로 좋은 직업 얻어서 잘살게 되기를 바라겠네."

"최 여객전무님도 만사가 형통하시기를 바랍니다."

그때 부산행 특급 제00열차가 옆의 선로로 통과했다. 161열차도 곧 떠날 때가 되어 나는 161열차 어느 객차의 승강구에 올라섰다.

그는 플랫폼에 그대로 선 채 아쉬운 듯 나를 바라보고 있었다.

이윽고 161열차는 떠났다.

나는 그에게 웃으며 손을 흔들었다. 그도 나에게 웃으며 손을 흔들었다.

얼마 전까지도 나를 해치려고 마음먹고 있었던 그.

그가 이제는 테러 대상이었던 나에게 화합과 친선의 표시로 다정한 손짓을 의미 있게 하고 있는 것이었다.

(아~, 홀가분한 마음이여!)

제27화

무도무자(無刀無刺)

1971년 10월 어느 날, 서울발 광주행 임시특급 제D45열차.

열차가 김제~신태인 간을 달리고 있을 때인 새벽 3시쯤. 가정 같으면 깊이 잠들어있을 한밤중인지라 대부분의 여객들이 의자에 기댄 채 자고 있거나 졸고 있었다.

여객들끼리의 대화도 없고, 홍익회판매원의 판매행위도 없고, 달그닥 달그닥 달그닥 달그닥… 들려오는 것은 오직 열차의 바퀴소리뿐…

그래서 나도 어느 객차의 빈 의자에 앉아서 피곤한 몸을 잠시 달래기 위하여 눈을 감고 있었는데 그런 상태로 얼마쯤 지났을까?

누가 나의 옷깃을 살짝 건드리는 바람에 나는 깜짝 놀라며 눈을 번쩍 떴다.

"… ?"

나의 옷깃을 건드린 사람은 40대 중반의 한 남자였다.

그는 내가 무슨 용건이냐는 표정으로 쳐다보자 걱정스러운 얼굴로 말했다.

"이상한 사람이 하나 있는데요"

"어떻게 이상합니까?"

"한 번도 아니고… 볼일도 없을 텐데 객차 내를 여러 번 왔다 갔다 하고 있어요. 거동이 아무래도 수상한데요"

"녜에… 그 사람 지금 어디에 있지요?"

"조금 전에 저쪽으로 걸어갔습니다. 회색 잠바를 입고 있는 청년입니다."

"알려줘서 고맙습니다."

나는 자리에서 일어나 이상하다는 청년을 찾아 열차의 앞쪽으로 걸어갔다.

한 칸, 두 칸… 세 번째 칸에 막 들어섰을 때 네 번째 칸 쪽에서 내가 있는 세 번째 칸의 출입문을 밀고 들어오는 사람이 있었다.

키가 크지 않고, 20세 내외로 보이는 회색 잠바를 입고 있는 청년.

(바로 저 사람이로구나.)

나는 얼른 옆의 빈자리에 앉아서 모자를 벗어 무릎 위에 얹었다. 그리고 자는 체 하며 실눈을 뜨고 그 청년의 동태를 살폈다.

한 걸음, 두 걸음… 청년은 객차의 중앙통로를 천천히 걸으며 선반 위의 짐들과 자거나 졸고 있는 여객들의 표정을 유심히 살펴보고 있었다.

(상황을 보아 남의 물건을 훔치려고 하는 놈이로구나.)

그는 수초 후, 내 옆을 지나쳐서 옆의 객차로 들어갔다.

객차의 출입문을 통해 들여다보니 그는 옆의 객차에 들어가서도 이리저리 남의 짐들과 여객들의 표정들을 살펴보며 천천히 걷고 있었다.

잠시 후, 그는 갔던 길을 되돌아오며 조금 전의 동작을 되풀이했다.

(그냥 놔둬선 안 되겠군.)

나는 그가 의자에 앉아있는 내 옆을 지나칠 때 불러 세웠다.

"잠깐… 나를 따라오시오."

나는 자거나 졸고 있는 여객에게 폐를 끼칠까 봐 그를 데리고 객차 옆의 승강구 상판 위로 갔다.

그곳에서 나는 위엄을 갖추며 그의 눈을 똑바로 바라보았다.

"좌석이 어디요?"

"여기… "

그는 바지 주머니에서 승차권을 꺼내 나에게 보여주었다.

0호차 46호석… 그러면 이 자리에 가만히 앉아있지 왜 열차 내를 자꾸 돌아다닙니까?"

"누굴 좀 찾으려고요."

"누구를 찾고 있습니까?"

"… "

"말해봐, 누굴 찾는지."

내가 반말로 거칠게 말하자 그는 겁먹은 목소리로 대답했다.

"친구요."

"친구가 어디에 앉아있는지 몰라서 그렇게 여러 번 열차 내를 왔다 갔다
하고 있어?"

"… "

"자네가 왜 열차 칸에서 왔다 갔다 하고 있는지 내가 다 알고 있어."

"… "

"거, 잠바 안주머니에 있는 거 뭐야?"

나는 약간 튀어나와 있는 그의 잠바 앞부분을 눈짓했다.

"… "

그가 대답을 못하고 당황하는 눈치를 보이고 있어서 의심이 간 나는 언성
을 높였다.

"어떤 여객으로부터 신고가 들어와서 너를 지금 수색하고 있는 거야. 주
머니에 있는 걸 다 꺼내놔."

"… "

그가 나의 지시대로 움직여주지 않으므로 나는 화난 표정을 지으며 그의
안주머니에 한 손을 넣었다. 그리고 손에 잡히는 것이 있어서 밖으로 꺼내
보았다.

"… !"

그것은 길이가 15cm쯤 되는 단도였다. 가죽 칼집에 꽂혀있는 단도.

"이거, 칼이 아닌가?"

칼집에서 칼을 빼어보니 기가 막히게 잘 만들어진 칼이었다.

번쩍번쩍 빛나는, 강도가 좋은 쇠. 날카로운 칼끝. 칼의 양옆으로 모양 좋게 패인 홈, 좋은 재료의 손잡이…

"이걸, 어디에다 쓰려고 갖고 다니나?"

"… "

"사람 찌르려고 갖고 다니지?"

"아니요, 그냥… "

"이 자식아… 너 이제 보니 아주 위험천만한 놈이구나."

"… "

"너, 나하고 경찰서에 좀 가야겠어."

"… "

그런데 이상한 것이 칼을 갖고 다닐 정도이면 성품도 꽤 포악할 텐데 나에게 반항의 기색이 전연 없어 보이는 것이었다.

(처음부터 너무 당당하게, 빈틈없이 나오는 내가 무서워 보이기 때문일까?)

그는 나에게 주민등록증까지 빼앗기고도 도로 달라는 말 한마디 하지 못하고 있었다.

(이 녀석을 어떻게 처리할까?)

양처럼 고분고분한 청년을 앞에 세워놓고 이 궁리 저 궁리를 해보던 나는 주민등록증을 그에게 돌려주고 눈을 부라리며 말했다.

"너의 태도가 좋아서 경찰서에 고발은 하지 않겠다. 그 대신 이 칼은 내가 압수한다."

그가 뉘우치는 표정으로 그의 자리로 옮겨간 후, 나는 압수한 칼을 나의 가방 속에 집어넣었다.

다음 날.

상행열차를 타고 서울로 올라간 나는 그 칼을 집으로 갖고 가서 아무도 모르게 옷장 속 깊숙이 숨겨두었다.

그리고 그때부터.

내가 어디로 가든, 어디에 가 있던, 나의 머릿속 한구석엔 늘 그 칼이 자리를 잡고 있었다.

(견고한 칼, 예리한 칼, 살상용 칼… 예쁘기도 한 칼.)

(남에게 보여주기도 무엇하고, 남에게 선물할 수도 없는, 섬뜩한 느낌을 주는 칼.)

(칼, 칼, 칼, 칼, 칼… 흉칙한 칼.)

(내가 그 칼을 보관하고 있는 이유는 뭔가? : 버리기가 아까워서.)

(그 칼의 용도는? : 살상용뿐이다.)

(어떤 일로 남과 심하게 다툴 때 그 칼이 옆에 있다면 혹시 사용하게 될지도 모르는 칼이 아닌가?!)

그 칼 때문에 신경이 몹시 쓰이던 나는 결국 그 칼을 화단 가의 돌멩이 위에 꺼내 놓고, 다른 큰 돌멩이로 내려쳐서 반 동강이로 내고 말았다.

(혹시 위급한 상황에서 정당방위를 위해 필요하더라도 칼이 없으면 찌르지 못하게 되는 것을…)

제28화

노련(老鍊)한 상사(上司)

1971년 7월, 서울발~목포행 특급 제41열차.

열차가 서울역을 떠나기 직전인 오전 9시 9분쯤, 서울역 플랫폼에서 개찰구를 통해 걸어 나오는 41열차의 여객을 안내하고 있으려니 누가 나를 부르는 소리가 났다.

"여, 최 여객전무!"

"… ?"

고개를 돌려 소리가 나는, 20m쯤 옆의 층계 쪽을 바라보니 50을 훨씬 넘긴 나이, 뚱뚱한 체구에 걸맞지 않게 사무관으로 승진되지 못하고 있어서 내가 평소에 만년 주사, 안타까운 사람이라고 느끼고 있던 열차조역(현 열차계장) 강세형 씨가 웃으며 나에게로 걸어오고 있는 것이었다.

"최 여객전무, 41열차에 승감을 좀 해야겠어."

"승감요?"

"그래."

〈승감〉이란 〈승무 감독〉의 준말로 안내원, 열차원, 차장, 여객전무 등의 근무를 열차사무소의 간부급인 열차 조역, 부소장, 소장 등이 직접 열차에 승무하며 감독하는 것을 말했다. 때문에 대부분의 승무원은 자기가 승무하는 열차에 승감자가 올라오는 것을 싫어했다.

나 역시 마찬가지였다.

더구나 승감자가 강 조역임에 있어서랴.

(오늘 또 귀찮게 굴겠군.)

열차가 서울역을 떠난 후, 강 조역은 예상한 대로 나에게 이것저것 간섭이 많았다.

"객차마다의 음료수통에 물이 잘 나오는가?"

"녜. 다 잘 나옵니다. 조금 전에 일일이 확인해보았습니다."

"화장실의 휴지걸이마다에 휴지를 걸어놓았나?"

"녜. 다 꽂아 놓았습니다. 확인해보십시오."

"이 열차에 홍익회판매원이 몇이 있나?"

"세 명 있습니다."

"그 사람들의 복장은 좋고?"

"녜. 모두 지정된 복장을 하고 있습니다."

"홍익회 상품 중 혹시 승인이 안 된 물건이 있지 않나, 확인해 보았나?"

"아직… 이제 확인해보겠습니다."

"차창은 그런대로 잘 닦여져 있는데 바닥 청소가 시원치 않아. 걸레질이 부족한 것 같지 않아?"

"녜. 그런 것 같습니다."

"바닥의 걸레질이 마음에 안 들면 열차가 떠나기 전에 객화차 사무소에 연락하여 그 사람들로 하여금 다시 닦도록 해야지… "

"녜… "

"좋아, 우선 열차의 시발 안내방송부터 하고 와."

"열차의 시발 안내방송은 열차가 영등포역을 떠난 다음에 하겠습니다."

"음… 방송 내용을 다 외우고 있겠지?"

"녜… "

열차가 영등포역에서 많은 여객을 싣고 떠난 후.

〈여객 여러분, 안녕하십니까? 이 열차는 시발역인 서울역을 오전 9시 10분에 출발하여 종착역인 목포역에 오후 4시 10분에 도착되는 특급 제41열차 입니다. 그리고 저는 여러분을 모시고 갈 이 열차의 여객전무 최선권 입니다.〉

로 시작되는 열차의 시발 안내방송을 마치고 특실에 들어가 보니 강 조역이 특실담당 안내원 미스 한이 작성한 좌석리스트를 보고 있다가 나에게 말했다.

"마이크를 너무 입 가까이에 대고 하지 마라? 음질이 좋지 않을 때가 있어."

"네."

"그리고 저기 55, 56호석에 앉아 있는 두 사람이 철도직원 같은데 특실에서 내보내든지, 그렇지 않으면 특실료금을 받든지 하게."

"네."

내가 55, 56호석의 두 철도직원을 달래어 보통실로 내보내고 나니 이를 지켜보고 있던 강 조역이 자리에서 일어났다.

"자, 나하고 1호차부터 검찰을 시작해 보세."

나와 강 조역은 1호차로 걸어갔다.

내가 여객이 제시하는 승차권을 받아 0호차 53호석, 서울에서 영산포…" 하며 검찰가위로 짤깍, 승차권에 작은 구멍을 내면, 안내원이 내가 불러준 승차권의 내역을 좌석리스트에 부지런히 받아 적고, 강 조역이 옆에서 지켜보고…

그러다가 차표를 살 시간적 여유가 없어서 열차에 급히 올라탄 사람이라든가, 특수기관의 신분증을 내보이며 무임승차를 요구해오는 사람이 있으면 나와 강 조역의 끈질긴 설득으로 정당운임. 요금 외에 부가운임, 요금도 함께 물게 하고…

1호차의 검찰이 끝나는 데에 약 15분, 2호차의 검찰이 끝나는 데에 약 10분, 3호차의 검찰이 끝나는 데에 약 9분…

10호차까지의 검찰을 완전히 끝내고 나니 11시경, 열차는 조치원역을 벌써 떠나서 다음 정차역인 서대전역을 향해 고속으로 달려가고 있었다.

"지금까지의 차내 수입실적을 무찰 몇 건에 얼마, 월승 몇 건에 얼마. 좌석료 몇 건에 얼마 등으로 구분하여 별지에 적고 최 여객전무의 도장을 찍어주게.”

“녜.”

나는 차내 수입실적을 작성하여 강 조역에게 건네준 후, 피곤한 얼굴로 말했다.

“두어 시간 동안 저를 도와주시느라고 수고가 많으셨는데 커피나 한잔 드시지요?”

“커피? 좋지.”

나는 강 조역을 모시고 식당차로 갔다.

식당차에서 강 조역은 뜨거운 커피를 조금씩 마시며 나를 의아한 눈초리로 쳐다보았다.

“최 여객전무의 안색이 별로 좋지 않은데… 말도 적고… 무슨 걱정거리라도 있나?”

“걱정거리요?… 하나 있긴 있습니다만… ”

나는 그즈음 나를 괴롭히고 있는 한 사람의 얼굴을 머릿속에 떠올렸다.

“무슨 일인데? 말해 보게.”

“떳떳치 못한 일이라서… 제가 혼자서 해결해야 될 일이지, 강 조역님에게 말씀드릴 일이 못 됩니다.”

“그래도… 최 여객전무는 나와 한 직장에 같이 있고, 난 최 여객전무보다 나이가 많고, 최 여객전무의 상급자가 아닌가?”

“… ”

“얘기해 보게.”

나는 강 조역의 은근한 종용에 못 이겨 나의 고민거리를 털어놓기 시작했다.

한 열흘 전쯤.

서울발~부산행 특급 제17열차를 탔을 때였다.

열차의 앞쪽에서부터 검찰을 실시하기 위하여 많은 입석 손님들을 헤쳐

가며 열차의 앞쪽으로 걸어가던 나는 어느 객차의 승강구 옆을 지나가다가 "저, 여보세요" 하며 나를 불러 세우는, 스포츠형의 짧은 머리에, 30세 내외로 보이는 한 젊은 남자와 대화를 나누게 되었다.

"네, 무슨 일입니까?"

"특실에 여석이 있습니까?"

"글쎄요… 오늘 원체 여객들이 많아서… "

"특실료금이 얼마입니까?"

"특실에 여석이 있을 경우, 입석승차권을 가지고 계시면 600원을 더 내셔야 되고, 일반 좌석승차권을 가지고 계시면 특실로의 환승료금 500원에 수수료 30원, 계530원을 더 내셔야 됩니다."

"나는 애초부터 좌석이 없는 입석승차권을 갖고 있으니까… "

그가 주머니에서 600원을 꺼내 내 앞에 내밀었다.

"저에게 특실 자리 하나 주십시오."

"아, 그건 특실을 담당하고 있는 여직원이 따로 있으니까 특실로 가서 자리가 있나 알아보고 내십시오."

내가 그렇게 얘기하고 자리를 뜨려고 하자 그가 내 옆으로 바싹 다가와서 나의 주머니에 600원을 억지로 집어 넣어주며 말하는 것이었다.

"여기에서 주나, 특실에 가서 주나 승무원에게 특실료금을 주는 것은 마찬가지가 아닙니까? 어차피 내야 할 돈인데… "

"허, 이러면 안 되는데… "

그는 난처한 표정을 짓고 있는 나를 남겨놓고 특실 쪽으로 가버렸다.

그로부터 약 1시간 반쯤 후,

열차의 앞쪽에서 좌석 정리, 여객 정리, 검찰 등 볼 일을 완전히 마친 내가 열차의 뒤쪽으로 가다가 특실에 들어가 보니 나에게 특실료금을 미리 낸, 스포츠형 머리의 젊은 남자는 보이지 않고, 특실담당 안내원 미스 한이 앉을 자리가 없어서 특실의 뒤쪽 벽 앞에 서 있는 것이었다.

"나에게 특실료금 600원을 미리 줬다는 남자 여객 한 분 안 들어왔나?"

"아, 그런 분 한 분 있었어요."

안내원 미스 한의 기억에 의하면 열차가 시흥~안양 간을 달리고 있을 때 한 젊은 남자가 특실에 들어왔었다고 했다.

"조금 전에 여객전무에게 특실료금 600원을 미리 줬는데 좌석이 있습니까?"

"녜에… 한 군데가 비어있는데 마침 잘 오셨습니다. 이리로 오십시오."

안내원이 그를 48호석으로 데리고 가서 앉혀주고 차내 좌석지정권을 발행해주려고 하자 그가 한 손으로 가로 저으며 괜찮다는 시늉을 했다.

"아니, 좌석권 같은 것은 필요 없습니다. 저는 그냥 이 자리에 앉아서 가기만 하면 됩니다."

"… "

얼떨결에 젊은 남자에게 좌석지정권을 발행해주지 못한 안내원은 나중에 여객전무에게 문의해본 후 처리하는 것이 좋겠다고 생각되어 그 자리를 떠났다. 그러나 여객전무가 얼른 특실에 나타나지 않아 딴 일에 신경을 쏟고 있었는데, 그 사이 열차가 수원역에 도착되자 그 젊은 남자가 슬그머니 자리에서 일어나 특실에서 나가버렸다는 것이었다.

나는 즉시 열차의 뒤쪽으로 가며 나에게 특실료금 600원을 미리 낸 그 젊은 남자를 찾아보았다. 그러나 그는 도중의 수원역이나 천안역에서 내려버렸는지 눈에 뜨이지 않았다.

"그 손님한테서 받아놓은 돈 600원을 어떻게 하나?"

"특실에 한 10분정도 밖엔 앉아 있지를 않았으니까 정식으로 앉아서 갔다고는 할 수 없고… 돌려주는 게 도리이겠죠."

"있어야 돌려주지… "

"열차를 자주 이용하는 손님이라면 다음에 전무님과 만날 수 있는 기회가 있을 거예요."

"… "

나는 600원의 처리에 대해 확실한 결정을 짓지 못하다가 다시 여객 속에 파묻혀서 일하게 되었는데 열차가 종착역인 부산역에 거의 도착되어가고 있을 때였다.

"아무래도 600원을 잡수입으로 국고에 집어넣는 게 좋겠어."

"저, 벌써 차내 수입금을 종합하여 마감을 끝내버렸는데요. 마감을 다시 할까요?"

"알았어, 그 돈 600원을 내가 그냥 보관하고 있을게."

그런데 그 다음날 오후 7시쯤, 부산발~서울행 특급 제18차로 서울에 도착하여 열차사무소로 들어갔더니 교번원 이 00주임이 무슨 전화를 받고 있다가 나에게 전화가 왔다며 송수화기를 건네주는 것이었다.

"네. 전화 바꿨습니다."

"최선권 여객전무이십니까?"

"네, 그렇습니다."

"여기, 서울역전 00다방인데 좀 나와 주시겠습니까?"

"실례이지만… 댁은 누구이십니까?"

"나와 보면 압니다."

"무슨 일로 그러십니까?"

"그것도 나와 보면 압니다."

"… ?"

잠시 후의 00 다방.

내가 출입문을 밀고 들어섰더니 다방의 한구석에서 어느 손님이 출입문 쪽을 바라보며 앉아있다가 나에게 한 손을 살짝 들어 보이며 아는 체를 해오는 것이었다.

"… ?"

그의 앞자리에 앉으며 자세히 보니 그는 바로 전날 17열차에서 특실로 가겠다며 나에게 특실료금 600원을 미리 준, 스포츠형 머리의 젊은 남자였다.

"저를 기억하고 계십니까?"

"네, 기억납니다. 어제 부산행 특급열차에서 특실로 옮기시려고 했던 분이죠?"

"맞습니다. 특실로 가보니까 안내원이 빈 좌석이 하나 있다며 저에게 자리를 지정해 주었습니다. 그래서 그 자리에 앉아있었는데 갑자기 직장으로 급히 돌아가야 할 일이 생각이 나서 열차가 수원역에 도착 되었을 때 열차에서 내려버리고 말았습니다."

"아하, 그래서 특실에서 안 보였었군요."

"그건 그렇고… 제가 어제 여객전무님에게 특실료금 600원을 미리 준 것, 그 점, 확실히 기억하고 계시죠?"

"녜, 확실히 기억하고 있습니다. 그런데 그걸 왜?… "

"공무원으로서… 제가 어저께 드린 600원을 어떻게 처리하셨습니까? 제가 영수증을 못 받았기 때문에… "

"그 돈, 제가 지금 보관하고 있습니다. 만났으니 도로 돌려드려야죠."

"공금을 개인이 보관하고 있다고요? 그런 돈을 공무원이 그렇게 사적으로 보관하고 있으면 되는 겁니까?"

"말씀하시는 것을 보니… 저로부터 어떤 대답을 원하고 계십니까?"

"글쎄요… 그것도 부조리일 것 같아서… "

"… !"

"공무원이 국고 수입으로 들어가야 할 돈을 국고에 집어넣지 않고, 개인적으로 그냥 가지고 있다면… 그래선 안 되겠죠?"

"… "

"말해 보시오, 그건 직무유기죄에 해당되는 것입니까? 공금횡령죄에 해당되는 것입니까?"

"아, 그걸 그렇게 거창하게 생각하지 마시고… 좋게 생각하셔야죠."

"액수가 문제 아닙니다… 제가 지금 그걸 좋게 생각하게 됐습니까?"

"여하튼 죄송하게 되었습니다. 너그러운 마음으로 이해해 주십시오."

"… "

그는 몹시 화가 나 있었던지 내가 다방종업원에게 청해 가져온 커피도 들지 않고, 청자 담배도 피워 물지 않고 있었다.

급기야 어떤 위기감을 느낀 나는 주머니에서 돈 2,000원을 꺼내 그의 앞에 내어놓았다.

"이거, 어제 저에게 맡겨놓으신 좌석료라고 생각하고 받아주십시오."

"…"

그는 몹시 화가 나 있었던지 내가 다방종업원에게 청해 가져온 커피도 들지 않고, 청자 담배도 집어넣지 않고, 내가 그한테서 받은 특실좌석료금 600원에 조금 더 보태 내어놓은 2,000원도 받지 않고, 시종 굳은 얼굴로 묵묵히 생각에 잠겨 있다가 이윽고 훌쩍 일어나서 나에게 인사도 없이 다방을 나가버리는 것이었다.

(꽤 까다로운 사람이군.)

다음 날.

45열차를 타고 광주로 내려갔다가 그 다음 날 46열차로 서울에 도착했더니 나의 도착시각에 맞춰 그로부터 또 열차사무소에 전화가 걸려 왔다.

"나, 그저께 서울역 앞 00 다방에서 만났던 김입니다."

그의 성이 김 씨인 모양이었다.

"아, 네…"

"지금 그 00다방에 또 와 있습니다."

"저 보고 그리로 나오라는 얘기인가요?"

"…"

다방에서 나와 두 번째로 만난 그는 이번엔 통 말이 없었다.

그저 냉정한 얼굴로 커피만 묵묵히 들고 있을 뿐…

(이 사람이 지금 나의 약점을 잡아놓고 요구하고 있는 것이 혹시 돈이 아닐까?)

나는 그의 눈치를 보며 주머니에서 5,000원을 꺼내 탁자 위에 슬며시 놓았다.

"저도 열차 승무에 애로사항이 한 두 가지가 아닙니다. 적지만 이걸로 상한 기분을 푸십시오."

그는 내가 내어놓은 돈 5,000원을 물끄러미 내려다보다가 자리에서 일어났다.

"다음에 만납시다."

"… !"

3일 후, 오후 1시쯤.

장항발 서울행 특급 제36열차로 서울에 도착했더니 나의 서울 도착 시각에 맞춰 그로부터 또 00다방에 와 있다는 전화가 열차사무소에 걸려 왔다.

00 다방.

나는 말없이 담배만 피우고 있는 그에게 많은 돈을 한꺼번에 내어놓기가 아까워 이 번엔 10,000원을 내어놓았다.

"이걸로 화를 푸시고, 우리 이다음에 만날 때는 인간적으로 사귑시다."

"… "

그는 더 많은 돈을 생각하고 있었던지 자리에서 벌떡 일어나며 분기 어린 어조로 말했다.

"아무래도 당신의 소행을 철도청에 고발해야 되겠습니다."

"… !"

"이상(以上), 제가 김씨라는 사람으로부터 받고 있는, 어제까지의 고통을 죄다 말씀드렸습니다."

내가 나의 고민거리를 다 털어놓자 심각하게 듣고 있던 강 조역이 머리를 끄덕였다.

"음… 그래서 최 여객전무의 기가 눈에 뜨이게 죽어 있었군."

"녜, 그 사람에게 강경하게 나가자니 금전 취급에 대한 나의 약점이 드러나 신상에 해로운 일이 생겨날까봐 두렵고, 그의 입을 막자니 돈이 많이 들 것 같고… "

"여하튼 다음에 그 사람이 또 최 여객전무를 만나자고 하면 그때엔 혼자

가서 만나지 말고 꼭 나를 부르게.”

“당자인 제가 해결하지 못하는 것을 강 조역님이 그 사람을 만나서 어떻게 해결하시겠습니까?”

“일단 만나보고 나서 대응책을 강구해 보는 거지.”

“… ”

내가 승무하고 있는 41열차에서 승감을 끝낸 강 조역은 목포발~서울행 특급 제42열차에서 또 승감을 하기 위하여 서대전역에서 내렸다.

그로부터 2일 후.

서울역에서 오전 10시 20분에 떠나는 여수행 특급 제61열차의 승무를 위해 오전 9시 20분쯤, 열차사무소에 출무하여, 같이 승무할 안내원, 차장등과 함께 특종보충권 수령, 각종지시사항 열람 등을 하고 있을 때였다.

따르르릉….

전화벨 소리가 울려 전화를 받은 교번원 이00 주임이 또 나에게 전화가 왔다며 송수화기를 건네주었다.

“네. 서울 열차사무소 여객전무 최선권입니다.”

“… ”

상대편에선 말이 없었다.

“여보세요, 제가 최선권입니다.”

“…나, 김입니다.”

“아, 녜에… ”

“지금 서울역 광장에 와 있습니다.”

“제가 나가 봐야 되죠?”

“녜, 잠깐 나와 보십시오.”

내가 떨떠름한 표정으로 송수화기를 힘없이 놓으니 61열차의 승무원으로무터 출무인사를 받으려고 대기하고 있던 강 조역이 넌지시 나에게 물어왔다.

“저번에 얘기하던 그 사람이야?”

"네."

"어디에서 만나자고 그래?"

"지금 서울역 광장에 나와 있답니다."

"알았어. 내가 나가볼게."

"… "

"최 여객전무가 먼저 가서 그 사람을 만나봐."

"… "

나는 지갑에서 돈 20,000원을 꺼내 나중에 그에게 쉽게 전해주기 위하여 바지 오른쪽 주머니에 옮겨 넣었다. 그리고 맥 빠진 걸음걸이로 휘청휘청 열차사무소의 층계를 걸어 내려갔다. 강조역이 얼마쯤의 거리를 두고 내 뒤를 따라오는 기척이 났다.

(이번엔 어떻게 해서든지 그 사람이 다시 찾아오지 않도록 해결을 좋게 봐야할 텐데…)

서울역 광장.

여기저기에 서 있는 사람들, 걸어가는 사람들을 훑어보니 그는 서울역 광장의 한복판에 서서 담배를 피우고 있었다.

나는 그의 앞으로 걸어가서 약간 웃는 얼굴을 하며 아는 체를 했다.

"철도청에 민원 겸 고발장을 내기 전에 마지막으로 한 번 더 기회를 주는 것입니다."

"녜에."

"말씀해 보시지요."

"무슨 말씀을요?"

"제가 꼭 무엇이라고 꼬집어 얘기를 해야 되겠습니까?"

"여기, 20,000원을 준비했습니다."

내가 돈 20,000원을 바지 주머니에서 꺼내 그의 주머니에 넣어주려고 하자 그가 손으로 가로막았다.

"도로 가져가십시오."

"그럼, 얼마를 원하시고 있는 것입니까?"

"…"

쏘아보고 있는 눈과 눈.

이때였다.

행인인 척하며 지나가다가 나와 그와의 얘기를 옆에 서서 듣고 있던 강 조역이 그의 옆으로 바싹 다가서며 말했다.

"여보시오, 젊은이…"

"…?"

"내가 옆에서 보니 당신이 이 최 여객전무에게 공갈을 치고 있는데 나 좀 따라오시오."

"당신은 누구요?"

"이 최 여객전무의 상급자요."

"나 이 사람한테 공갈을 친 게 뭐가 있습니까?"

"남의 약점을 잡아서 돈을 긁어내려고 하는 게 공갈이 아니고 뭐야?"

"내가 언제 이 사람에게 돈을 긁어내려고 했습니까?"

"어허, 잔말 말고 따라와."

"어디로 가자는 거요?"

"우리 사무실로."

"못 가겠소."

"못 가겠다?"

강 조역이 그의 한 팔을 잡아끌었다.

"놔!"

그가 강 조역의 잡은 손을 완강하게 뿌리쳤다.

"어허!… 따라오라니까?"

강 조역이 다시 그의 한 팔을 잡아 끌었다.

"놔!"

"따라오라면 따라와!"

나도 열이 올라 소리치며 그의 한 팔을 잡아끌었다.

"허, 참…"

그가 역부족으로 나와 강 조역에게 양 팔을 잡힌 채 할 수 없이 열차사무소로 끌려갔다.

서울역 2층 열차사무소의 노조분회장실.

나와 강 조역 및 노조분회장, 대기중인 여객전무들, 차장들 등 10여 명에게 둘러싸여 의자에 앉아있는 그가 노기 띈 목소리로 외쳐댔다.

"내가 뭘 잘못했다고 이러는 거요!"

강 조역이 크게 대답했다.

"네가 최 여객전무를 네 번씩이나 불러내 만난 건 무슨 목적이야?"

"특실에 못 앉아 갔으니까 억울해서 그런 거 아니요!"

"억울하면 한번 만나서 항의했으면 됐지, 두 번, 세 번, 네 번씩이나 여객전무를 불러내서 만나?"

"돈 달라는 말은 내 입에서 안 꺼냈소."

"이 자식아! 왜 솔직하지 못해! 공갈죄로 콩밥을 좀 먹어야 정신 차리겠나?"

흥분한 강 조역이 전화통의 송수화기를 들고 다이얼을 돌리기 시작했다.

'드르럭, 드르럭…'

"너같이 썩은 정신을 가지고 있는 놈은 경찰에 고발해야 돼."

강 조역이 경찰서의 전화번호를 거의 다 돌렸을 때 그때까지 노기등등해 있던 그의 태도가 갑자기 변해졌다.

"아이고, 아저씨…"

그가 양손으로, 전화기의 다이얼을 돌리고 있는 강 조역의 오른손을 감쌌다.

"아저씨, 제가 잘못했습니다. 용서해 주십시오."

강 조역이 다이얼 돌리기를 멈추고 송수화기를 전화통에 내려놓았다.

"그러면 지금부터 자네가 잘못했다는 자술서를 써. 반성하면 경찰에 고발

하지 않을 테니까… ”

“네… ”

그가 노조분회장이 건네준 백지 한 장과 볼펜을 받아 앞에 놓고 어떻게 쓸
것인가 망설이고 있었다.

“내가 불러주는 것을 들어보고, 시인하면 그대로 써.”

“네.”

강 조역이 나로부터 17열차를 탄 날짜를 알아보고 그에게 자술서의 내용
을 천천히 불러주었다.

자 술 서

주 소 : 서울특별시 서대문구 서소문동 00번지.

성 명 : 김 00

주민등록번호: 000000 - 0000000

본인은 1971년 7월 0일, 제17열차의 입석승차권(서울~천안) 소지 여객
으로 특실좌석을 얻기 위해 여객전무 최선권에게 부탁하는 과정에서
여객전무가 별로 잘못한 일이 없었는데도 불구하고 그로부터 돈을 뜯
어내기 위하여 사소한 일을 트집 잡아 네 차례나 만나서 은근히 공갈
을 친 일이 있으므로 크게 뉘우치며 앞으로 최 여객 전무에게 또 공갈
을 칠 경우에는 어떠한 처벌이라도 감수할 것을 굳게 서약합니다.

1971년 7월 00일

위 본인 김 00

서울열차사무소장 귀하

김 00이 강 조역이 불러주는 내용을 주의 깊게 들은 후, 그대로 자술서를 썼다.

"다 썼으면 다시 한번 읽어보고 이름 옆에 지장을 찍어."

김 00이 지장도 찍었다.

"젊은 사람의 장래를 생각해서 자술서만 받고 봐주는 것이니 앞으로는 정말 착한 일만 하며 세상을 살아가게."

"녜, 명심하겠습니다."

그가 강조역에게 깍듯이 허리를 굽혀 인사를 하고 열차사무소를 나가버린 후, 강 조역은 얼떨떨한 기분으로 서 있는 나에게 자기의 손목시계를 들여다보며 말했다.

"최 여객전무, 61열차의 발차시각이 10시 20분이잖아? 5분밖에 안 남아있으니 빨리 61열차로 뛰어가게."

"녜."

나는 급하게 노조분회장실을 뛰어나가려다 말고, 차렷의 부동자세를 취한 후, 강 조역에게 존경하는 마음으로 거수경계를 붙였다.

"강 조역님! 고맙습니다!"

제29화

초면(初面)의 임명권자(任命權者)

1971년 11월 어느 날, 여수발 서울행 특급 제62열차.

전날, 서울에서 61열차로 여수를 향해 내려갈 때부터 여자 안내원이 배치되지 않고, 대신 남자 여객차장(旅客車掌) 한 명만 배치되어 나와 여객차장이 특실에 신경을 많이 써야 했다.

여수에서의 특실 승차 여객은 약 20명.

열차가 순천역에 도착하자 홈에서 대기하고 있던 40여 명의 여객이 열차를 타기위해 각 객차의 승강구로 몰려들었다.

어느 객차의 빈 좌석에 앉아 있던 내가 플랫폼으로 내려설 사이 없이 바쁘게 승강구로 올라오는 여객.

나는 플랫폼으로 내려가려다 말고, 도로 객차 안으로 밀려 들어가서 자기의 자리를 못 찾고 있거나, 짐이 무거워 보이는 일부 여객을 도와주었다.

"여기는 6호차입니다. 아주머니의 좌석은 5호차 36호석이니까 저쪽 객차로 가세요."

"아유, 10호차 좌석이군요. 10호차는 이 열차의 맨 끝에 있습니다. 이쪽으로 한참 가셔야 되겠는데요."

"이 차표는 입석 차표입니다. 앉지 못하고, 서서 가야 하는 차표이죠."

"그 짐, 이리 주세요. 제가 선반 위에 올려놔 드릴게요."

나는 4종 칸(보통실)들을 옮겨 다니며 한 3분쯤 여객을 안내하다가 열차가 순천역을 떠난 후, 바로 특실에 들어갔다.

56개의 좌석들 중 양쪽 출입구 근처의 좌석만 8개 정도가 비어있고, 나머지의 좌석엔 빈틈이 없게 앉아있는 여객.

나는 여수역에서 탄 특실 손님에 대해선 열차가 순천역에 도착하기 전에 이미 검찰을 실시하여 그들의 얼굴을 알고 있었으므로 좌석 정리표를 보며 순천역에서 올라온 손님만 골라 부분적인 검찰을 시작했다.

"차표 좀 보여주실까요?"

한 사람, 두 사람, 세 사람…

두 줄 건너뛰어 네 사람의 승차권을 확인하고 통로의 왼쪽에서 세 사람의 승차권을 확인하고…

내가 순천역에서 탄 여객의 승차권을 거의 다 확인하고, 맨 마지막으로 앞쪽 출입구 근처의 빈자리 4개 중 차창 가의 자리에 홀로 앉아 있는 평범한 인상, 수수한 갈색 잠바차림의 한 50대 남자에게로 다가갔을 때였다.

그는 자기의 승차권을 보여줄 차례가 되어도 승차권을 내어놓지 않고 덤덤한 표정으로 앉아 있다가 〈당신은 왜 승차권을 보여주지 않습니까?〉 하는 눈초리로 내가 그의 얼굴을 빤히 쳐다보자 옆의 여객이 들을까봐 입장이 좀 난처한 듯 고개를 밑으로 숙이며 중얼거리는 것이었다.

"… "

그런데 그의 목소리가 너무 낮았고 열차의 바퀴가 굴러가는 소음이 있었기 때문에 나는 그의 말을 얼른 알아듣지 못했다.

"뭐라고 말씀하셨습니까?"

머리를 갸웃거리는 나의 물음에 그가 재차 나에게 말했다.

"… 장이오."

"… ?"

그의 두 번째 대답도 목소리가 너무 낮아서 나는 마지막의 "… 장이오"란 말만을 간신히 알아들을 수 있었다.

〈장〉이라면 그가 이 지역의 이장, 면장, 우체국장, 혹은 무슨 공장장, 무슨 학교장쯤 되는 모양이라고 생각하며 나는 승차권을 보여주지 않는 그의 신분을 확실히 알아보기 위하여 그에게 또 물었다.

"장이오? 무슨 장입니까?"

"… 장이오."

그의 알아 듣지 못할 저음은 역시 마찬가지였다.

속에서 은근히 화가 치밀어 오른 나는 약간 언성을 높이며 그에게 충고하듯 말했다.

"말이라는 것은 의사 전달의 수단으로 남이 알아들을 수 있게 분명히 해야 하는 것이 아닙니까? 어찌 그리 남이 못 알아듣게 아주 낮은 목소리로 말씀을 하고 계시는 것입니까?"

"… ?"

"제가 원하고 있는 것은 특실 좌석권뿐입니다. 특실 좌석권이 없으면 특실 좌석료금을 내고 특실좌석을 지정받아 앉으시든지, 그렇지 않으면 다른 칸으로 나가 주시든지 두 가지 중 한 가지를 선택, 실행하여 주시기 바랍니다."

"… !"

그가 특실 좌석권이 없고, 특실료금도 낼 의향이 없는지 자리에서 벌떡 일어났다. 민망한 얼굴을 하며 말없이 특실을 나가버리는 그.

"… ?"

그로부터 한 시간쯤 후,

여객차장과 함께 1호차로부터 시작해서 열차의 최 후부 객차인 10호차까지의 검찰을 완전히 마친 내가 돌아서려다가 말고 10호차 출입문을 통하여 밖을 내다보니 승강구 옆에 웬 남자가 한 명 서서 멀어져가는 두 갈래의 철길을 유심히 살펴보고 있는 것이 눈에 띄었다.

수수한 갈색 잠바, 넥타이 차림.

그는 약 한 시간 전에 특실에 앉아 있다가 나로부터 상대방이 알아듣지 못할 정도로 말을 너무 저음으로 한다는 핀잔을 듣고 특실을 나가버린 사람이었다.

(저 사람은 좌석이 어디인데 저기에 서 있을까?)

나는 그에게 "차표 좀 보여주십시오"라는 말을 할까 하다가 특실에서 민망하게 내보낸 것이 마음에 걸려 그의 승차권을 확인하지 못하고 그대로 발길을 돌려버리고 말았다.

그리고 5분쯤 후, 열차가 남원역에 도착했을 때였다.

차내 방송실에 가 있던 내가 플랫폼으로 내려서니 정모, 정복을 한 남원역장님이 플랫폼에 서 있다가 나에게로 뛰어왔다.

"국장님은?"

"…?"

내가 무슨 영문인지를 몰라 의아한 표정을 짓자 남원역장님이 답답하다는 듯 나에게 오른쪽 손의 엄지손가락을 세워 보였다.

"국장님이 어디에 타셨나?"

"국장님이라니요?"

"순천철도국장 이 00씨 말이야."

"그런 분, 이 차에 안 탔습니다."

"…?"

남원역장님은 열차에서 내려 걸어가는 여객을 살펴보며 황급히 열차의 뒤쪽으로 걸어갔다.

30초쯤 후,

내가 특실 승강구 앞의 플랫폼에 그대로 서 있으려니 열차의 뒤쪽으로 황급히 걸어갔던 남원역장님이 도로 열차의 앞쪽인 나의 쪽으로 걸어 나오고 있었다.

그런데 그의 옆엔 조금 전에 없었던 동행자가 한 사람 있었다.

"…?"

나와의 거리가 가까워지면서 자세히 보니 남원역장님이 정중하게 모시고 오는 동행자는 특실에서 나의 핀잔 때문에 나가버리고, 열차의 최후부에서 철길을 유심히 살펴보고 있던 갈색 잠바의 바로 그 남자였다.

(아, 저분이 순천철도국장님이시구나…)

나는 나의 눈썰미가 시원치 않았음을 크게 뉘우치게 되었다.

제30화

어떤 심부름

1971년 11월 어느 날, 서울역.

플랫폼에 서서, 개찰구로 나오고 있는 부산행 특급 제17열차의 여객들을 안내하고 있는데 간편한 작업복 차림의 한 남자가 나의 눈치를 보며 조심스럽게 다가왔다.

"저어… 부탁 좀 드리려고 하는데요."

"… ?"

"이 열차가 부산에 도착 되면 누가 받으러 나올 것입니다. 이걸 좀 전해주시면… "

그가 20여 개의 열쇠가 주렁주렁 묶여져 있는 한 열쇠 꾸러미를 나에게 내밀었다.

"… "

전에도 서울, 부산, 목포, 광주, 장항, 순천, 진주 등 열차의 시발역에서 개찰이 진행되고 있을 때, 혹은 도중의 역에서 열차가 정차하고 있을 때, 플랫폼에 서 있는 나에게 어떤 사정이 있는 사람들로부터 이런 종류의 부탁이 가끔 들어왔었다.

"이 편지, 서울역까지 좀 갖고 가주십시오. 열차가 서울역에 도착 되면 누가 여객전무님을 찾아가게끔 연락이 다 되어있습니다."

"이 통속엔 산낙지들이 들어있는데 승강구 한쪽에 놓아둘 테니까 열차가 00역에 도착될 때까지만 누가 건드리지 않게 잘 좀 봐주십시오."

"이건 가수 남진의 잠바입니다. 열차가 서울역에 도착 되면 남진 측에서 누가 나와 받아갈 것입니다." 등등…

그런 부탁이 들어올 때마다 편지 같은 것은 받아주었지만 그 외의 물건들에 대해선 앞으로 가능한 한 소화물로 부치라고 거절해 버렸는데…

내가 열쇠 꾸러미를 받을까 말까 망설이며 말이 없자 그가 약간 당황해하는 표정을 지으며 말했다.

"부산에 있는 저희 회사의 본사에서 급히 보내라고 해서 보내는 것인데 … "

"웬만하면 직접 부산으로 갖고 가시죠."

"그럴 사정이 못돼서 그럽니다."

"이거, 무거워서 주머니에 집어넣을 수도 없고…저기에 서 있는 여자 안내원에게 맡기시죠."

"여객 전무님에게 맡겨야 안심이 됩니다. 부산에도 여객전무님에게 맡긴다고 미리 전화를 했었고…

"부산에서 누가 이 열쇠 꾸러미를 받으러 나오지 않는다면 어떻게 합니까?"

"그럴 리야 있겠습니까? 회사에서 쓸 열쇠들이고, 그쪽에서 급히 보내라고 해서 보내는 것인데… "

나는 머리를 끄덕끄덕 하며 그로부터 열쇠 꾸러미를 받아 손에 쥐었다.

"고맙습니다."

그가 사례조로 나의 주머니에 천 원짜리 한 장을 넣어주었다.

"… "

그런데 그로부터 6시간쯤 지나서 열차가 부산역에 도착했을 때이었다.

열차에서 내려 플랫폼을 걸어가도, 집찰구에서 한 10분쯤 서 있어도 열쇠 꾸러미를 받아 가기 위해 나를 찾아오는 사람이 없었다.

그렇다고 어디 연락해볼 전화번호도 알지 못하고, 찾아가 볼 장소도 알지 못하고…

집찰구에서 한 10분쯤 더 기다려보던 나는 할 수 없이 250원짜리 담배 두 갑을 사서 열쇠 꾸러미와 함께 부산역 집찰실에 맡겼다.

"누구든지, 17열차의 여객전무에게 열쇠 꾸러미를 받으러 오는 사람이 있으면 이 열쇠 꾸러미를 좀 전해주십시오."

부탁하면서 집찰실 안을 둘러보니 근무자가 전부 4명이었다. 담배 두 갑이 모자라는 것이었다.

나는 여객전무로서의 체면도 있고 하여 담배 두 갑을 더 사서 부산역 집찰실에 넘겨주었다.

(심부름 값으로 받은 돈 천 원을 몽땅 남에게 줄 담뱃값으로 날려 보냈군.)

제31화

보람있는 승무(乘務)

1971년 11월 어느 날, 여수 승무원 숙사, 오후 6시쯤.

식당에서 서울발 여수행 특급 제61열차로 같이 내려온 여자 안내원들 3명과 함께 저녁식사를 하고 있는데 안내원들이 말했다.

"전무님, 미역을 사러 부둣가로 안 가시겠어요?"

"미역을?"

"네, 여수의 미역이 맛도 좋고, 서울보다 값이 싸요."

"여수의 미역이 맛 좋고, 값싼 것도 좋지만… "

나는 머리를 가로저으며 내가 겪었던 일 한 가지를 얘기하기 시작했다.

내가 서울열차사무소 여객전무로 발령이 나서 얼마 안 된 어느 날, 서울발~부산행 보통급행 제25열차를 타고 내려가다가 대전역에서 승무원 교대를 마친 후, (그때엔 대전역에서 다른 열차사무소 승무원과 교대를 했었다.) 시장 근처의 대전 승무원 숙사를 향해 걸어가면서 보니 시장의 곳곳에 먹음직한 자두가 산더미처럼 쌓여있는 것이었다.

(대전지방에서 자두가 많이 생산되는 모양이로구나.)

어느 자두 무더기의 주인에게 자두 값을 물어보았더니 한 접에 얼마라나? 값이 서울보다 훨씬 싼 것 같았다.

그래서 욕심이 부쩍 생긴 나는 내가 들고 갈 수 있을 만큼의 자두를 잔뜩 사서 부대자루에 담았다. 그리고 대전 승무원 숙사로 가서 3시간쯤 쉬다가 대전역에서 부산발~서울행 보통급행 제26열차를 받아 타고 그날 밤 늦게 서울에 도착하여, 무거운 자두 보따리를 메고 집으로 갔더니 아내가 눈을 휘둥그레 뜨며 놀라는 것이었다.

"아니, 이 많은 자두를 다 어떻게 먹어요?"

"… !"

그 자두를 어디에다 팔 수도 없고 하여 나와 아내는 궁리 끝에 가까운 이웃들에게 그냥 나누어 주기로 했다.

옆집들에 한 20개씩, 누구네 집에 한 30개, 딸아이들의 친구 집에 한 10개씩…

그래도 많이 남아있어서 우리 집 식구는 자두가 다 없어질 때까지 며칠 동안 입에서 신물이 날 정도로 자꾸 먹어대야 했다.

"아이고, 앞으론 어디에 가서 이런 걸 싸다고 제발 사 오지 말아요."

"… "

내가 얘기를 끝내고 나니 안내원이 식사를 하며 깔깔 웃었다.

"자두를 사셔도 적당히 사셔야지… 그리고 자두와 미역은 다르잖아요?"

"미역도 마찬가지야, 한번 사놓고 두고두고 조금씩 꺼내먹을 계획이라면 몰라도… 아무래도 친지, 친척에게 얼마만큼씩 나누어주게 되잖아?"

"결과적으로 낭비를 자초하게 된다는 말씀이죠?"

"그렇지, 냉장고를 처음 사게 되면, 전에 안 마시던 맥주, 콜라 등을 많이 사 넣어두곤 매일 의무적으로 조금씩 꺼내 마시는 식으로… "

"그렇지만 난 친척들한테서 미역을 사달라는 부탁을 받았거든요?"

"저희집 식구들은 다 미역을 좋아해요."

"… "

안내원들은 식사가 끝나자마자 사복으로 갈아입고 미역을 사기 위하여 승무원 숙사를 빠져나갔다.

(미역이 싸다면 얼마나 싸다고… 서울에서 내려오느라고 피곤한데 한 시

간이라도 승무원 숙사에서 쉬는 게 낫지.)

나는 차장과 함께 합숙방에 드러누워 신문을 펼쳐 들었다.

다음 날의 여수발 서울행 특급 제62열차.

특실의 한쪽 선반 위에는 안내원이 각기 한 보따리씩 사 온 미역이 얹혀있었다.

안내원은 열차가 운행되는 동안 차내를 왔다 갔다 하며 즐거운 얼굴로 일했다.

그리고 7시간쯤 후,

열차가 종착역인 서울역에 도착하자 안내원은 각기 자기의 미역 보따리를 들고 열차에서 내렸다.

미역을 조금이라도 싼값으로 먹기 위하여 또 가까운 친지들, 친척들에게 나누어주기 위하여 미역 보따리를 무겁게 들고 가는 안내원.

(그러나 저런 일들도 열차 승무를 할 때에나 가능한 일이지, 열차 승무를 그만두고 역에서 역무원으로 근무한다면 할 수 없는 일이 아닌가?)

그렇게 생각해보니 미역 보따리들을 들고 무겁게 들고 가는 안내원의 모습이 그날따라 아주 갸륵하게 보였다.

(빈손으로 여수에 내려갔다가 여수에서 빈손으로 올라온 나보다는 안내원이 서울~여수 간 특급61~ 62열차를 보람있게 승무했군.)

제32화

이루지 못한 꿈

1971년 5월 어느 날, 목포발 서울행 보통급행 제114열차.

열차가 목포역을 떠난 후인 밤 8시 10분경, 열차 내를 순회하던 나는 어느 객차의 뒤쪽 자리에 앉아 있는 간편한 누런 색 잠바 차림의 한 남자와 시선이 마주쳤다.

"… !"

그는 나와 똑같은 날에 총무처 시행의 5급 을류 운수직 공무원 공개경쟁 채용시험을 치르고, 나와 똑같은 날에 철도청의 제천역 전철원으로 함께 발령받은, 나의 공무원 시험 동기생이자 철도청 입청 동기생이었다.

"아니, 정… 00 씨 아닙니까?"

"아, 최선권 씨"

나와 그는 서로를 얼른 알아보고 얼싸안을 듯 반갑게 악수하였다.

"우리, 얼마만입니까?"

"한 5년 되었지요."

"최형은 그동안 여객전무도 되시고… "

"정형은?"

"난, 그때 철도를 그만두고 홍익회로 갔지요."

"아, 녜에… "

"우리 동기생끼리 오랜만에 만났으니 이러고 있을 것이 아니라 차내의 홍익회 매점에 가서 음료수라도 한 잔씩 마시며 얘기합시다."

"… "

정 00 씨가 자리에서 일어나 앞장서는 바람에 나는 그를 따라갔다.

한쪽 발이 없어서 절뚝거리며 걷는 정 00 씨.

(아~아, 그가 그때 몸만 다치지 않았다면 지금도 철도에서 근무하고 있을 것을…)

약 5년 전인 1966년 10월 9일.

총무처 시행의 5급 을류 운수직 공무원 공개경쟁 채용시험에 응시, 합격하여 총무처의 철도공무원 임용, 철도청의 영주철도국 발령에 의해 1967년 1월 6일 10시경, 영주철도국 관리과에 출두, 관리과장으로부터 "여러분들은 어려운 시험과정을 통과하여 철도공무원이 된 만큼 앞으로 철도에서 간부가 될 사람들입니다. 그러므로 역무원보다는 구내직부터 먼저 경험을 쌓아야 합니다"라는 훈시를 들은 후, 제천역 전철원(轉轍員)으로 최종 발령받고, 당일 제천역에 부임하여 철도공무원으로서의 첫발을 내디디게 되었다.

그때 나와 같은 날에 총무처 시행의 5급을류 운수직 공무원 공개경쟁채용시험에 합격하고, 나와 같은 날에 영주철도국 관리과에서 제천역 전철원으로 함께 발령받은 나의 철도공무원 시험 동기생이 나를 포함하여 모두 6명이었다.

멀리 전라도 광주에서 왔다는 나보다 두 살 위인 정 00 씨, 총무처 시행의 5급을류 세무직 공무원 공개경쟁 채용시험에도 합격해있다는 최 00 씨, 서울에서 노모가 따라와서 방을 구해주고 밥도 해주고 있다는 나보다 네 살 위인 유 병윤 씨, 또 서울에서 왔다는 나보다 한 살 위인 정 구섭 씨, 나보다 네 살 위인 김 영배 씨.

우리 6명은 오손도손 서로 의지하며 운수사무관 구내과장 최 해룡 씨 및 선배 철도직원으로부터 철도 규정과 일을 하나하나 배워나가기 시작했다.

처음 일 주일 동안은 일근을 하며 화차, 객차의 제동관에서 공기를 빼는 일, 화차, 객차에서 공기 호스를 절리하고, 도로 잇는 일, 전철기(선로 전환기)를 전환하는 일, 입환(기관차에 전호하여 화차나 객차를 떼어내고 연결하는 일)하는 일 등을 배웠고, 2주째부터는 정 00 씨, 유병윤 씨, 정 구섭 씨가 갑반에, 나와 최 00 씨, 김 영배 씨가 을반에 배치되어 철야 근무로 들어갔다.

10일째 되는 날, 세무직 공무원 시험에도 합격해 있다는 최 00 씨가 철도가 위험하고 야간근무 등 고되다는 이유로 사표를 내고 섭섭하게 철도를 떠나가 버렸다.

그리고 29일째 되는 날, 아침에 출근해보니 동료 구내과 직원들이 교양실의 한 군데에 모여 서서 침울한 표정으로 수군대고 있는 것이었다.

"어제, 정 00 씨가 입환하다가 크게 다쳤답니다."

"아, 어떻게 하다가… "

그러자 그 사고에 대해 잘 알고 있는듯한 한 동료가 말하기 시작했다.

- 어제 입환기(기관차)가 11번 선에서 화차 15량을 물고 남쪽(삼곡 방면)으로 인상하여, 9번 선에 있는 화차 4량과 연결시키기 위해 9번선으로 추진(기관차를 전부로 하지 않고 운전함.)하여 들어가는 과정이었다. 그때 화차와 화차 사이의 공기 호스들이 다 끊겨져있는 9번 선의 화차 4량 옆에 정 00 씨가 서있었다. 그는 입환기에 의해 9번선에 추진하여 들어오는 화차 15량이 9번선에 있는 화차 4량과 연결이 다 되면, 9번선의 화차 19량 전부가 옆 선과의 분기점에 있는 차량접촉한계표지에 걸리지 않게 9번선의 안쪽으로 안전하게 이동하게 될것이라고 예측하였다. 그렇게 되면 9번선 화차 전부의 공기호스들을 이어 놓아야하는 정 00 씨로선 그가 자기의 위치에서 뒤로 얼마쯤 더 걸어가서 작업을 계속해야하는 불편이 생기므로 9번선으로 추진하여 들어오는 15량의 화차와 9번선에 이미 있는 화차 4량과 연결이 되기 전에 얼른 끊겨져있는 9번선 화차4량의 공기호스들을 미리 연결시켜놓으려고 빠른 동작으로 9번 선의 화차들 사이에 들어가서 공기호스들을 잇는 작업을 실시하였다.

그러나 바로 그때였다. 추진하여 9번선으로 들어오던 15량의 화차들과 9

번선에 유치되어 있는 화차 4량이 빠르게 연결이 되면서 9번선의 화차들 전부가 갑자기 뒤로 밀리게 되었다. 그 바람에 9번선 화차 4량 사이에 들어가서 공기호스들을 잇는 작업을 하고 있던 정 00 씨가 미처 자기의 몸을 9번선 밖으로 다 빼어내지 못해 그만 한 쪽 발목이 움직여지는 화차 바퀴에 깔려, 잘려지고 말은 것이었다. -

"… !"

나는 놀라움을 금치 못하며 즉시 동료 직원들과 함께 정 00 씨가 입원해 누워있는 역 근처의 병원으로 찾아가 보았다.

복숭아뼈의 바로 위까지 잘리어져 나간 한쪽 다리를 성한 다리와 함께 이불속에 감추고, 핏기가 없는 하얀 얼굴로 크게 실의에 젖어있는 정 00 씨.

좁은 입원실 한구석엔 그의 아내가 슬픈 얼굴로 말없이 앉아있었고 세 살쯤 되었을까? 철없는 그의 아들이 누워있는 아버지의 옆에 앉아서 장난감을 만지며 흥얼흥얼 놀고 있는 것이었다.

(아, 돈이 무엇인지, 생활비가 무엇인지, 이 지경이 되려고 그가 멀리 전라도 광주에서 처자식을 데리고 이곳까지 이사를 해왔던 말인가?)

두 달 후쯤, 병원에서 퇴원한 그는 위험한 전철원의 직명에서 벗어나 제천역의 출찰(매표) 업무를 담당하고 있었는데 어느 비번 날, 불구가 된 자신의 처지를 비관하던 그는 술에 만취되어 역 사무실에 들어가서 유리창이며, 책상이며, 집기며, 의자 등을 닥치는 대로 때려 부쉈다.

그리고 직원들이 다 도망치고 아무도 없는 역 사무실의 바닥에 주저앉아서 기물을 부수느라고 피투성이가 되어 있는 주먹으로 가슴을 탕탕 치며 통곡했다.

"아! 내가 왜 이렇게 되었나?!… "

그 후, 그는 얼마쯤 더 근무하다가 동기생들에게 알리지도 않은 채 철도에 사표를 내고 가족과 함께 제천역을 홀연히 떠나가 버렸는데 한 4년 동안 통 소식이 없다가 목포발~서울행 114열차에서 나와 해후상봉(邂逅相逢)을 하게 된 것이었다.

내가 그의 뒤를 따라 차내의 홍익회 매점에 도착하자 매점 옆의, 빈 여객의 자리에 잠시 앉아있던 홍익회 판매원 두 명이 그를 잘 알고 있는 듯 일제히 일어나서 그에게 굽신굽신 허리를 굽히는 것이었다.

"… ?"

철도를 떠나 홍익회에 가 있다는 그는 과거 제천역에서 근무할 때 가족이 광주에서 제천으로 이사를 해왔다고 했고, 오늘은 목포에서 114열차를 탔고, 114열차의 홍익회 판매원들이 그를 아주 정중하게 대하고 있는 것으로 보아 그는 그동안 연고지인 이 지방 홍익회 사업소에 와서 요직에 올라앉아 있는 모양이었다.

나와 그는 홍익회 판매원들이 비워준 자리에 앉았다.

"여기, 맥주하고, 안주로는 땅콩, 초콜릿… "

"네… "

홍익회 판매원 한 명이 재빠르게 그가 주문한 것 외에 소시지와 마른오징어도 한 마리 가져왔다.

"자, 한 잔씩 하세."

그가 종이컵에 맥주를 부어 나에게 건네주는 바람에 나도 그 컵을 받아 옆의 빈 공간에 놓은 후, 다른 종이컵에 맥주를 부어 그에게 권했다.

"나는 근무 중이기 때문에 딱 한 잔만 마셔야겠어. 정 형이나 많이 드시오."

그는 내가 자꾸 따라주는 맥주를 마시며 궁금한 듯 나에게 물었다.

"내가 제천역을 떠난 이후로 우리 동기생들은 다 어떻게 되었나?"

"정구섭 씨가 본청 운수국 화물과로, 유병윤 씨가 본청 경리국 심사과로, 김영배 씨가 황지역으로 가있고… 나도 제천역에서 1년 7개월 동안 전철원으로 그냥 근무하고 있다가 본청 경리국 심사과로 갔고, 거기에서 조역 시험에 합격한 후, 현장으로 도로 나와 청량리 열차사무소 차장, 능내역 조역을 거쳐 지금은 서울열차사무소 여객전무가 되어 있지."

"음… 한 4년 동안 모두, 변화가 많았고, 또 잘 된 것도 같군."

"정 형도 잘 되어 있잖아? 고향(?) 가까이에 있고… "

"글쎄, 고향에서 그런대로 편하게 지내고 있는 것도 괜찮은 것 같기는 한데… "

그는 자기의 발 하나 없는 다리가 마음에 걸리는지 시무룩한 표정을 지었다.

"대부분의 사람이 불구자인 내가 징그러워서 그러는지 나와 사귀기를 기피하고 있는 것 같애."

"… "

"하긴 과거에 제천역에서 근무할 때에도 여러 직원의 그런 기미가 노골적으로 보여 분노한 내가 제천역 사무실의 유리창을 모조리 깨어버렸지만 말이야… "

"… "

"몸이 불구이고, 마음도 상처를 받아 불구이고… 내가 전생에 무슨 죄를 졌기에… "

맥주 두 병이 비워지자 그가 홍익회 판매원에게 맥주를 더 가져오라고 일렀다.

"그만 마시지… "

"아니야, 최 형을 만나보니까 내가 더 울적해져."

홍익회 판매원이 맥주 두 병을 더 가져왔을 때 내가 주머니에서 돈을 꺼내며 홍익회 판매원에게 물었다.

"모두 얼마입니까?"

"아, 최 형, 술값은 걱정 말아, 내가 낼게."

그가 홍익회 판매원에게 눈짓하며 강경하게 만류하는 바람에 나는 할 수 없이 꺼내놓았던 돈을 도로 주머니에 집어넣고 허허 웃었다.

"정 형이 제천역 사무실의 유리창을 많이 깨어놓은 다음 날, 왜 그랬느냐고 묻는 나를 정 형이 역전 술집으로 데리고 가서 붕대를 칭칭 감은 손으로 나에게 막걸리를 따라주며 이유를 설명해주던 일이 생각나는데… 오늘 또 정 형의 술을 얻어 마시게 되는군."

"술이야 누가 사든, 서로 마음만 통하면 되는 거 아닌가?"

나와 그가 나중에 가져온 맥주 두 병마저 다 마시고 난 후, 열차가 송정리 역에 도착했다.

"난, 여기에서 내려야 돼, 광주로 가야 하니까."

"그런가?"

자리에서 일어나 절뚝거리며 승강구 근처까지 걸어가서 아주 부자연스러운 모습으로 승강구를 내려서는 그.

그는 플랫폼에 내려서자 뒤따라 플랫폼으로 내려간 나에게 악수를 청했다.

"잘 가시오, 최 형."

"정 형도 잘 가시오."

그러나 그는 악수가 끝나고 나서도 그 자리에 그냥 서 있었다.

"정 형, 안갑니까?"

"응, 최 형이 떠나는 걸 보고 갈 거야."

"… ?"

"여객전무가 되어있는 최 형을 보니 나도 성한 몸으로 철도에 그냥 있었다면 여객전무가 되어있을 것이라는 생각이 들어."

"… !"

"나는 어차피 한때의 실수로 이렇게 되어버렸지만… "

그가 눈물을 글썽이며 나에게 뭐라고 말을 계속하려고 하는데 114열차가 떠날 시각이 되었는지 기적을 길게 울린 후, 스르르 움직이기 시작했다.

"열차가 떠나는구나."

나는 서둘러 바로 옆의 어느 객차의 승강구에 올라섰다.

"정 형! 몸조심해서 잘 가시오!"

승강구의 내가 그를 향해 웃으며 말하자 서운한 표정의 그도 나를 향해 손을 흔들며 조금 전에 끊겼던 자기의 말을 계속했다.

"최 형은 앞으로 철도에서 잘해 보십시오! 내 몫까지 함께 말이오!"

제33화

도와주고 보람 찾고

1972년 10월 추석 전날, 부산역에서 오전 6시 50분에 떠난 용산행 보통 제162열차, 여객이 꽤 많았다.

마치 콩나물시루 같았다고나 할까?

10량 편성의 객차마다 입추의 여지 없이 꽉꽉 들어차 있는 여객, 여객…

나는 열차가 구포역을 떠나자 차장과 함께 비좁은 여객들의 사이를 간신히 헤쳐 가며 검찰을 시작했다.

"죄송합니다. 승차권을 좀 보여주십시오."

여객들의 내미는 승차권을 확인하며 검찰 가위로 절컥절컥 구멍을 내고…그런데 두어 칸쯤 검찰을 겨우 진행해 나가고 있을 때였다.

한 나이 지긋한 남자 여객이 다른 여객을 헤치고 들어오며 나에게 말했다.

"승무원이 여기에 있군."

"… ?"

"승무원들을 찾아 돌아다니느라고 혼났는데… "

"… "

"저기, 앞칸에 있는 한 여자가 어린애를 낳고 있어요."

"… !"

나는 검찰을 중단하고 차장과 함께 열차의 앞쪽으로 여객을 뚫으며 갔다.

열차의 앞쪽에서 두 번째 칸.

30세 전후의 한 여인이 여러 여자의 도움 속에 벌써 어린애를 낳아놓고 있었다.

사내아이.

아이를 낳은 산모는 지친 표정으로 말없이 의자에 누워있고…

"아, 진작 연락이나 좀 해주시지 않고… "

내가 책망하듯 여러 여객에게 말하자 산모의 옆에서 진을 치고 있는 여자 중 한 여자가 나의 말에 대답했다.

"워낙 사람이 많은 데다가 차장 아저씨가 어디에 있는지도 몰라서 연락이 늦어졌나 봐요."

"여하튼 순산 되어 다행입니다. 산모는 어디로 가시는 길입니까?"

"밀양이래요."

"'주소 좀… "

산모가 힘없는 목소리로 더듬더듬 말했다.

"경남 밀양군 산내면 남명리… "

"아주머니의 이름은요?"

"박 OO."

"밀양역에서 내리면 거리가 얼마나 돼요?"

"이십 리쯤… "

"택시를 타고 빨리 가면 되겠네요?"

산모가 머리를 끄덕였다.

"택시비는 갖고 계시죠?"

"… "

산모의 행색이 퍽 초라한 것이 택시를 타고 갈 돈도, 몸조리를 할 돈도 없을 것 같았다.

(그렇다고 얼마 안 되는 나의 비상금을 몽땅 털어주기도 무엇하고… 십시일반(十匙一飯)의 속담을 적용해 봐야 되겠군.)

나는 열차가 삼랑진역에 도착했을 때 삼랑진역의 사무실로 뛰어 들어가서 전화로 밀양역 조역에게 직접 부탁했다.

"162 열차에서 한 여자 여객이 어린애를 낳았는데 열차가 밀양역에 도착되면 차내의 산모가 아기와 함께 집에까지 타고 갈 수 있게끔 택시를 불러 플랫폼 안에 대기시켜 놓아주십시오."

택시를 수배한 후, 나는 차장과 함께 어느 객차에 들어가 열차 내에서 아기가 순산 된 사실과 산모를 도와줄 것을 육성으로 여객들에게 알렸다.

"여객 여러분! 지금 이 열차 내에서 한 여자 여객이 어린애를 분만했습니다. 산모와 아이가 밀양역에서 내려 20리가량 떨어져 있는 밀양군 산내면의 집까지 택시를 타고 가야 되는데 산모의 생활 형편이 매우 어려워 택시비도 없다고 합니다. 그러므로 10원도 좋고, 20원도 좋고, 30원도 좋으니 여객 여러분께서 각자 조금씩만 보태주신다면 모아서 산모에게 전해주도록 하겠습니다. 여객 여러분의 많은 협조가 있으시길 바랍니다."

그리고 급한 김에 모자를 벗어서 거꾸로 들고 여객들의 사이를 비비며 돌아다녔다.

모자 속에 20원을 넣는 여객, 50원을 넣는 여객, 100원을 넣는 여객, 200원을 넣는 여객 등 가난한 산모를 도와주려고 하는 여객들이 적지 않았다.

그 객차에서 모금이 끝난 후, 다음 객차로 가서 또 육성으로 차내 분만 사실을 알리고, 모금하고… 세 객차에서 모금을 끝내고 나니 열차가 어느새 밀양역에 도착 되고 있었다.

내가 미리 전화로 밀양역의 조역에게 부탁했기 때문에 밀양역의 플랫폼까지 들어와서 대기하고 있는 택시 한 대.

"차장님, 빨리 돈을 간추립시다."

모금한 돈을 급히 간추려 헤어 보니 9,800원이 되었다.

"10량 전부에서 모금했다면 상당한 액수가 되었을 걸?"

나는 그 돈을 갖고 여객에 의해 택시에 실려지고 있는 산모에게 달려갔다.

"아주머니, 차내의 여객이 아주머니와 아기를 위해 내어놓은 성금입니다. 이 돈으로 택시비도 내시고 미역도 사십시오."

"고맙습니다."

이윽고 산모와 아기를 태운 택시는 "부~응…!" 소리도 경쾌하게 밀양역 플랫폼을 떠나갔다.

162열차도 서울을 향해 다시 떠났다.

(오늘 모처럼 좋은 일 한번 했군.)

그날, 162열차는 저녁때가 다 되어서야 종착역인 용산역에 도착하였고, 여객이 다 내리고 빈 열차가 된 회송 162열차를 타고 서울역에 도착한 후, 열차사무소에 들려 종무 인사 등 이 일, 저 일의 잔무를 처리하고 버스로 이문3동의 집 근처 정류장에 도착하니 팔목시계가 밤 8시 40분을 가리키고 있다.

(너무 늦었군.)

그런데 얼마쯤 걸어 집이 보이는 골목 입구까지 갔을 때였다.

나의 머릿속에서 퍼뜩 생각나는 것이 있었다.

(어느 열차, 어느 버스 안에서 어떤 여인이 아기를 순산했었다는 기사를 신문에서 본 일이 있는데… 나도 오늘 일을 신문사에 한 번 알려 볼까?)

나는 부랴부랴 집으로 들어가서 집에서 보고 있는 동아일보를 찾았다. 그리고 곧장 골목 어귀의 공중전화 박스로 가서 동아일보사 사회부에 전화를 걸었다.

"네, 사회부의 OOO 기자입니다."

"저… 저는 철도청의 서울열차사무소 여객전무 최선권이란 사람입니다. 오늘 부산에서 용산행 완행 162열차를 타고 왔는데 열차 내에서 한 여인이 사내 아기를 순산했습니다. 산모의 가정형편이 어려워 열차 내에서 여객들로부터 약간의 돈을 거둬준 일도 있고 해서… "

"아, 그래요? 그러면 그런 기사를 담당할 다른 기자를 바꿔드릴게요."

다른 기자란 사람이 곧 나왔다.

나는 그에게 내가 열차 내에서 보고용으로 작성하여 가지고 온 〈162열차 내의 분만에 대한 개황〉을 받아적기에 쉽게 또박또박 천천히 읽어주기 시작했다.

"아, 그냥 속도를 빨리하여 죽죽 읽어주십시오."

그는 속기로 받아쓰는 모양이었다. 나는 분만 개황을 좀 더 빨리 읽어 내려갔다.

1분 후, 내가 읽기를 마치자 그는 만족한 듯 말했다.

"지금 이 내용을… 오늘이 토요일이라 신문은 이미 발간되었고… 조금 있다가 아홉 시 동아방송 뉴스 시간에 방송해 드리겠습니다."

"… !"

송수화기를 놓고, 손목시계를 보니 밤 8시 50분이었다.

(아홉 시 뉴스라면 앞으로 10분밖에 안 남았는데 방송이 잘 이루어질까? …)

나는 집에 들어가서 아내와 함께 라디오 사이클을 동아방송에 맞춰놓고 아홉 시가 되기를 기다렸다.

이윽고 아홉 시 정각.

"뉴스를 말씀드리겠습니다."

동아방송의 아홉 시 뉴스가 박종세 아나운서에 의해 시작되었다.

맨 처음의 소식은 그날이 마침 추석 전날이었던 만큼 서울역의 귀성객 수송 현황이었다.

밤 여덟 시 삼십 분 현재 서울역을 통해 귀성객이 몇만 명이나 내려갔고… 복잡한 서울역 광경… 그다음은 다른 소식, 또 다른 소식… 그리고 뉴스의 중간쯤에 가서였다.

"다음, 미담 한 토막을 소개해 드리겠습니다. 오늘 아침 일곱 시 삼십 분쯤, 경남 밀양군 산내면 남명리에서 살고 있는 서른두 살 박 00 여인이 부산발~용산행 보통 제162열차를 타고 가다가 열차 내에서 옥동자를 분만했습니다. 여객전무 최선권 씨 등 162열차의 승무원은 생활 형편이 여의치 못한 산모를 돕기 위해 열차 내에서 모금, 9,800여 원이 돈을 거둬 산모에게 전달해 줌으로써 산모와 아기가 밀양역에서 20리가량 떨어져 있는 집까지 무사히 택시를 타고 갈 수 있게 하여주었습니다… "

나와 아내는 하도 신기하여 뉴스가 완전히 끝난 뒤에도 한동안 들뜬 기분이 되어있었다.

　(나도 방송에 나왔구나.)

제34화

안도(安堵)의 환성(歡聲)

1972년 1월 어느 날, 밤 9시 반쯤,

목포발 용산행 보통 제188열차가 임곡~장성 간을 달리고 있을 때였다.

어느 객차에서 한 여객과 애기를 나누고 있는 나를 한 여자 여객이 당황한 태도로 찾아왔다.

"저기, 뒤 칸에서 한 여자가 진통을 겪고 있습니다."

"… !"

나는 곧 그리로 가보았다.

의자에 앉아서 배에 손을 대고 고통스러운 얼굴로 신음을 하고 있는 한복의 한 젊은 여인.

"아주머니, 산기를 느끼고 있습니까?"

여인이 머리를 끄덕였다.

"어디로 가시는 길입니까?"

"수원으로요."

"이런 상태로는 수원까지 못 가십니다. 정읍역에서 내려 병원에 입원하시죠."

"안 돼요, 난, 병원에 입원할 돈도 없고, 오늘 중으로 꼭 수원에 가야 돼요."

"… "

의자 밑에 놓여있는 여인의 두 개의 소지품 중 한 비닐 주머니 속엔 동물의 살코기 같은 것이 들어 있었다.

"저건 뭡니까?"

"염소 고기예요."

"… "

"남편이 병자라서… 영산포에 가서 구해오는 길이에요."

"아주머니, 다시 말씀드리겠는데 웬만하면 정읍에서 내리시죠. 하룻밤 여관비 정도는 제가 보태 드리겠습니다."

"전, 못 내려요. 아이고… "

나는 여인의 고집을 꺾을 수 없어서 곧 해산 준비를 시작했다.

열차 내를 돌아다니며 여인의 산기 있는 진통을 두루 알렸다.

"지금 한 여인이 아기를 낳으려고 하고 있습니다. 해산을 도울 수 있는 분은 협조를 좀 해주십시오."

이 객차에서 한 명, 저 객차에서 한 명, 또 다른 객차에서 한 명… 모두 다섯 명의 여인들이 조산에 경험이 있는 듯 봉사를 자원해왔다.

그녀들은 나에게 가위, 실, 붕대, 구급약품, 대야 등을 구해달라고 부탁했다. 방법이 있으면 더운물 같은 것도 구해오라고 하고…

나는 열차 내를 계속 돌아다니며 여객들로부터 해산에 필요한 그 모든 것을 다 구해 조산을 자원해온 여인들에게 갖다주었다. 어느 역에서 가져온 찬물을 버너로 덥혀 더운 물도 만들어내고…

그러나 많은 여객의 긴장과 기다림 속에서도 여러 시간이 지나도록 진통의 여인은 계속 고통만 호소해왔을 뿐 뱃 속의 아이는 밖으로 나오지 않았다.

새벽 3시쯤, 나는 열차가 천안역에 도착되었을 때 천안역 운전조역실로 뛰어 들어가서 수원역 역무실에 전화를 했다.

"아기를 낳으려고 진통을 심하게 겪고 있는 여인이 수원역에서 내릴 터이니 플랫폼에 택시를 대기시켜놓아 주십시오."

그리고 새벽 4시쯤, 열차가 수원역에 가까워졌을 때 여인은 드디어 해산하기 시작했다.

"아이고, 나 죽어요… 아이고… "

나는 여인이 해산을 하고 있는 객차의 맨 끝 쪽에서 캄캄한 차창 밖을 내다보며 애를 무진하게 태우고 있었다.

"제발, 순산했으면… "

그런데 어느 순간, 아기가 태어나는 모양이었다.

"아이고오… !"

"조금 더 힘을 내요! 조금 더… !"

"아, 이를 어찌하나!"

수초 후, 해산을 돕고 있던 여인 중 한 여인이 얼굴이 하얗게 질린 채 나에게로 달려왔다.

"큰일 났습니다. 아기가 머리부터 나와야 할 텐데 한쪽 발부터 나옵니다."

"… !"

울상이 된 모두의 얼굴.

(이럴 줄 알았으면 열차가 정읍역에 도착되었을 때 강제로 내리게 했어야 하는 건데…)

잠시 후, 열차가 수원역에 도착되었다.

나는 해산하는 여인을 부축하여 열차에서 내려가기 위해 해산하는 여인이 있는 자리로 갔다.

"아~아 … "

의자에 누워있는 여인의 허벅지 사이로 보이는 가느다란 아기의 한쪽 다리.

그 아기의 한쪽 다리는 피가 안 통하는지 푸른 색깔로 변해 있었다.

나는 해산을 돕고 있던 여인들과 함께 처절하게 신음하고 있는 여인을 일으켜 세웠다.

절망을 느끼면서도 어떻게 해서든지 살아야겠다는 의지로 간신히 일어서는 여인.

한 발, 한 발, 또 한 발… 우리가 여인을 부축하여 플랫폼에 내려서자 겨울철의 차가운 바람이 스산하게 불어 닥쳐왔다.

"택시! 택시!…"

그러나 플랫폼에는 열차 감시를 위해 나와 있는 수원역 운전 조역 한 사람과 방금 열차에서 내린 여객 몇 명만 있을 뿐 택시 같은 것은 보이지 않았다.

나는 난산의 여인과 부축해주는 여인들을 플랫폼에 세워놓은 채 수원역 운전 조역실로 뛰어 들어가서 신경질적으로 소리쳤다.

"어떻게 된 것입니까! 택시를 플랫폼에 대기시켜놓으라고 했는데…"

내가 그런 부탁을 천안역에서 수원역 역무실에 전화로 했기 때문에 영문을 잘 모르는 수원역 운전 조역 한 사람이 급히 역무실에 전화를 걸었다.

"188열차의 여객전무가 부탁한 택시를 수배 안 했습니까?"

수원역 운전 조역이 그쪽의 얘기를 듣고 나서 송수화기를 놓았다.

"택시가 차고를 떠난 지 몇 분쯤 되었답니다."

과연 수원역 운전 조역실을 나가보니 택시 한 대가 전조등을 비치며 대한통운 쪽에서 플랫폼으로 들어오고 있었다.

"자! 빨리! 빨리!"

하복부에서 시뻘건 피를 흘리며 난산의 여인이 여러 사람들의 도움으로 플랫폼에 정차한 택시에 어렵게 태워지자 그녀를 부축해주던 한 나이 많은 여인이 나에게 말했다.

"나는 서울까지 가는 사람이지만, 이 여자가 불쌍해서 못 견디겠어요. 제가 병원까지 데려다주겠어요."

"아주머니의 짐 같은 것은?"

"제 보따리는 저의 동행인에게 벌써 맡겨놓았으니 그런 건 걱정 마세요."

"고맙습니다."

수원역 역무원 한 사람도 피가 낭자하게 흘려져 있는 택시 안에 올라탔다.

"자~그럼, 잘 부탁합니다."

택시는 나를 남겨놓은 채 급하게 수원역 플랫폼을 떠나갔다.

(아~ 불쌍한 여인이여! 아기여!)

그로부터 약 한 시간 후, 열차가 종착역인 용산역에 도착하고, 이어서 여객들이 다 내려버린 회송 188열차를 타고 서울역에 도착한 나는 열차사무소에 들어가자마자 난산의 여인이 걱정되어 수원역 역무실에 전화를 걸었다.

"아까 병원으로 이송한 난산의 여자는 어떻게 되었습니까?"

"수술 경과가 좋답니다."

"살았다는 말씀이죠?"

"네."

"아기도 살았습니까?"

"네, 아기도 살아났답니다."

"둘 다 살았군요!"

송수화기를 놓은 나는 너무 기뻐서 옆에 서 있는 차장의 손을 덥석 잡았다.

"둘 다 살아났대!"

제35화

파렴치(破廉恥) 한 일들

①

1972년 1월 어느 날, 목포발 서울행 보통급행 제114열차.

열차가 송정리역에서 정차했다가 떠난 후인 밤 9시 30분쯤, 보통객차 내를 순회하다가 침대차에 들어가 보니 침대 열차원이 근심스러운 얼굴을 하고 있는 것이었다.

"왜, 무슨 일이라도 있었나?"

"목포 출신의 국회의원 OOO 씨가 10호 하단에서 자고 있는데 그분이 저에게 맡겨 놓은 귤의 일부가 도난당했습니다."

침대 열차원으로부터 얘기를 들어본즉, OOO 의원이 목포역에서 승차할 때 귤이 가득 들어있는 광주리 한 개를 잘 보관해달라고 자기에게 맡겨, 침대차의 물품 보관창고에 다른 여객의 물건과 함께 넣어놓았었는데 다른 일을 하다가 얼마 후에 보니 물품 보관창고의 문이 조금 열려져 있어서 이상하다고 생각하며 물품 보관창고 안을 들여다보았더니 OOO 의원이 맡겨 놓은 광주리 속의 귤들이 눈에 띄게 많이 없어져 있더라는 것이었다.

"누가 물품보관창고의 문을 열고, 보관되어있는 물건들에 손을 댄 모양인데 물품보관창고의 문을 안 잠가 놓았었나?"

"녜, 평상시엔 항상 물품보관창고의 문을 자물쇠로 단단히 잠가 놓았었는데 오늘 한 때만은 물품보관창고의 문을 밀어서 닫은 후, 깜박 잊고 열쇠로 잠귀 놓지 못했었습니다."

"없어진 귤을 다른 데에서 사다가 보충해놓으면 안 될까?"

"안 됩니다. ㅇㅇㅇ 의원의 귤은 보통 귤과 다른, 특종 품이던데요. 넓적하고, 색깔이 곱고, 껍질이 말랑말랑하고, 맛도 신맛이 전연 없고, 아주 달던데요."

"언제 귤을 맛보았었나?"

"녜, 귤이 없어진 것을 안 후에 어떤 품종인가 하고 한 개 먹어 봤었습니다. 맛의 감각이 일품이어서 일본에서 수입하여 들여온 특종품이 아닌가, 하는 생각이 듭니다."

"어찌되었던 승무원의 관리 불충분으로 일어난 도난 사고야. ㅇㅇㅇ 의원이 항의하면 꼼짝없이 당하겠는데… "

나와 침대열차원은 걱정이 되어 일손이 잘 잡히지 않았다.

없어진 귤만큼 질이 좋지 못한 귤을 사다가 대체해놓기도 그렇고, 돈으로 변상해주기도 그렇고, 그렇다고 그냥 봐달라고 하기도 그렇고…

새벽 4시쯤 되어 침대차의 여객이 잠에서 깨어나 내릴 준비를 하느라고 침대의 포장들을 하나, 둘, 열어젖히기 시작했을 때였다.

나는 침대차에서 여객들의 동정을 살펴보다가 우연하게 4호 하단 여객의 베개 옆에 귤껍질들이 한 무더기로 쌓여있는 것을 발견했다.

(가만있자, 저 귤껍질과 ㅇㅇㅇ 의원의 귤껍질이 혹시 같은 종류의 것이 아닐까?)

4호 하단의 여객이 화장실로 가느라고 잠깐 자기의 침대를 비운 사이에 그 귤껍질의 하나를 살짝 빼어내 ㅇㅇㅇ 의원의 귤껍질과 대조해보았더니 두 귤껍질은 신통하게도 같은 종류의 것이었다.

(4호 하단의 여객이 ㅇㅇㅇ 의원의 귤을 훔쳐다 먹은 것이 아닐까?)

3분쯤 후, 자기의 침대로 돌아와서 내릴 준비를 서서히 하고 있는 4호 하단의 여객에게 나는 용기를 내어 조심스럽게 물어보았다.

"저… , 손님, 이 귤껍질은 손님께서 귤을 까 잡수시고 버린 것이죠?"

"그렇소."

"이 귤은 참 좋은 귤입니다. 어디에서 사셨습니까?"

"그런 걸 왜 묻소?"

"저도 파는 데를 알면 좀 사려고 합니다."

"… "

"이 귤을 혹시 여기 침대차 내에서 구한 것이 아니십니까?"

"내, 솔직히 말하겠소. 목포에서 떠날 때 맥주를 많이 마셨어요. 침대에 누워있다가 소변이 마려워 정신이 몽롱한 채 화장실로 비틀거리며 찾아갔는데 화장실 문을 열어보니 변기는 보이지 않고 광주리 속의 귤만 보이더라 이 말씀이야."

4호 하단의 여객은 화장실의 문을 열려고 한 것이 술에 취해있었던 상태라 착각하여 화장실 옆의 물품보관창고의 문을 열게 되었고, 그때 광주리 속에 가득하게 담겨져 있는 귤을 보게 된 그는 나중에 화장실을 제대로 찾아서 소변을 보고 난 후, 물품보관창고의 광주리 속의 귤을 양손으로 잔뜩 꺼내어 자기의 침대로 갖고 가서 혼자서 먹어 치워 버렸다는 것이었다.

"내, 남의 물건에 일부러 손대어 축낸 것이 아니고, 취중에 장난기 있게 한 짓이니 너그럽게 이해하쇼."

"… "

"자~, 내가 먹은 귤이 돈으로 환산하면 얼마치나 되겠소? 빨리 얘기해 보시오."

"… "

그러나 그 일은 쉽게 해결이 되었다. 국회의원 000 씨에게 그런 얘기를 해 주었더니 "기왕 그렇게 된 걸 배상받기도 그렇고… 제가 그냥 손해 보고 말지요" 하며 허, 허 웃어버렸기 때문이었다.

②

1971년 8월 어느 날, 용산발~목포행 보통 제187열차.

열차가 학교역을 떠나고 나서 얼마쯤 지났을 때였다.

열차 내를 순회하던 중 어느 객차에 들어가 보니 객차의 중간쯤, 어느 자리에서 세 명의 남자가 어울려 화투를 치고 있었고, 그들의 옆에 일행인 듯 뚱뚱한 한 남자가 서서 화투치기를 구경하고 있었다.

화투치기를 하고 있는 남자들의 옆, 의자의 공간에는 마시다가 남은 소주병과 마른 오징어 조각이 무질서하게 놓여있고…

송정리~학교 구간에서 검찰을 할 때 보지 못한 남자들이라 나는 그들의 옆으로 다가가서 화투치기를 서서 구경하고 있는 뚱뚱한 남자에게 말했다.

"승차권 좀 보여주십시오."

"… "

그들은 나의 말에 아무런 반응이 없었다. 나를 쳐다보지도 않았고 화투놀이에만 온 신경을 쏟아붓고 있었다.

"저, 승차권 좀 보여주실까요?"

내가 한 번 더 얘기하자 서 있는 남자가 마지못해 나를 쳐다보았다. 아주 귀찮아하는 표정.

"미안합니다. 차표 좀 보여주십시오."

"… "

그는 귀찮지만, 상대편이 승무원이니까 할 수 없다는 듯 억지로 웃음을 흘려 보이며 화장실 쪽을 눈짓했다.

"저쪽으로 가서 얘기합시다."

나는 그가 하자는 대로 화장실 앞의 통로까지 따라갔다. 그는 내가 화장실 앞의 통로에 멈춰 서서 왜 그러느냐는 표정으로 그의 눈을 똑바로 바라보자 주머니에서 500원을 꺼내 내 손에 쥐어 주는 것이었다.

"죄송합니다. 일행이 셋인데 차표가 없습니다."

"어디에서 타셨습니까?"

"학다리에서 탔습니다."

"학교역에서 타셨군요. 어디까지 가십니까?"

"목포까지요."

"학교에서 목포까지 1인당 보통 운임이 70원, 거기에 부가 운임이 40원 붙으니까 1인당 110원씩, 3인분 330원입니다."

내가 안주머니에서 특종보충권을 꺼내 대용 승차권을 발행하려고 하자 그는 그런 건 필요 없다며 그냥 자기들의 자리로 가려고 했다.

"아, 돈을 냈으면 응당 영수증을 받아 가셔야지요."

나는 그를 세워놓고 특종보충권을 발행했다. 그리고 발행한 특종보충권과 거스름 돈 170원을 그에게 건네주며 당부했다.

"차내에서 화투 놀이 같은 것, 되도록이면 삼가하여 주십시오. 차내가 시끄러워지고 다른 여객들에게 불쾌감을 주니까요."

"네, 알았습니다."

그런데 약 25분쯤 후, 열차가 몽탄~일로 간을 달리고 있을 때였다.

맨 끝의 객차에서 운전 차장과 얘기를 나누고 있는 나에게 한 남자 여객이 분한 얼굴을 하며 찾아왔다.

"제가 사기를 당했습니다."

"… ?"

"학교역에서 탄 사람들이 저의 자리 옆에 자리를 잡고 앉더니 자기들끼리 술 내기 화투를 시작하는 거예요. 심심하던 차에 저는 옆에서 구경하며 그네들이 따라주는 술도 몇 잔 사양 않고 받아 마셨지요. 그러다가 같이 술 내기 화투를 치자고 권해 오는 바람에 예의상 나도 술을 좀 사야겠다는 마음이 들어 마지못해 화투치기에 합세했는데 판을 거듭하면서 술 내기 화투가 자연스럽게 돈 따기 화투로 변해 버리고… 이상하게 나의 화투패가 연달아 좋게 나와 자꾸 돈을 따게 되더군요. 나중엔 돈을 제일 많이 잃은 사람이 "잃은 걸 한꺼번에 복구해야겠다."고 하며 모험 삼아 자기의 가지고 있는 잔돈푼은 물론 시계, 금반지까지 내어놓고 한 판 승부로 판가름을 내어보자고 제의해 오더군요. 게다가 또 한 사람도 이에 크게 동조하여 많은 돈을 한꺼번에 내어놓는 바람에 나도 분위기에 휩쓸려 판돈에 맞게끔 갖고 있던 돈 모두와 손에 끼고 있던 금반지까지 풀어놨는데… 그만 그 승부 전에서 제 패가 아주 나쁘게 나와 제 것을 몽땅 잃고 말았어요."

"그 사람들 아직 그 자리에 있습니까?"

"아니지요. 그 사람들은 내 패가 나쁜 것을 확인하자 판돈과 시계, 금반지를 몽땅 걷어 갖고 열차가 섰을 때 도망치듯 내려가 버렸어요."

"… !"

"그 사람들이 몽탄역에서 잽싸게 사라지는 것을 보고서야 저는 그 사람들이 화투놀이에 능한 계획적인 사기 도박꾼들이라는 것을 알아챘습니다. 이걸 어떻게 하면 좋죠?"

"… !!"

③

1971년 9월 어느 날, 여수발 서울행 특급 제62열차.

열차가 이리역에서 정차했다가 떠났을 때 한 남자 여객이 급하게, 내가 앉아서 잠시 쉬고 있는 특실로 들어왔다.

"큰일 났습니다. 돈을 잃어버렸습니다,"

그 여객은 전주역에서 승차했는데 5호차 27호석에 자리를 잡고 앉아서 더운 김에 양복 상의를 벗어 차창 가의 옷걸이에 걸어놓았다고 했다. 그래서 양복 상의에 신경을 쓰며 책도 보고, 차창 밖의 움직이는 풍경들도 구경하곤 했는데 어느 순간 양복 상의를 실념하고 있었던 모양이었다. 열차가 이리역(익산역)에서 정차했을 때 바로 뒷좌석의 여객이 보이지 않아 이상한 예감이 들어 그가 양복 상의의 안주머니를 뒤져보았더니 그 속에 넣어둔 현금 20만 원이 깜쪽같이 없어져 있더라는 것이었다.

"그 보이지 않는다는 뒷좌석의 여객에게 의심이 갑니까?"

"그럴 수밖에 없죠. 다른 여객은 다 제 자리를 지키고 있고, 돈을 잃어버린 후에 얘기를 해보니 남의 물건에 손을 댈만한 사람들이 아니던데요."

나는 좌석 정리표를 들춰, 없어졌다는 그 여객의 좌석을 확인해 보았다.

5호차 34호석, 전주~서울, 승차권 번호 73-248.

서울까지 승차권을 끊은 5호차 34호석의 여객이 아무도 모르게 도중 역에서 내려버렸으니 도둑 누명을 쓸 만도 했다.

(그렇다면… 5호차 27호석 여객의 양복 상의의 안주머니에 많은 돈이 들어있다는 것을 5호차 34호석의 여객이 어떻게 알았을까?)

(전주역에서 승차권을 구입할 때 5호차 27호석 여객의 돈을 5호차 34호석의 여객이 우연하게 구경하고 훔쳐볼 마음이 생겨난 것일까?)

(그렇지 않으면 5호차 34호석의 여객이 애초부터 열차 내에서 아무 것이나 남의 물건을 훔칠 계획으로 무작정 전주~서울 간 승차권을 구입하여 열차에 올라탄 것일까)

(또 그렇지 않으면 5호차 27호석 여객의 양복 상의가 아주 가까운 옷걸이에 걸려있었기 때문에 5호차 34호석의 여객에게 순간적으로 그 속의 내용물이 무엇인지도 모르면서 훔쳐볼 마음이 생겨난 것일까?)

여러 가지가 의문인 채 5호차 34호석은 이리에서 서울까지 공석으로 갔다.

④

1971년 9월 어느 날, 목포발 서울행 보통급행 제114열차.

목포역에서 개찰을 시작하자 개찰구를 빠져나온 많은 여객이 자리를 잡으려고 플랫폼 옆에서 대기하고 있는 열차 내로 뛰어 들어왔다.

보따리를 들고 있는 여객, 손에 아무것도 들고 있지 않은 홀몸인 여객, 젊은이, 노인…그들 중 어떤 여객은 허둥지둥 빈자리를 찾아 자리를 잡은 후, 가지고 온 보따리, 가방, 선물꾸러미 등을 선반 위에 얹어놓고 안도의 한숨을 내어 쉬기도 하고, 어떤 여객은 너무 다급하게 뛰어왔던지 상의를 벗어서 옷걸이에 걸어놓거나, 옷을 벗지 않은 채 신문지로 부채질을 하거나 하고…

그런 혼잡한 분위기 속에서 이 객차, 저 객차를 순회하던 나는 어느 객차의 중앙통로를 걸어가다가 이상한 광경을 목격하고 머리를 갸웃거리게 되었다.

바로 내 앞에서 좌우를 살펴 가며 여유 있게 걸어가던 한 우람한 체격의 청년이, 막 자리를 잡고 앉아 차창 문을 열려고 하는, 그러나 뛰어 들어와 자리를 잡느라고 제정신이 아닌 한 남자 여객의 머리 위 선반의 여러 물건 중 가방 한 개를 끌어 내려 유유히 들고 가는 것이었다.

(저 가방은 차창 문을 열려고 하는 여객의 것이 아닌가?)

나는 약간 얼떨떨한 기분이 되어 가방을 갖고 가는 청년을 불렀다.

"여, 여보시오!"

그가 주춤, 걸음을 멈추고 서서 나를 돌아보았다.

"그 가방, 당신의 것입니까?"

나의 물음에 그가 가방을 확인하는 척 들여다보더니 혼잣말로 나지막하게 중얼거리는 것이었다.

"아닌데… "

"남의 가방을 왜 당신이 들고 가시오?"

"… "

그가 내 앞을 지나쳐서 가방을 제 자리에 도로 갖다 놓았다.

차창 문을 열던 가방 주인이 눈이 휘둥그레 해져서 나와 청년을 번갈아 쳐다보며 볼멘소리로 말했다.

"이 가방은 내 것인데… "

입장이 난처해진 청년이 위기를 면하기 위해 버럭 화를 내며 소리를 질렀다.

"모르고 가져간 것, 도로 갖다 놓았으면 되는 것 아니오!"

"… !"

그리고 그는 나와 가방 주인에게 험악한 얼굴을 해 보이며 열차에서 내려 어디론가 재빨리 사라져버렸다.

"날강도 같은 놈이군."

1971년 10월 어느 날, 부산발 서울행 특급 제20열차.

객차 12량에 약 900명의 여객.

동대구~김천 구간에서 검찰을 실시한 후, 차장과 함께 어느 객차의 빈 좌석에 앉아서 잠시 쉬고 있는데 한 여객으로부터 이상한 신고가 들어왔다.

"저 뒤의 객차에서 사복을 입고 있는 웬 남자가 차표 검사를 하고 있습니다. 알고 있는 것입니까?"

"네? 그럴 리가 없는데요."

나와 차장은 곧 그리로 갔다.

반소매, 노타이샤쓰에 베이지색 바지를 입고 있는 30세 전후의 약간 살이 쪄있는 남자.

그가 나와 차장이 그의 등 뒤에서 구경하고 있는 것도 모르고 열심히 몇 여객의 내 밀고 있는 승차권에 검찰 가위로 절컥절컥 구멍을 내고 있는 것이었다.

"자~차표 검사를 합니다. 차표를 꺼내 보여주십시오."

절도 없이 하는 그의 행동을 의아하게 생각하며 나와 그를 번갈아 쳐다보는 여객. 또 차표를 꺼내 들고 검찰에 대비하고 있는 몇몇 여객.

나는 도대체 무슨 영문인지를 몰라 잠깐 구경하다가 그의 옆으로 바싹 다가가서 조용하게 말했다.

"나하고 얘기 좀 합시다."

그 바람에 검찰을 중단하게 된 그가 나와 차장을 쳐다보고 입가에 빙그레 웃음을 띠었다.

"네, 얘기해 봅시다."

자신만만한 태도.

그의 이해할 수 없는 행동은 갈수록 태산이었다.

나는 여객이 보는 앞에서 그와 시비를 벌이기가 싫어서 그를 화장실 앞의 통로 쪽으로 유인했다.

"저쪽으로 가시지요."

"좋소."

그를 화장실 앞의 통로로 데리고 가서 나는 그에게 조심스럽게 물었다.

"당신은 누구이십니까?"

"나요? 나, 명동 박이오."

"명동 박이라니?"

"명동 박도 모르오? 명동에선 나를 모르는 사람이 없소."

"녜에… 그건 그렇다 치고… 차표 검사를 왜 하고 있습니까?"

"왜, 난 차표 검사를 하면 안 됩니까? 당신을 도와주려고 그래요."

"누가 당신에게 도와달라고 그랬습니까?"

"아니오, 그런 건 없소."

"그리고 이 검찰 가위… 이 검찰 가위는 내 것인데 어떻게 당신의 손에 들려 있습니까?"

"이거요? 헤헤, 당신들의 가방 속에서 꺼냈죠."

"… !"

그는 동대구~김천 구간에서 검찰을 끝낸 나와 차장이 어느 객차의 빈 좌석에 앉아서 잠깐 쉬고 있는 사이에 승무원석의 나와 차장의 가방들을 뒤져 나의 검찰 가위를 꺼낸 모양이었다.

나는 어이없는 표정을 지으며 그에게서 검찰 가위를 빼앗았다.

그는 나에게 검찰 가위를 빼앗기고 난 후, 약간 기가 죽어 있었다.

(좀 돌긴 돌았지만, 얼마나 여객전무처럼 차표 검사를 해보고 싶었으면 여객전무가 자리를 잠깐 비운 사이에 여객전무의 검찰 가위를 훔쳐내어 검찰을 직접 해봤을까?'

나는 그가 가여워 좋은 말로 달랜 후, 그의 자리로 데려다주었다.

⑥

1971년 10월 어느 날, 용산발 목포행 보통 제183열차.

열차가 천안역을 떠난 후,

열차의 앞쪽에서 검찰을 하고 있다가 한 여객의 신고가 있어서 열차의 중간쯤 어느 객차로 달려가 보았더니 뒤쪽 좌석의 한 남자 노인이 입에 거품을 물고 의식을 잃고 있는 것이었다.

"이게 어찌된 일입니까?"

내가 놀라며 묻자 의식을 잃고 있는 노인의 주위의 여객들이 각기 한마디씩 했다.

"노인이 옆에 앉아있던 젊은 사람과 맥주를 마시더니 저렇게 되었어요."

"처음엔 옆에 앉아 있던 젊은 사람이 혼자서 맥주를 마셨는데 나중에 젊은 사람이 노인에게 같이 마시자고 자꾸 권하는 걸 봤어요."

"옆에 앉아 있던 젊은 사람이 이 노인에게 돈이 있는 줄 알고 계획적으로 약을 탄 술을 먹인 거예요."

"지금 생각해보니 노인은 금반지를 끼고 있었는데… "

노인의 손가락엔 금반지가 끼워져 있지 않았다.

노인의 주머니 속에도 있음 직한 지갑이나 돈이 하나도 없었다.

선반 위에 있었다는 노인의 가방도 없어졌고…

여러 여객의 얘기를 계속 들어보며 종합해본 결과 노인의 옆에 앉아 있던 젊은 사람은 노인에게 약을 탄 맥주를 마시게 하여 의식을 잃게 하고 노인으로부터 돈과 돈이 될 만한 모든 것을 훔쳐 도중의 어느 역에서 내려 버린 것이었다.

(그러나저러나 이 노인이 빨리 마취에서 깨어나 정신을 차려야 자세한 내용을 알 수 있을 텐데…)

1971년 11월 어느 날, 목포발 용산행 보통 제184열차.

열차가 가수원~서대전 사이를 달려가고 있을 때였다.

수수한 옷차림의 한 여자 여객이 울상이 되어, 어느 객차의 의자에 앉아서 앞의 여객과 얘기를 나누고 있는 나를 찾아왔다.

"이상해요. 고추 보따리가 없어졌어요."

"고추 보따리를 어디에다 놔뒀는데요?"

"저쪽 객차의 승강구 철판 덮개 위에 놔뒀었는데… 아까 열차가 가수원역을 떠난 후에도 분명히 있었거든요."

"그렇다면 열차가 달리는 도중에 고추 보따리가 없어졌다는 얘기이로군요?"

"그런 것 같아요."

"차내를 한 바퀴 돌아보셨습니까?"

"돌아봤어요. 제 고추 보따리는 지금 이 열차 내에 없어요."

"… !"

문득 머릿속에 생각나는 것이 있었다.

얼마 전, 여수발 용산행 보통 제194열차를 탔을 때 어느 객차의 승강구 상판 위에 놓아두었던 어느 여객의 미역 보따리가 잠깐 사이에 감쪽같이 없어졌던 일.

(그때의 그 미역 보따리도 열차가 어느 역에 정차했을 때 누가 들고 내려버린 것이 아니라 열차가 달리는 도중에 없어진 것이 아닌가?)

가끔 열차 내를 두리번거리며 왔다 갔다 하는 사람들이 있었는데 그런 사람이 여객의 동태를 살펴보다가 어느 장소, 어느 기회에 자기가 노리고 있던 물건을 달리는 열차의 밖으로 내던져버렸을지도 모르는 일이었다.

"아주머니, 도둑들이 승강구 철판 덮개 위의 물건을 훔쳐내는 방법에 대해서 어느 정도 감을 잡았습니다. 앞으로 이런 일이 재발하지 않도록 각별히 신경을 쓰겠고, 관계처에도 연락하겠습니다만… 아주머니의 주소나 연락처를 대 주십시오. 나중에 혹시 잃어버린 물건을 찾게 되면 연락해 드리죠."

⑧

1971년 7월 어느 날, 서울발 여수행 특급 제61열차.

열차가 영등포~안양 간을 달리고 있을 때 나는 차내 방송실에서 열차의 시발 안내방송을 마쳤다. 그리고 열차가 안양역을 통과하고 나서부터 차내 순회를 하기 시작했다.

여객의 승차권, 좌석권을 확인해가며 발, 착역, 번호 등 그 내용을 좌석 정리표에 기재하는 안내원.

담배를 피우거나, 차창 밖을 내다보거나, 담소를 나누거나, 신문을 읽거나 하는 여객.

4호차를 지나고, 5호차를 지나고, 6호차를 지나고… 7호차로 막 들어가려고 할 때였다.

7호차의 출입문 앞에서 화사한 한복 차림의 여인 한 명이 서 있다가 방긋이 웃으며 나의 앞을 가로막아서는 것이었다.

35세쯤 되었을까? 여자로서의 보통 키에 알맞은 몸집, 약간 거무스름한 피부, 그러나 큰 눈, 도톰한 입술, 하얀 이 등이 조화를 이루어 밉지 않은 얼굴을 하고 있는 여인.

(나에게 할 말이 있는가?)

내가 무슨 용건이냐는 표정으로 바라보자 여인은 계속 입가에 미소를 흘러 보이며 속삭이듯 말했다.

"저어… 여수에 볼일이 있어서 이 차에 탔는데요… 실은 차비가 없어요."

"차비가 없다니… 그럼 승차권을 못 사고 열차를 탔다는 말입니까?"

"녜…"

"어느 역에서 이 열차를 탔습니까?"

"영등포역에서요."

"밖에서 영등포역에 어떻게 들어갔습니까?"

"… "

여인은 대답하기가 곤란한 듯 홍조를 띠며 고개를 다소곳이 숙였다.

(보기에 멀쩡한 여자가, 더군다나 먼 곳까지 가는 여자가 승차권도 없이 열차를 타다니…)

나는 이해가 가지 않아 머리를 갸우뚱했다.

"승차권이 없고, 열차 내에서 돈을 내고 승차권을 끊지 않으면 여행을 계속하실 수가 없습니다. 다음 역에서 내리셔야 됩니다."

"다음 정차역은 수원역인데 수원역에서 내리면 어떻게 되는 것이죠?"

여인은 고개를 들며 반문했다.

"수원역에서 내리면요, 수원역에, 승차한 구간에 대한 운임, 료금과 부가 운임 료금을 함께 내야 몸이 풀려납니다. 영등포역에서 수원역까지의 운임이 100원, 특별급행료가 170원, 좌석지정료가 100원이므로 정상운임 료금은 370원, 거기에다 운임과 특별급행료에 대한 부가운임 료금140원을 더 하면 합계 510원, 아주머니가 수원역에 내셔야할 돈은 최소한 510원이 됩니다. 수원역에 돈을 못 내게 되면 무임승차혐의로 경찰서에 고발을 당하게 됩니다. 구류처분을 받게 되죠."

"어머나, 그렇게 정식대로만 하려고 하지 마세요. 돈이 없는 사람은 정말 서러움을 당하게 되겠군요. 그냥 봐줄 수도 있는 문제인데 그렇게 비인간적으로 처리해야 되겠어요?"

여인의 말에는 가시가 있었으나 태도는 사뭇 사정조였다. 여인은 이어 약간 어조를 높였다.

"저는 그냥 봐달라고는 안 합니다. 사실 영등포에 볼일을 보러 나왔다가 여수에 갑자기 갈 일이 생겨서 그대로 돈 한 푼 없이 열차에 올라탄 것인데 … 부끄러운 일이지만 이 시계를 맡아 주세요."

여인은 손목의 씨티즌 시계를 끌렀다. 자기를 믿어달라는 태도였다.

"저는 여수에 열차가 도착 되면 가게에 전화를 하여 5분 이내로 돈을 가져오게 할 수 있습니다. 이 시계를 맡아놓으셨다가 돈을 가져오거든 저에게 도로 주세요. 그러시면 안 되겠어요?"

여인이 내어미는 손목시계를 나는 어이없는 얼굴로 바라보았다.

"아주머니, 이러시면 안 됩니다. 저는 시계를 저당 잡고 무임승차를 도모하는 승무원이 아닙니다."

"그럼, 저를 못 봐주시겠다는 말씀이군요?"

"글세… 봐 드리기도 무엇하고, 안 봐 드리기도 무엇하고… "

"저는 수원역에서 안 내리겠어요. 여객전무 아저씨가 저를 열차 밖으로 밀어내도 저는 도로 열차에 올라탈 거예요?"

여인은 여전히 시계를 나에게 내밀고 있었다.

나는 난처한 얼굴을 하고 있다가 이윽고 마음을 정했다.

"시계를 손목에 차세요. 여수에 도착하면 틀림없이 돈을 내시는 거죠?"

"아, 내고말고요. 저는 공짜 여행을 원하지 않아요."

"그러면 열차가 여수역에 도착 되면 아주머니를 여수역에 인계해야 되겠군."

"고맙습니다."

나는 여인을 차내석인 1호차 67호석에 앉혔다.

그리고 돈이 한 푼도 없다는 여인에게 동정이 가서 오후 1시 20분쯤, 열차가 이리역에 도착되었을 때 승무원들에게 배달되는 도시락 장수의 도시락을 한 개 더 주문하여 여인에게 먹으라고 갖다주었다.

무료하게 앉아 있다가 여수에 도착하면 빚을 갚겠다며 고마운 표정을 짓고 있는 여인.

그로부터 3시간이 지난 오후 4시 20분경, 열차가 순천역에서 정차했다가 떠난 후였다.

순천역에서 여객들이 거의 다 내려버려 텅텅 비다시피 한 열차 내를 돌아다니던 내가 1호차에 들어가 보니 67호석에 앉아 있어야 할 여인이 어디로 갔는지 보이지 않았다.

(화장실에 갔는가?)

안에 사람이 들어가 있는지, 안 들어가 있는지의 여부를 알려주는 1호차 화장실의 표시등은 소등되어 있었다.

그래도 혹시나 하고 1호차 화장실의 닫힌 문을 노크해 보았더니 안에서는 아무런 응답이 없었다. 다음, 1호차 화장실의 문을 열어보았더니 역시 안에는 아무도 없었다.

(식당차에 가 있는가? 돈이 없어서 뭘 사 먹을 수도 없을 텐데…)

여인은 4호차와 5호차 사이에 있는 식당차에도 없었다.

5호차, 6호차, 7호차, 8호차에도 없고…

여인은 열차 내의 구석구석을 다 찾아봐도 행방이 묘연했다.

(열차가 순천역의 전 정차역인 구례구역을 떠났을 때에도 분명히 1호차 67호석에 앉아있는 것을 보았는데…)

여인은 열차가 순천역에 도착했을 때 내려 버린 것이 분명했다.

(종착역인 여수까지 간다더니… 차비를 적게 내려고 처음부터 계획적으로 나를 속였군.)

제36화

최일선 접객근무자(最一線 接客勤務者)

1972년 2월,

날씨가 몹시 추웠던 구정(舊正. 설날) 전날 밤의 서울발 광주행 임시 특급 제C45열차.

열차가 서울역을 떠나기 직전, 각 객차 내의 난방상태를 확인해보니 싸늘하다고나 할까? 더운 기(氣)라곤 조금도 느껴지지 않았다.

열차의 앞쪽, 일부 객차와 객차 사이의 난방 호스 연결 부문에선 하얀 김이 조금씩 새어 나오고 있는데…

나는 의아하여 플랫폼에서 망치를 들고 객차 밑을 기웃거리며 여러 가지를 점검하고 있는 객화차 사무소의 한 검수원에게 물어보았다.

"객차 내가 아직도 찬데요?"

"녜에, 예열(豫熱)이 안 되어서 그래요. 따뜻하게 가려면 객차를 사용하기 한두 시간 전부터 난방기능을 살려놔야 되는 건데… 시간이 흐르면 더워질 것입니다."

"빨리 더워졌으면 좋겠구먼."

나와 검수원이 걱정하고 있는 사이에 C45열차의 발차 시각이 거의 다 되었다.

"이거, 난방이 잘 안되면 떠나지 말아야 되는데… "

그러나 잠시 후, 난방 문제로 특급열차를 늦추면 안 된다는 생각이 강하게 들어, 내가 이러지도 못하고, 저러지도 못하고 있는 사이에 여객을 잔뜩 실은 C45열차는 차내 온도가 냉랭한 채 기적을 울리며 서울역을 떠나갔다.

그리고 서울~수원 간.

귀성객이 어떻게 많은지 빽빽이 서 있는 입석 여객의 사이를 헤쳐가며 열차 내를 순회하던 나는 여러 여객으로부터 심한 항의를 받았다.

"아니, 이거 도대체 어떻게 된 거요? 스팀이 안 들어옵니까?"

"멀쩡한 사람들을 동태로 만들어 설도 못 쇠게 할 작정이오? 불 좀 때요."

"여객전무란 뭣 하는 직책이오! 객차 내가 이렇게 추운데… "

열차가 수원역에 도착되었을 때 나는 열차에서 내려 객화차 사무소 수원분소의 검수원과 함께 객차와 객차 사이의 난방 호스들을 살펴보았다.

기관차 차위(次位)의 난방차에서부터 6량까지는 난방기능이 그런대로 좋은지 객차와 객차 사이의 난방 호스 연결 부문에서 하얀 수증기가 계속 새어 나오고 있는데 그 뒤의 객차들 사이에선 하얀 수증기가 전연 새어 나오지 않고 있는 것이었다.

"이러니까 뒤쪽 객차들의 여객들이 더 야단들이지. 이 열차가 천안역에 도착될 때 정비할 수 있도록 천안분소의 검수원들에게 연락 좀 해주십시오."

열차가 수원역을 떠난 후, 난방차에 들어가 보니 난방차 담당 승무 난방원 한 명이 난방차의 기계들을 이리저리 조작해보고 있었다.

"앞에서 6량 이후부터는 수증기가 새어 나오지 않고 있는 것으로 보아 온수가 전연 통과하지 못하고 있는 것 같은데요?"

"녜, 난방차의 출력이 시원치 않아요."

"잘 좀 해보십시오. 뒤쪽 객차의 여객이 춥다고 항의가 빗발 같은데… "

그러나 30분 후, 열차가 천안역에 도착 될 때까지도 난방차의 기능은 정상으로 회복되지 않았다.

"어떻게 안 되겠습니까?"

"… "

난방차 담당 승무 난방원은 책임감 때문에 당황하는 기색으로 기계들만 자꾸 이리저리 조작해볼 뿐이었다.

"저엉 안되면 전도 역에 전보를 칩시다. 자신 있는 기술자가 올라오든지, 난방차를 교체하든지… "

"난방차를 교체하려면 이리역에나 가야 합니다. 이리역에 기관차 사무소가 있으니까요."

나는 열차가 천안역에서 정차했다가 떠날 때 이리역과 기관차 사무소에 전보를 쳐달라고 급히 기안한 전보문을 천안역 운전 조역에게 건네주었다.

〈난방차 823호의 기능불량으로 C45열차의 편성 12량 중 후부 6량의 난방이 안 됨. 난방차 교체 요망.〉

그리고 화가 나 있는 여객으로부터 계속 시달림을 받았는데 두어 시간 후, 이리역에 도착해보니 기관차 사무소에서 파견된 기술자 두 명이 플랫폼에서 대기하고 있다가 난방차에 올라타는 것이었다.

"내가 난방차를 교체해 달라고 전보를 쳤는데… "

"뭐가 이상이 있는지 우선 확실히 알아봅시다."

그 들은 난방차의 기계를 익숙하게 이것저것 점검하며 조작해보았다. 그러나 난방차의 기능은 전과 마찬가지, 나아지지 않았다.

얼마 후, C45열차는 난방차 때문에 이리역에서 마냥 지체할 수가 없어서 난방차의 기능을 회복하지 못한 채 이리역을 떠났다.

(이제는 이런 상태로 계속 가는 수밖에 별도리가 없겠군.)

걱정이 태산같이 높아진 내가 추위에 떨고 있는 여객들을 무마하기 위하여 열차의 후부, 어느 객차에 들어가 보니 여객들의 불만이 극도로 달해 있었다.

"서울에서 떠난 지가 몇 시간이나 됐는데도 아직도 못 고쳐!"

"이러다가 광주까지 못 고치고 그냥 가는 거 아니야?"

"차표 사기가 힘들어!… 차 안은 추워!… 이렇게 무책임한 사람들이 어디에 있어!"

"추위에 떨어도 차표 값은 똑같이 받냐!"

급기야 성격이 과격한 몇몇 여객이 나에게 항의하는 다른 여객을 제치고 나를 둘러쌌다.

"당신이 우리를 보살펴주는 여객전무요?"

"…"

"말해봐, 네가 우리를 보살펴주는 여객전무이냐 이 말이야!"

"죄송합니다."

"〈죄송합니다〉 라고 말하면 다야?"

그들 중 한 명이 나의 모자를 벗겼다.

"와~ 잘했다! 이름표도 떼어라!"

살벌한 군중심리.

내가 공포에 떨고 있는 가운데 나에게 동정을 베풀어주는 소리도 여객 중에서 튀어나왔다.

"그 사람이 무슨 죄가 있습니까? 난방차가 성능이 좋지 못한 걸…"

그 바람에 험악해져만 가던 객차 내의 분위기가 수 초 동안 주춤해졌다. 그 사이, 여객에게 맞을까 봐 가슴이 콩알만 해진 나는 빼앗긴 모자를 찾지 못한 채 여객의 눈치를 보며 간신히 그곳을 빠져나갔다.

다음 객차에 가 봐도 그런 수모를 당할 것이고… 나는 아예 난방이 그런대로 되어 여객들의 불평이 없는 앞쪽 객차에 들어가서 몸을 숨기고 움직이지 않았다.

그로부터 1시간 40분이 지난 새벽 5시쯤, 열차가 송정리역에 도착하자 수백 명 여객의 반 정도가 열차에서 내렸다.

빈자리가 많이 눈에 띄는 각 객차.

(종착역에도 가까워졌고, 나에게 항의해올 여객들도 훨씬 적어졌으니 더 이상의 민원이 없도록 남아있는 여객들의 마음이나 달래야겠군.)

내가 차내 방송실에서 나가 모자를 빼앗겼던 객차에 들어가 보니 한 여객이 그때까지도 나의 모자를 손에 꽉 쥔 채 사나운 얼굴을 하고 있었다.

나는 웃는 얼굴로 조심스럽게 그의 앞 빈자리에 앉아서 머리를 숙였다.

"손님, 추위에 떨게 해서 죄송한 마음, 뭐라고 표현할 수가 없습니다. 기왕 추위에 떨며 종착역까지 거의 다 오셨으니 지난 일은 너그러운 마음으로 이해해 주시기 바랍니다."

"… "

내가 미안한 얼굴을 해 보이며 말없이 생각에 잠겨 있는 그에게 몇 차례 더 사과하자 그는 마음이 풀어졌는지 손에 쥐고 있던 나의 모자를 내 앞으로 내어놓았다.

"앞으로 이런 일이 재발하지 않도록 처음부터 각종 점검을 철저히 하시오."

"네, 명심하고 실천하겠습니다."

그는 내가 허탈한 표정을 지으며 모자를 받아 머리에 쓰자 나에게 악수를 청하며 말했다.

"많은 여객이 밤새껏 떨면서 온 것은 당신 혼자서 책임질 일이 아닌데… 우리가 이 열차에서 항의할 상대자가 당장 당신밖에 없기 때문에 당신에게 집중적으로 추궁한 것이오. 우리도 미안하오."

제37화

어느 임명권자(任命權者)의 확인(確認)

1972년 1월 어느 날,

서울역에서 12시 정각에 떠나는 서울~동대구~진주 간 순환 특급 제27열차.

일요일이라 서울역을 떠날 때부터 열차에는 여객이 꽤 많았다.

좌석이 없어서 객차마다 가득하게 서 있는 입석 승차권 소지 여객…

수원, 천안, 조치원, 대전 등 전도의 역에서 계속 올라타는 입석 승차권 소지 여객…

그 혼잡한 여객 사이를 억지로 비비고 돌아다니며 중복된 좌석, 정상적인 좌석권 소지자와 〈00역 이원 입석〉이란 글씨가 쓰여져 있는 입석 승차권 소지자와의 시비 등을 해결해주던 나는 열차가 영동역을 떠나서부터는 〈차내 청소를 철저히 시행하지 않으면 엄중하게 문책하겠다〉는 철도국의 지시가 생각이 나서 하던 일을 일단 멈추고 차내 청소에 신경을 쓰기 시작했다.

홍익회 판매원을 독려하여 복잡한 가운데에서나마 눈에 띄는 오물을 쓸어내게 하고(원칙적으론 여객이 앉아 있는 의자 밑의 구석구석까지 빗자루로 깨끗하게 쓸어내야 하는데 그때엔 여객들이 너무 많았던 관계로 그렇게 하라고 시킬 수도 없었고 또 그렇게 할 수도 없었다.) 때 마침 내리다가 폭설로 변하여 승강구마다에 가득하게 쌓인 눈도 계속 치우게 하고(나와 차장도 직접 비를 들고 승강구들의 눈을 쓸었다.)

그러다가 다시 여객 속에 파묻혀서(동대구역부터는 그야말로 입추의 여

219

지가 없이 초만원이었다.) 좌석 정리에 전념하게 되었는데 열차가 창원역을 거쳐 마산역에 도착되었을 때였다.

객차 편성 11량 중 4량이 완전히 해방(떨어짐)된 것을 확인하고(27열차의 여객은 마산역에서 상당수가 내려 버리므로 객차의 효과적인 운용상 그때에는 그렇게 했었다.) 차내 순회를 하며 특실에 들어갔더니 손에 카메라를 들고 있는 웬 남자가 특실의 통로 중앙에 서 있다가 나에게로 다가와 말하는 것이었다.

"여객전무님, 저기 플랫폼에서 국장님이 찾고 계십니다."

"국장님이오?"

"네, 부산 철도국장님이오."

"… !"

나는 즉시 무슨 일인가 싶어 플랫폼으로 내려가 보았다. 아닌 게 아니라 국장님인 듯한 한 분이 플랫폼의 한 곳에 2, 3명의 수행원을 대동하고 서 계셨다.

"안전!" (거수경례를 하며 부르는 구호.)

"확인!" (답례를 하며 부르는 구호)

국장님은 답례를 한 후, 나에게 물었다.

"오느라고 수고했어. 내려오면서 차내 청소를 몇 번이나 했는가?"

"여객들이 너무 많아서 청소를 제대로 할 수가 없었습니다. 눈에 띄는 쓰레기들만 좀 쓸었을 뿐입니다."

"승강구의 눈은?"

"저와 차장이 빗자루로 여러 번 쓸고, 홍익회 판매원들도 자주 치웠습니다만 폭설이 계속되고 있는 바람에… "

"치우긴 치웠는데 많은 여객과 계속 내리고 있는 눈 때문에 별로 효과가 나지 않았다는 얘기이군."

"… "

"여객이 열차에서 내리거나 열차에 올라타다가 미끄러져 사고가 나면 안

되지… 여하튼 나를 따라와 보게."

국장님은 앞장을 서서 객차 내로 올라갔다. 그리고 여객이 거의 다 내려버려 그 정체를 지저분하게 드러낸 의자 밑의 도시락 포장, 신문지, 음료수병, 계란 껍질 등을 손가락으로 가리키며 얼굴을 찡그렸다.

"이 열차가 진주역까지 가는 동안에 청소를 열심히 해야겠어, 아주 열심히…"

"녜."

국장님은 승강구에 쌓여있는 눈도 지적하며 동행한 철도국 직원에게 사진을 찍게 했다.

"잘칵… 잘칵…"

"어때, 여객전무, 여객이 기분 좋게, 쾌적하게, 안전하게 여행할 수 있도록 차내와 승강구를 깨끗하게 청소할 자신이 있나?"

"녜, 있습니다!"

"음… 잘해 보게."

이윽고 국장님과 그 수행원은 눈송이가 흩날리고 있는 플랫폼에 내려서고, 27열차는 기적을 길게 울리며 마산역을 천천히 떠나갔다.

열차 내가 몹시 지저분했고, 부산철도국장님의 지시도 있었기 때문에 나는 열차가 마산역을 떠나자마자 홍익회 판매원과 합세하여 차내 청소와 승강구의 눈 치우기에 전력을 다했다.

각 객차 내의 곳곳을 비로 쓸고, 걸레로 훔치고, 화장실을 청소하고, 함박눈이 계속 내리고 있었기 때문에 승강구의 눈을 쓸고 또 쓸고…

땀을 흘리며 부지런히 일하는 동안 1시간 40분이 금방 지나갔다.

어느덧 오후 8시 00분, 27열차는 서울역을 떠난 지 8시간 만에 종착역인 진주역에 무사히 도착하였다.

진주역에서 27열차는 승무원 교대를 하며 10분간 정차한 뒤, 열차번호가 64열차로 바뀌어 다시 서울을 향해 떠나게 되어 있으므로 나의 임무는 그곳에서 완전히 끝난 셈이었다. 그래서 승무가 끝난 기쁨에 웃는 얼굴을 하며 특실의 승강구에서 눈이 펄펄 내리고 있는 진주역 플랫폼에 내려섰는데 그때 불쑥 내 앞을 가로막듯 나타난 사람들이 있었다.

"… !"

그 사람들은 뜻밖에도 마산역에서 나와 1시간 40분 전에 헤어졌던 부산철도국장님 일행이었다.

(마산역에서 27열차가 스르르 떠날 때 내가 플랫폼에 서 있는 국장님에게 틀림없이 경례를 부쳤고, 국장님도 승강구에 서 있는 나에게 틀림없이 손을 흔들어주셨는데…)

국장님은 27열차가 마산역을 떠난 후, 자신의 승용차 편으로 위험한 눈길을 27열차보다 더 빨리 달려 진주역에 도착해있었던 것이었다.

"내가 여기까지 일부러 따라온 이유를 짐작하겠나?"

얼떨떨한 기분으로 서 있는 나를 위엄 있게 바라보며 말씀하시는 국장님.

"네, 알 것 같습니다."

"여객전무가 차내 청소를 얼마만큼 해놓았나 확인하러 온 것일세."

"… "

"그럼, 지금부터 나와 함께 열차에 올라가서 모든 청소 상태를 하나하나 같이 점검해 보기로 하세."

"… !"

나는 국장님과 함께 열차 내의 이곳저곳의 청소 상태를 확인하며 안도의 한숨을 내어 쉬었다.

청소 상태가 좋지 않다고 지적을 받을만한 데가 없었기 때문이었다.

(오면서 차내 청소를 철저하게 시행한 것이 천만다행이었군.)

제38화

장군(將軍)의 격려(激勵)

1972년 2월 어느 날,

광주역에서 오전 10시 30분에 떠나는 서울행 특급 제46열차.

(일요일이기 때문일까?)

여객이 너무 많았다. 전도의 송정리, 장성, 정읍역 등에서 탈 여객의 자리에 시발역(始發驛)에서부터 입석 승차권을 가지고 있는 여객이 마구 앉아 있는 바람에 빈자리가 거의 보이지 않는 열차.

송정리역에서도 400여 명의 여객이 열차에 올라왔다.

자기의 자리를 찾느라고 두리번거리는 여객.

자기의 자리를 찾은 후, 보따리를 선반 위에 올려놓는 여객,

다른 객차로 옮겨가느라고 좌충우돌하는 여객.

"여긴 제 자리인데요."

앉아 있는 여객의 눈치를 보며 자기의 좌석 지정권을 보여주는 여객.

자기의 자리에 앉아 있는 입석 승차권 소지 여객이 일어나주지 않아 난색을 표명하며 서 있는 여객.

와글와글, 법석법석…

여기에서도 승무원을 부르고, 저기에서도 승무원을 부르고…

(이거, 특급열차가 아니라 완행열차인 것 같군.)

그런 상황 속에서 여러 객차를 돌아다니며 잠시 여객을 정리하던 나는 열차가 송정리역을 떠난 후, 차내 방송실에서 열차의 시발 안내방송을 실시했

다. 그리고 검찰을 시작하기 전에 일단 차내를 순회하며 여객들의 급한 애로사항부터 해결해주었다.

"아, 이 건 좌석이 중복된 것이 아니고… 이 수기로 된 글자를 자세히 보십시오. '2' 자가 아니라 '3' 자인 것 같은데 3호차로 가 봅시다."

"이 자리의 좌석권을 갖고 있는 여객이 마음이 약해서 말을 못하고 저기에 서 있는데… 손님은 입석 승차권을 가지고 있기 때문에 부득이 서서 가셔야 됩니다. 자리를 양보하여 주십시오."

"저기에 서 있는, 몸이 몹시 불편해 보이는 노인 두 분, 이리까지 간다고 하시는데… 당신은 나이가 젊어서 이리까지는 서서 가도 견뎌낼 수 있지 않습니까? 오늘. 좋은 일 좀 해보십시오."

"좌석이 없는, 입석 승차권을 가지고 있는 여객도 좀 앉아서 쉴 수 있도록 교대 교대로 앉아 가는 것이 좋지 않을까요?"

그러다가 열차가 정읍역을 떠난 후엔 차장과 함께 1호차에서부터 차근차근 검찰을 시작했는데 12시 10분쯤, 열차가 이리역에 도착되었을 때였다.

6호차에서의 검찰을 중단하고 플랫폼에 내려서니 특실의 승강구에서 내린 특실 및 도중 안내방송 담당 안내원 미스 윤이 할 말이 있는 듯 나에게로 다가왔다.

"전무님, 특실의 49호석에 앉아 있는 분이 5관구 사령관 전부일 씨라고 하는데요."

5관구 사령관이라면 별이 두 개인데… 그런 분이 특실에 타고 있었나?"

"네, 광주에서 탔어요."

"그래서?"

"그분의 수행원 한 사람이 저에게 와서 하는 말이, 장군님이 지금 식당차로 가서 점심식사를 하시려고 하는데 '여객 전무님과 같이 식사를 하고 싶다'고 하셨대요."

"그래… ?"

서로 인사를 나누지 않아서 얼굴도 모르고, 내가 무엇, 하나 친절하게 도와준 일도 없는 분한테서 그런 제의가 들어왔다니 고맙기가 그지없었다. 그러나 검찰도 반밖에 안 끝났고, 열차가 서고 떠날 때마다 여객들의 좌석 시비가 계속 일어나고 있는데 한가롭게 식당차에 앉아서 점심이나 얻어먹고 있을 수는 없지 않은가?

나는 몹시 아쉬운 표정을 지으며 안내원 미스 윤에게 말했다.

"그 말씀, 대단히 고맙기는 하지만 일이 바빠서 같이 점심 식사를 하지 못하겠다고 그래… "

"… "

"우리의 점심 식사는 검찰이 완전히 끝나고, 여객 정리도 다 끝난 다음에 우리끼리만 식당차에 가서 하기로 하지."

"… "

그로부터 1시간 30분쯤 후인 오후 1시 40분쯤, 열차가 조치원역을 떠나서야 검찰도 겨우 끝나고, 여객의 좌석 시비도 발생되지 않았다.

"이젠 점심을 먹어야 하겠군."

차장과 함께 식당차에 들어가 앉아있었더니 홍익회 판매원으로부터 연락받은 특실 담당 안내원 미스 윤도 식사를 하러 식당차에 왔다.

"장군의 수행원한테 '우리 전무님이 바빠서 같이 점심 식사를 못 하겠다'고 전했더니 그럼 나중에 식사를 하시라고 하면서 한참 후에 이걸 가져왔어요."

안내원이 내미는 봉투를 열어보니 그 속에 돈 3,000원이 들어있었다.

"여객 정리에 애를 먹고 있는 우리를 위로하느라고 장군이 점심값을 보내왔군."

제39화

일석다조(一石多鳥)의 문병(問病)

1972년 3월 어느 날.

목포발 서울행 특급 제42열차, 오후 4시 20분쯤.

열차가 서울역에 도착하여 같이 승무한 안내원들과 함께 열차사무소에 들어갔더니 교번원 박 00 주임이 책상 위의 메모지를 들여다보며 나에게 말했다.

"최 여객 전무님, 소장님 용건이오."

"소장님 용건? 소장님이 나에게 무슨 용건이 있으실까?"

나는 머리를 갸우뚱하며 생각해보다가 교번원 박 00 주임에게 물었다.

"소장님이 나를 무슨 이유로 부르시는지 알고 계십니까?"

"모릅니다. 그저 최 여객전무님이 42열차로 도착하거든 소장실로 좀 들여보내라고 소장님이 조금 전에 말씀하셨습니다."

"녜에… "

잠시 후, 열차조역에게 승무 종료 인사를 마친 나는 홀로 조심스럽게 소장실로 들어갔다.

"소장님, 부르셨습니까?"

소장님(이옥헌 씨)은 혼자 책상 앞에 앉아서 무슨 서류를 읽고 있다가 나를 보자 반가운 얼굴빛을 띠웠다.

"음… 우리 열차사무소의 김 00 차장이 화물열차의 화차를 점검하다가 몸을 다쳐 지금 용산의 철도병원에서 입원하고 있네. 문병을 가야 할 텐데 지금 시각에 도착되는 여객전무를 알아보니 42열차의 최선권 여객전무와 16열차의 이 00 여객전무 두 사람밖에 없더군. 이 00 여객전무는 지금 밖의 어디에서 대기하고 있을 테니까 우리, 같이 철도 병원으로 가보세."

"녜, 그렇게 하겠습니다."

김 00차장이 누구인지 모르지만 소장님이 같이 문병을 가자고 하시니 무턱대고 따라가는 수밖에 별도리가 없었다.

나는 이 00 여객전무를 찾아보라는 소장님의 지시에 따라 소장실을 나가, 서무실에서 무슨 볼일을 보고 있는 이 00 여객전무를 발견하고 소장실로 도로 들어갔다.

"소장님, 이 00 여객전무가 서무실에서 대기하고 있습니다. 병원으로 가시죠."

"음, 가세."

잠시 후, 나와 이 00 여객전무는 소장님을 모시고 열차사무소를 나갔다.

오후의 햇볕이 따뜻하게 내리쪼이는 서울역 광장, 그 광장을 얼마쯤 걸어, 우리 도로가로 가서 택시를 잡았다.

"용산의 철도병원으로 갑시다."

달리는 택시 안.

소속장과 부하 직원, 서기관과 주사보의 관계이기 때문에 평소 먼 거리의 상사라고 느껴지고 있던 소장님과 나란히 앉아서 가니 약간 긴장되긴 했으나 기분이 흐뭇해졌다.

앞자리, 운전사 옆의 이 00 여객전무도 나와 같은 기분을 느끼고 있는지 말은 없으나 흡족한 얼굴이었다.

택시가 약 1분쯤 달린 후, 소장님이 먼저 말을 꺼냈다.

"최선권 여객전무와 이 00 여객전무는 김 00 차장을 알고 있나?"

"모릅니다."

"저도 모릅니다."

"그럴 터이지… 김 00 차장은 나이 50세로, 자기의 성격에 맞지 않는다며 여객열차를 타지 않고, 화물열차만 골라 타는 차장이야.”

“… ”

“그저께 용산역에서 1003열차의 조성 중 어느 유조차 위에, 화차 상태를 점검하기 위하여 올라가 서 있다가 조차원의 입환 작업 관계로 유조차가 갑자기 쾅! 하며 움직이는 바람에 밑으로 굴러떨어져 다쳤다네.”

“병원에서 입원할 정도로 다쳤으면 많이 다쳤겠는데요?”

“음… 1년 365일 중 병가 하루 낸 일이 없는 착실한 차장인데… ”

택시가 철도병원 앞에서 멎은 후, 나와 이 00 여객전무는 의논하여 근처의 상점에서 김 00 차장에게 전해줄 한 아름의 위문품을 샀다.

그리고 철도병원의 어느 입원실 안.

침대에 외롭게 누워있던 김 00 차장이 우리가 두리번거리며 들어가자 놀라는 기색을 하며 상반신을 일으켜 앉았다.

소장님의 말씀,

“아, 그냥 누워있어, 몸도 불편할 텐데… ”

“… ”

김 00차장은 왼쪽 다리를 다쳤는지 왼쪽 다리가 석고와 붕대로 보기에 흉하게 고정되어 있었다.

“최선권 여객전무와 이 00 여객전무야.”

소장님이 나와 이00 여객전무를 소개하자 김 00 차장이 웃는 표정을 해보였다.

“두 분 다, 제가 얼굴을 알고 있습니다. 와 주셔서 고맙습니다.”

“미안해할 것 없어, 같은 소속이니까 당연히 와 봐야 되는 것이지.”

“… ”

“그런데 어떻게 다쳤기에 이렇게 다리에 석고까지 하게 되었나?”

“네, 유조차에서 밑으로 굴러떨어질 때 왼쪽 무릎이 먼저 자갈밭에 닿았는데… 왼쪽 무릎 부분이 심하게 아프며 금방 퉁퉁 부어올라 열차 승무를 포기하고 병원에 가보았더니 무릎 부분을 엑스레이로 찍어보더군요.”

"… "

"곧 결과가 나왔는데 사진을 보니 무릎뼈에 가느다란 금이 나 있었습니다."

"음, 그래서 왼쪽 다리가 움직이지 못하게 이렇게 석고까지 했군."

"녜, 의사의 말에 의하면 한 두어 달 동안 이런 상태로 계속 있어야 된다고 합니다."

"그렇겠지. 뼈가 저절로 이어질 때까지 왼쪽 다리가 움직이면 안 되겠지."

"… "

30분쯤 후, 김 00 차장에의 문병을 마치고 철도병원을 나온 우리의 얼굴 기색은 무척 밝아 있었다.

소장님은 부하에 대한 소속장의 도리를 다해 기분이 좋아지셨을 것이었고, 나와 이 00 여객전무는 오랜만에 소장님과 격의 없는 대화를 나누게 되었고, 모르고 있던 김 00 차장과도 인간적인 유대를 갖게 되었고, 김 00 차장도 소속 직원의 따뜻한 동료애를 느꼈을 것이었고…

(문병의 효과가 여러모로 좋았군.)

제40회

고질(痼疾)의 화투벽(花鬪癖)

1972년 3월 어느 날.

용산역에서 오후 7시 40분에 떠나는 광주행 보통 제185열차.

그 열차를 타기 위해 오후 6시40분쯤, 열차사무소에 출무하여 출무표에 사인을 하면서 보니 나와 같이 승무할 차장의 이름이 이 00이었다.

화투 놀이를 좋아하여 가끔 큰돈을 잃었거나 땄다는 소문이 나돌고 있는 이 00 차장.

그래서 공사(公私)를 막론하고 성실치 못하다는 인상을 주고 있는 이 00 차장.

(이거, 오늘은 화투 꾼과 같이 열차를 타게 되었군.)

그로부터 두 시간쯤 후인 밤 9시 35분경, 185열차가 수원~병점 간을 달리고 있을 때였다.

일반용 객차 8량, 군 전용객차(軍 專用客車) 2량, 수화물차(手貨物車) 2량 등 편성 12량의 열차에서 일반용 객차 8량의 검찰을 마친 후, 차장과 헤어져서 홀로 군용객차(軍用客車)에 들어가 보았더니 왼팔에 〈수송관〉이란 완장을 차고 있는 육군 중사 한 사람이 자리에서 일어나며 나를 반겨주는 것이었다.

"어서 오십시오, 여객전무님."

"아, 이 열차의 군용객차(軍用客車) 수송관(輸送官)이시군요."

그런데 나와 악수하는 그의 오른쪽 손의 인지(집게손가락)가 무척 짧아

보였다. 반 정도가 잘리어져 나간 흔적.

(… ?)

잠시 후, 자리에 앉은 나는 그와 이렁저렁 얘기를 나누다가 그의 짧은 손가락에 대해 살짝 물어보았다.

"어쩌다가… 두째 손가락을 다치셨군요?"

"녜… 다친 것이 아니라 제 손으로 잘라 버렸죠."

"… !"

그의 얘기는 이러했다.

어느 시골 농가의 외아들로 태어난 그는 20세를 전후하여 화투 놀이에 아주 미쳐버렸다.

초상집이든, 환갑잔치 집이든, 생일잔치 집이든, 어디든지 간에 그가 가는 곳에서 화투판이 벌어지면 그는 빠짐없이 화투판에 끼어들었고, 때로는 먼 곳까지 일부러 원정 가며 화투 놀이를 즐겼다.

그 결과 그는 부모님의 속을 어지간히도 썩이면서 집의 돈을 엄청나게 축냈는데 화투치는 습성은 장가를 가서도 마찬가지였다.

아내가 독수공방의 신세가 되든 말든. 집의 생활비가 있건 없건, 그는 여전히 화투 놀이가 좋아서, 또 일확천금의 꿈을 안고 화투판을 좇아다녔다.

그러던 어느 날, 그는 정말 마음에 맞는 큰 화투판을 만나게 되었다. 화투 다섯 장을 잡기에 따라 한 판에 몇만 원이 왔다 갔다 하는 짓고땡 놀음.

(이런 기회를 놓치면 안 되는데…)

얼마 안 있다가 주머니의 돈을 다 잃은 그는 곧장 집으로 달려갔다.

아내에게 전날 맡겨놓은 추곡판매대금을 내어놓으라고 하였더니 아내가 결사적으로 반대하였다.

"그걸 미끼로 큰돈을 따오면 되잖아!"

그는 아내에게 심한 주먹질, 발길질을 하여 아내를 공포에 떨게 한 뒤, 아내가 장롱 속에 감추어놓은 추곡판매대금을 꺼내 갖고, 화투판이 벌어지고 있는 장소로 달려갔다.

다음 날 새벽,

화투판에서 추곡판매대금을 몽땅 잃은 그가 울분을 간신히 참으며 집으로 돌아와 보니 집안이 텅텅 비어있었다.

그의 아내가 음독하는 바람에 그의 늙은 부모가 아내를 업고 병원으로 달려갔다는 이웃집 사람들의 말.

"아~아, 원수 같은 화투!"

그는 화투장을 만지는 자신의 손이 너무 저주스러워 마당의 한구석에 놓여있는 작두로 그의 손가락 중 오른쪽 손의 인지를 반 정도로 단숨에 잘라버렸다.

"내, 다시는 화투장을 만지지 않으리라!"

"아하, 그래서 손가락 한 개가 그렇게 되었군요."

"녜, 그리고 나서 군에 입대했죠."

"그 손가락으로 총의 방아쇠를 못 잡아당길 텐데요?"

"나는 왼손잡이입니다. 카빈(carbine)총이든, 엠 원(m one)총이든, 에이알(a r)자동소총이든, 엘엠지(lmg) 기관총이든, 오른 손가락으로도 총을 쏠 수 있지만 주로 왼 손가락으로 방아쇠를 잡아당깁니다."

"녜에… "

10분쯤 후,

군 수송관과 헤어져 일반용 객차로 돌아간 나는 어느 객차의 차창 가에 앉아서 무슨 생각에 잠기고 있다가, 마침 나를 찾아온 차장이 나의 앞 빈자리에 앉고 있기에 그에게 말했다.

"이 차장, 꼭 만나봐야 할 사람이 한 사람 있습니다."

"어떤 사람인데요?"

"군용객차의 수송관인데… 그가 과거, 화투 때문에 많은 돈을 잃고, 아내도 음독하고 하여 다시는 화투장을 만지지 않겠다는 결심을 하고 손가락도 한 개를 잘라 버렸었다고 합니다."

"… !"

"나한테서 그런 얘기를 들었다는 소리는 하지 말고…군용객차로 가서 그의 잘리어진 손가락만 살짝 구경하고 오십시오."

"…"

차장이 흥미를 느꼈는지 곧장 자리에서 일어나 군용객차로 갔다.

(이 차장도 이젠 화투치기를 안 하겠군.)

그런데 30분쯤 후였다.

군용객차로 갔던 차장이 되돌아와서 나는 그에게 어떤 기대를 걸며 물어보았다.

"군 수송관을 만나 보았습니까?"

"녜."

"그래, 어떻습니까? 느낀 점이…"

"그의 화투 실력이 대단하다는 걸 느꼈습니다."

"…?"

"그가 화투를 얼마나 잘 치나 하고 화투를 잠깐만 쳐보자고 꾀어봤는데…"

"…"

"처음엔 사양하는척하더니 나중엔 기분 좋게 응해주더군요."

"…!"

"한 20분 동안 쳐봤는데 제가 비상금 7천 원을 몽땅 잃었습니다."

"아니, 이 차장이 그와 돈내기 화투를 쳤단 말입니까?"

"녜에… 기왕 치는 거, 조금씩 돈을 걸고 치기로 둘이서 합의했었죠."

나는 어이가 없어서 차장의 얼굴을 멍하니 쳐다보았다.

(화투를 치지 않겠다고 손가락 한 개를 잘라버린 그가 아직도 화투 치는 습성을 버리지 못하고 있구나.)

제41화

천태만상(千態萬象)의 여객(旅客)

1972년 4월 어느 날.

보통 객차(4종) 10량, 특실 객차(3종) 1량, 계11량에 승차 여객 약 1,000명의 서울발 목포행 특급 제43열차.

오후 4시 20분쯤, 열차가 조치원~내판 간을 달리고 있을 때였다.

검찰이 막 끝나 어느 객차의 빈 좌석에 앉아서 잠깐 쉬고 있는 나를 22, 3세 정도의 한 젊은 여자가 당황하는 기색으로 찾아왔다.

"저, 아저씨, 이걸 어떡하면 좋아요?"

"녜, 무슨 일이 일어났습니까?"

"제 언니가 오래전부터 천식(喘息)을 앓아왔는데 지금 또 갑작스럽게 기침을 하기 시작했어요."

"기침하는 정도가 심합니까?"

"녜, 아주 심해요."

"… ?"

"아저씨, 좀 봐주세요, 녜?"

"… "

나는 자리에서 일어나 그 젊은 여자를 따라갔다.

6호차 51, 52호 석.

나란히 맞붙어있는 그 두 개의 좌석에 젊은 여자의 언니라는, 몸이 가냘프고 얼굴이 창백한 25세 내외의 또 한 젊은 여자가 가로누워 밭은기침을 하고 있는 것이었다.

"에헤…헤…헤…헤…헤… "

그런데 그 기침이 정말 어떻게 말로 표현할 수 없을 정도로 심했다.

"헤…헤…헤…헤…헤… "

멈출 줄을 모르고 연속적으로 일어나는 기침.

몸이 너무 약해 기침을 견뎌내지 못하는 괴로운 몸짓.

"아니, 이런 환자를 데리고 여행을 하면 어떻게 합니까?"

"고향으로 가야 하기 때문에 할 수 없이 탔어요."

"고향이 어디입니까?"

"김제에서 내리면 돼요."

"김제는커녕 앞으로 30분도 더 못 견뎌낼 것 같은데… "

천식 환자는 호흡이 곤란하여 거의 죽을 지경에 처해 있었다.

"헤…헤…헤…헤…헤… "

곧 숨이 끊어질 것 같은 천식 환자.

"아저씨, 우리 언니 좀 살려주세요. 네?"

"글쎄… 어떻게 살려냅니까?"

"주사를 맞으면 돼요. 우리 언니가 매일 맞는 주사약을 사갖고 가거든요? 그 주사만 맞으면 기침이 멎어지는데… "

"주사기와 주사를 놓을 수 있는 사람만 있으면 된다는 얘기이죠?"

"네."

나는 곧장 혹시나 하며 차내 방송실로 달려갔다. 그리고 마이크를 잡은 후, 기침을 심하게 하고 있는 천식 환자의 위급함을 여객에게 알렸다.

"여객 여러분, 오랫동안 기관지성 천식을 앓아오던 6호차 51호 석의 한 여자 여객이 지금 급작스런 발작으로 심한 호흡곤란 증세를 일으키고 있습니다. 동행의 가족이 호흡곤란 증세를 멈추게 할 수 있는 좋은 주사약을 갖고 있다고 하는데 여객 여러분들 중에서 혹시 주사기를 갖고 계시는 분이나 주사를 놓을 줄 아는 분이 계시면 저희 승무원들에게 연락해주시든지, 6호차

51호 석으로 직접 가주시면 대단히 고맙겠습니다."

방송을 끝내고 차내를 순회해보니 9호차 14호 석의 한 나이가 지긋한 남자 여객이 나의 발걸음을 멈추게 했다.

"제가 의사인데… 천식 증세를 일으키고 있는 환자가 어디에 있다고 그랬죠?"

"6호차 51호 석에 있습니다."

"저하고 그리로 가 봅시다."

"고맙습니다."

그는 자리에서 일어나 선반 위의 자기의 왕진용 가방을 끌어 내렸다.

"마침 지방으로 어떤 환자를 치료하러 가던 중이었는데… "

잠시 후, 내가 의사를 데리고 6호차 51호 석으로 가니 천식 환자를 둘러싸고 있던, 안쓰러운 표정의 여객이 구세주를 만난 듯 반가워했다.

의사는 천식 환자를 이리저리 관찰하고, 천식 환자의 동생으로부터 천식 환자의 병 증세를 자세히 알아본 후, 천식 환자의 동생이 내어놓은 주사약엔 관심을 두지 않고 자기의 왕진용 가방을 열었다.

갖가지의 약품, 의료 기구.

의사는 그중에서 어떤 주사약과 주사기를 골라 주사약을 주사기에 주입시켰다. 그리고 천식 환자의 엉덩이에 주사를 놓았다.

"조금 있으면 진정될 것입니다."

아닌 게 아니라 5분쯤 후, 천식 환자의 기침 증세는 신통하게 좋아지기 시작했다.

기침의 횟수가 점점 줄어들더니 이윽고 눈을 감은 채 괴로운 표정이 없어지는 천식환자.

"어딘지는 몰라도 목적지에 도착하시거든 우선 병원부터 찾아가십시오."

천식 환자가 진정된 것을 보고, 또 의사가 자기의 자리로 돌아간 후, 나는 마음속으로 크게 감탄했다.

(천식 증세로 죽을 지경에 이르는 여객이 없나, 죽을 지경에 이르는 여객

을 살려내는 의사가 없나… 수백 명 여객 중에는 별의별 희한한 여객이 다 섞여 있군.)

제42화

용기(勇氣) 있는 자수(自首)

1972년 5월 어느 날, 새벽 5시쯤.

서울발 여수행 보통급행 제117열차가 종착역인 여수역에 도착한 후, 나와 차장 및 침대열차원은 여수역 사무실에서 약 10분간 지체하며 차내취급 여객일보(車內取扱旅客日報)와 차내수입금(車內收入金)을 여수역 여객조역(旅客助役)에게 인계하였다.

그리고 약 3분 동안 걸어서 여수 승무원 숙사에 도착, 세면과 식사를 하느라고 약 1시간을 소비한 후, 철야로 피곤해진 몸을 쉬게 하기 위하여 어느 방에서 이부자리를 폈다.

그런데 우리 세 사람 모두가 나란히 이부자리에 드러누워 얼마쯤 이런저런 얘기를 나누다가 막 잠이 들려고 할 때였다.

"117열차 침대 열차원 전화요!"

숙사 관리인이 방 앞에 와서 크게 외치는 바람에 우리 셋은 모두 감았던 눈을 떴다.

"침대 열차원한테 온 전화입니까?"

내가 나한테 관련이 있는지 궁금하여 숙사 관리인에게 물어보았다.

"네, 여수역에서 침대 열차원에게 전화가 걸려와 있습니다."

"무슨 전화인데… "

침대 열차원이 자리에서 일어나지 않고 누운 채로 투덜대었다.

"거, 뭐… 어느 여객이 침대차에 팔목시계를 두고 내렸답니다."

"시계…?, 시계 같은 건 침대차에서 못 봤는데…"

"아, 그러지 말고, 가서 직접 전화를 받아보십시오."

"전화 받으나 마나 그렇지, 침대 열차원이 시계 같은 건 못 봤다고 그래 주세요."

침대 열차원의 고집에 숙사 관리인은 할 수 없이 물러갔다.

잠시 후, 숙사 관리인이 또 왔다.

"여객이 틀림없이 침대차에 팔목시계를 두고 내렸기 때문에 침대 열차원이 그 시계를 못 봤다는 건 말이 안 된대요."

"말이 안 되긴… 못 본 걸 못 봤다고 그러지, 봤다고 그럽니까?"

"시계를 찾지 못하면 그 여객이 경찰에 고발하겠다고 그럽니다."

"뭐, 고발?"

침대 열차원이 화가 났는지 자리에서 벌떡 일어나 바지를 급하게 꿰어 입고 전화를 받기 위하여 방을 나갔다.

3분쯤 후, 침대 열차원이 여수역과의 통화를 끝내고 방으로 들어왔는데 얼굴색이 약간 상기되어 있었다.

"여수역에서 뭐라고 합디까?"

"사실은…"

침대 열차원이 심각한 표정을 지으며 말했다.

"117열차가 여수역에 도착 되어 침대차의 여객이 다 나가버린 다음에 여객이 깔고 누워있던 각 침대의 담요를 들춰보았더니 어느 침대의 담요 밑에 팔목시계가 한 개, 놓여져 있었습니다."

"… !"

"시가로 9만 원쯤 되는 최고급 로렉스 시계라 한참 들여다보다가 주머니에 집어넣고 침대차를 나갔는데… 여수역에 가서 차내 수입금을 인계할 때에도, 여수역에서 승무원 숙사로 걸어갈 때에도, 승무원 숙사에서 세면과 식사를 할 때에도 줄곧 시계 생각을 해봤습니다만, 시계가 탐이 나서 차마 유실물 습득 신고를 하지 못했었습니다."

"… "

"그러나 침대차에 팔목시계를 두고 내린 여객이 기억과 추리로 시계를 찾고 있는 마당에 끝까지 시계를 못 봤다고 우겨댈 수는 없는 것이 아닙니까?"

"… "

"아까, 내가 시계를 못 봤다고 대답한 것은 시계를 찾고 있는 사람이 정확한 주인인가, 아닌가를 알아보기 위하여 짐짓 거짓말을 해본 것이었고… 지금 곧 여수역에 시계를 갖다 놓겠다고 약속했습니다."

"… "

침대 열차원이 시계를 갖고 방을 나가 버린 후, 나와 차장은 씁쓰레한 표정을 지으며 의견을 주고받았다.

"열차 내의 유실물은 승무원이 종착역에 즉시 인계하게 되어있는데… 추궁을 받은 후에 시계를 내어놓아 침대 열차원이 시계 주인이나 여수역으로부터 〈솔직하지 못한 사람〉이라고 민원이나 항의 같은 것을 받게 되지 않을까요?"

"침대 열차원이 시계를 내어놓은 시기가 좀 늦었긴 하지만 결과적으로 침대차의 여객이 잃어버렸던 시계를 도로 찾게 되었으므로 더 이상의 물의는 일어나지 않겠다고 생각되네."

"… !!"

제43화

여수_(旅愁)의 객기_(客氣)

①

1971년 6월 어느 날. 서울발 부산행 특급 제33열차, 새벽 2시쯤.

각 객차 내를 순회하다가 잠깐 틈을 내어 침대차의 대기실로 가서 혼자 앉아 있으려니 35세 내외로 보이는 침대차의 한 남자 여객이 나를 찾아왔다.

"저어… "

그는 나를 믿는다는 표정으로 은근하게 말해왔다.

"혹시 이 차에 여자가 있습니까?"

"여자라뇨?"

"돈을 충분하게 드릴 테니 동침할 수 있는 여자 한 사람 구해 주십시오."

"글쎄요… 여기는 열차 안이니까 그런 여자 없지요."

"… "

내가 머리를 가로로 저니까 침대차의 출입문을 통해, 붐비고 있는 보통 객차 내를 하염없이 바라보고 있는 그.

그의 얼굴엔 견디기 어려운 괴로움이 잔뜩 어려 있었다.

(밤 열차의 침대차에 홀로 누워있으면 이 생각, 저 생각이 날 것이고, 때로는 이성(異性)도 그리워지겠지.)

②

1971년 6월 어느 날, 서울발 목포행 보통급행 제113열차, 새벽 3시쯤.

침대차의 승무원 대기실에 앉아서 한순간 졸고 있던 나는 "프드득, 프드득" 하며 초인벨 진동판의 한 군데가 가볍게 떨리는 소리를 듣고 눈을 번쩍 떴다.

초인 벨 진동판의 〈8호 하단〉이란 글자에 불이 켜져 있는 것이 8호 하단의 여객이 자기 침대의 초인 벨을 눌러 승무원을 부르고 있는 것이었다.

(무슨 일일까?)

나는 눈을 부비며 8호 하단을 찾아갔다. 8호 하단은 안이 조금도 안 보이게 포장을 꼼꼼이 드리우고 있는 다른 침대들과는 다르게 포장이 1/3 쯤 걷혀 있었다. 그런데… 무심하게 8호 하단의 안을 들여다보던 나는 적이 놀랐다.

브래지어와 삼각팬티로만 풍만한 몸을 간신히 가리고, 비스듬히 누워 캄캄한 차창 밖을 내다보고 있는 젊은 여자.

나는 무안하여 고개를 돌린 후, 옆의 침대 여객에게 들리지 않도록 아주 낮은 목소리로(사실, 침대차는 바퀴의 굴러가는 소음 때문에 웬만한 잡소리는 잘 들리지 않는다.) 그녀에게 물었다.

"부르셨습니까?"

그러자 차창 밖을 내다보고 있던 젊은 여자가 내 쪽으로 돌아누우며 태연하게 말해 왔다.

"아니요."

"초인 벨 진동판이 울렸는데요."

"글쎄요, 저는… 아, 제가 무의식중에 벽에 붙어있는 초인장치를 건드린 모양입니다. 미안해요."

"녜…"

내가 도로 침대차의 승무원 대기실로 가서 앉아있으려니 곧 8호 하단의 그 여자가 옷을 입고 나를 찾아왔다.

"아까는 실례했어요. 이거, 드세요."

여자는 내가 거북함을 느끼지 않게 애교 있는 웃음을 살짝 웃어 보이며 신문지에 싼 어떤 것을 나에게 내밀었다.

"… ?"

내가 얼떨결에 그것을 받아 펴보니 바나나 두 개, 초콜릿 등이 들어 있었다.

"맥주도 좀 가져올까요?"

"아, 아니요. 저는 술을 좋아하지 않습니다. 그리고 지금 근무 중이라서…"

여자는 내가 더 이상 아무 말을 않고, 무표정한 얼굴로 앉아있자 자존심이 상하는 듯 슬그머니 8호 하단으로 가버렸다.

(끼가 있는 여자로군.)

③

1971년 7월 어느 날, 서울발 부산행 특급 제19열차, 오후 4시쯤.

같이 승무하는 차장이 몸이 불편하다고 하여 혼자서 천천히 검찰을 해나가던 나는 어느 객차의 맨 뒤 좌석에 이르러 가슴이 철렁해지고 말았다.

두 개의 좌석을 독차지하고 있는 한 젊은 여인이 왼손으로 아기를 안은 채 아기의 입에 젖을 물리며, 오른손으로 나에게 승차권을 내밀고 있었는데 위의 내복을 너무 걷어 올려 양쪽 젖가슴과 배꼽이 완전하게 노출되어있을 뿐만 아니라 배꼽 아래의 팬티도 너무 내려놓아 거무스름하고 오목한 부분의 일부가 살짝 엿보이는 것이었다.

본의 아니게 남의 부끄럽고도 은밀한 부분을 보게 된 나는 약간 당황해하며 말없이 여인으로부터 승차권을 받아 검찰 가위로 찰칵 구멍을 낸 뒤, 승차권을 여인에게 돌려주며 눈치를 살폈다.

자기 신체의 부끄럽고도 은밀한 부분이 노출되어있는 것을 일부러 모르는 체하며 태연한 표정으로 나로부터 승차권을 도로 받고 있는 여인.

나는 여인에게 승차권을 돌려준 뒤, 뭐라고 말을 해주기도 거북하여 말없이 바로 그 자리를 피해 갔다.

(자기 몸의 부끄럽고, 은밀한 부분을 남자에게 살짝 보여줌으로써 스스로 그 어떤 성(性)적 쾌감을 느끼고 있는 여인이로군.)

④

1971년 7월 어느 날, 용산발 광주행 보통 제185열차, 새벽 3시쯤.

여객의 대부분이 의자에 기대어 자고 있거나, 졸고 있는 각 객차 내를 혼자서 순회하고 있는데 마침 내가 걸어가고 있는 어느 객차의 출입문 밖 화장실에서 여자의 다급한 비명이 들려왔다.

"아~악!"

"… ?"

나는 급히 화장실 앞으로 다가갔다.

이윽고 열리는 화장실 문.

한 여자가 얼굴이 하얗게 질린 채 바지를 끌어 올리며 화장실에서 튀어나왔다.

"무슨 일입니까?"

내가 물었더니 여자가 화장실 안의, 거꾸로 놓여있는 큰 대나무 통을 손으로 가리켰다.

"저 속에 사람이 들어가 있는 것 같아요."

"사람요?"

나는 대나무 통을 발로 건드려 보았다. 거꾸로 놓여있기 때문에 빈 통일 텐데 잘 움직여지지 않는 것이 그 속에 사람이 들어가 있긴 있는 모양이었다.

"누구냐! 나와!"

나의 고함에 대나무 통이 느리게, 크게 움직이더니 그 속에서 꾸물꾸물 사람이 나왔다. 머리를 박박 깎은 23세 내외의 청년.

"왜, 빈 대나무 통을 거꾸로 쓰고 이런 데에 들어와 있어?"

"저어… "

그는 교도소에서 형량이 만기가 되어 출소, 고향으로 내려가는 길이라고 했다.

조금 전에 용변을 보러 화장실에 들어갔더니 화장실 안이 너무 넓어(구식 객차의 화장실이라 재래식 변기 앞에 상당한 공간이 있었다.) 엉뚱한 생각을 갖게 되었다고 했다.

그 생각이란 객차와 객차 사이에 한 개씩 놓여있는 쓰레기 수거용 큰 대나무 통을 화장실 안에 한 개 엎어놓고, 그 속에 들어가서 앉아있으면 용변을 보러오는 여자의 은밀한 부분을 샅샅이 구경할 수 있겠다는 것이었다. 그래서 그는 그의 생각을 용감하게 실천해 보았는데 그만 맨 처음 화장실에 들어온 여자에게 낌새를 눈치채이고 말았다는 것이었다.

"교도소에서 나왔으면 착실하게 살아갈 궁리를 해야지, 여자를 밝히는 데에 신경을 쓰고 있으면 어떻게 해!"

"… "

⑤

1971년 8월 어느 날, 서울발 부산행 특급 제17열차, 오후 7시 30분쯤.

열차가 부산에 거의 도착할 즈음, 차장이 나에게 제의를 해왔다.

"부산에 도착되거든 저하고 어디 좀 같이 가시지요."

"… ?"

6호차에 타고 있는 아주머니들 셋이 한 턱 내겠다고 합니다."

"무슨 일로?"

"좌석을 정리하다가 그 여자들의 앞에 앉아서 잠깐 평범한 얘기를 나눴을 뿐인데 그 여자들이 저를 잘 봤는지 부산에 가서 자기들의 비용으로 같이 식사나 하자는 것이애요.”

“그 여자들이 자기들의 일이 바쁠 텐데 아무런 목적 없이 시간을 허비하며 잘 모르는 남자에게 돈을 쓸 리가 없고… ”

그러고 보니 28세, 미혼인 차장은 꽤 미남이었다.

178cm의 훤칠한 키, 짙은 눈썹, 큰 눈, 사나이다운 크고 두툼한 입술… 게다가 남의 비위를 잘 맞춰주는 사근사근한 말솜씨에 대학까지 나온 교양까지 갖추고 있으니 여자들이 혹할 수밖에…

“남녀 관계에 있어서 좋은 일이 있으면 그만큼 걱정거리도 반드시 따라오게 마련이야. 나중에 후회하게 될 일은 처음부터 아예 하지 말자구… ”

“… !”

⑥

1972년 3월 어느 날, 부산발 서울행 보통급행 제102열차,

열차가 대전역을 떠난 후, 차장과 함께 약 1시간 동안 객차마다 누비고 다니며 일제 검찰을 실시하고 나서 승무원 석이 마련되어있는 어느 객차에 들어가 보니, 옆 벽에〈승무원석〉이라고 분필로 씌어있고, 나와 차장의 가방이 놓여있는 승무원 석에 한 여인이 앉아 있었다.

30세 이내로 보이고, 양말이 없는 맨발로 슬리퍼를 신고 있는 보통 얼굴의 여인.

“여기는 승무원석인데… ”

다른 데에도 빈자리가 있는데 왜 하필 〈승무원 석〉이라고 표시해놓은 여기에 앉아 있느냐? 하는 뜻으로 내가 못마땅한 얼굴을 해 보이자 여인이 새침한 표정으로 나에게 반문했다.

“여기에 앉아있으면 안 되나요?”

“안 될 건 없습니다만… ”

나와 차장은 자리를 비워주지 않는 여인의 앞자리에 앉아서 차내수입금

을 마감하기 시작했다.

발행한 특종보충권과 회수한 원승차권을 대조하고, 현금을 세어보고, 차내취급 여객일보를 작성하고…

나와 차장이 아무 말 없이 마감일에만 열중하고 있자 옆에서 지켜보고 있던 여인이 자기에게도 신경을 좀 써달라는 듯 혼자 말로 중얼거렸다.

"아이, 참… "

"… "

"아이, 참… "

"… ?"

나와 차장은 계속 마감일에만 매달렸다.

"내가 왜 이럴까?"

"… ?"

잠시 후, 그녀는 또 독백했다.

"집으로 도로 갈까?"

"… ?"

나는 말 상대가 없어서 애를 태우고 있는 그녀에게 물었다.

"아주머니, 혼자서 무슨 말을 그렇게 자꾸 하고 계십니까?"

여인이 나의 말을 기다리고 있었다는 듯 즉시 대답해 왔다.

"답답해서요."

"답답하다니… 가정에 무슨 잘 안 되는 일이라도 있습니까?"

"뭐, 그런 것은 없지만… 집에서 설거지하고 있다가 괜히 짜증이 나서 밖으로 뛰쳐나갔어요. 슬리퍼를 신은 채로… ?"

"… ?"

"나가서 걷다 보니 기차 정거장까지 갔더군요. 그때 마침 열차가 도착되는 것이 보여 무작정 차표를 사 갖고 열차에 올라탔어요."

"흐음… 그래서 아주머니… 양말도 신지 않고 있군요."

"네, 맨발의 청춘이죠."

"맨발의 청춘? 허, 허… 아주머니, 어디에서 타셨습니까?"

"조치원역이요."

"집이 조치원에 있는 모양이죠?"

"네."

"어디까지 가실 예정이십니까?"

"차표를 서울까지 샀지만… 가다가 아무 데나 마음 내키는 곳이 있으면 내려야겠어요."

"허, 이런… "

"… "

여인에겐 주체할 수 없는 〈끼〉가 있었고, 여러 가지로 미루어보아 나와 차장 중 어느 한 사람이 자기를 연애 상대자로 서울까지 데려가 주었으면 하는 눈치였다.

"아주머니의 남편은 뭘 하시는 분입니까?"

"그런 건 알아서 뭘 해요. 남편은 남편이고, 나는 나이지… "

"… "

(이 여자가 자기의 가정을 파괴하려고 이러나?)

나는 차장이 작성한 차내취급 여객일보를 확인하다가 말고 정색을 하며 말했다.

"아주머니, 집에서 철없는 아이들이 기다리고 있을 것입니다. 일터에 나가 있는 남편도 곧 귀가할 것이고… "

"… "

"다음 역에서 내리세요. 그리고 날이 어둡기 전에 집으로 얼른 돌아가세요."

"… "

내가 그렇게 얘기하고, 나와 차장이 더 이상 다른 얘기를 않고, 마감일에만 열중하고 있자 여인은 실망한 표정으로 말없이 앉아있다가 얼마 후, 열차가 천안역에 도착하자 열차에서 내려 어디론가 가버렸다.

"그 여자, 곧바로 집으로 돌아갈까?

⑦

1971년 11월 어느 날, 용산발~광주행 보통 제185열차, 어두워진 오후 8시 30분쯤.

열차가 수원역을 떠난 후, 나는 차장과 함께 검찰을 시작했다.

"자, 승차권 좀 보여 주십시오."

나에게 승차권을 꺼내어 내미는 여객.

재빠르게 한 여객의 승차권을 받아 확인하며 짤깍, 검찰 가위로 구멍을 낸 후 돌려주고, 또 재빠르게 한 여객의 승차권을 받아 확인하며 짤깍, 검찰 가위로 구멍을 낸 후 돌려주고…

검찰이 어느 객차의 후미 쪽에서 진행되고 있을 때였다.

의자에 앉아 있는 22, 3세 정도의 한 처녀가 자기의 승차권을 보여줄 차례가 되자 손에 쥐고 있던 것을 불쑥 나에게 내밀었는데 승차권인 줄 알고 받아보았더니 그건 껌이었다.

"… ?"

내가 무슨 영문인가 싶어 처녀의 얼굴을 바라보니 통통하고, 예쁘고, 건강하게 생긴 처녀가 일부러 그랬다는 듯 빙그레 웃고 있었다.

"이게 차표입니까?"

나도 처녀의 장난기가 재미있어서 입가에 빙그레 미소를 띠며 물었다.

"그 껌, 씹으시고, 차표는 여기 있어요."

처녀가 계속 웃으며 이번엔 자기의 승차권을 내밀었다.

"고맙소, 그러나 사이다나 빵보다는 못하군."

"일, 다 끝난 다음에 오세요, 제가 사이다와 빵을 사드릴게요."

"그래요?"

나는 검찰을 계속하면서 그 자리를 떠났다.

249

1시간쯤 후,

검찰을 완전히 마친 내가 차장과 함께 승무원석으로 돌아가는 길에 그 처녀의 옆을 지나가려니 그 처녀가 비어 있는 자기의 앞자리를 가리키며 나와 차장에게 앉으라는 시늉을 해 보이는 것이었다.

"… ?"

나와 차장은 웃으며 그 처녀의 앞자리에 앉아보았다.

"이걸 드세요."

처녀가 어떤 봉투 속에서 사이다와 빵을 꺼내어 나와 차장 앞에 내어놓았다.

"아니… 농담인줄 알았더니 사이다와 빵을 미리 사놓으셨군요."

"제가 왜 농담을 하겠어요?"

나와 차장과 처녀, 이렇게 셋은 사이다와 빵을 마시고, 먹으며 여러 가지 얘기들을 나누었다.

처녀는 서울에 혼자 올라가 어떤 직장에서 일하고 있는데 아버님이 위독하다는 연락을 받고 부모님이 살고 있는 고향으로 내려가는 중이라고 했다. 내려야 할 역은 백양사역.

"아가씨의 아버님이 되게 위독하신 모양이군요?"

"네, 많이 위독하신 것 같아요. 서울에서 직장에 다니고 있는 저를 급히 내려오라고 하는 걸 보면… "

"아가씨의 아버님이 오래 사셔야 할 텐데… "

"걱정해주셔서 고맙습니다."

사이다와 빵을 다 먹고 난 후, 나와 차장이 "잘 먹었습니다" 하며 자리에서 일어나자 처녀가 섭섭한 듯 나에게 물어왔다.

"오늘 이 차로 내려가시면 언제 서울로 올라가시게 되나요?"

"내일, 광주역에서 오후 5시 20분에 떠나는 용산행 완행 제186열차를 타고 서울로 다시 올라가게 됩니다."

"네에… "

"… ?"

그런데 그다음 날, 아직 어두워지지 않은 오후 7시 10분쯤이었다.

광주발 용산행 보통 제186열차가 백양사역에 도착되었을 때 플랫폼에 내려서니 186열차를 타려고 플랫폼에서 대기하고 있던 몇몇 여객 중 한 젊은 여성이 나에게로 달려오는 것이었다.

"… !"

그 젊은 여성은 전날, 용산발~광주행 보통 제185열차에서 나와 차장이 검찰할 때 나에게 승차권 대신 껌을 먼저 내밀고, 검찰이 끝난 후엔 나와 차장에게 사이다와 빵을 사준 처녀였다.

"놀래셨죠? 저, 이 차로 서울 갈래요."

"아버님이 위독하시다고 했는데 괜찮으십니까?"

"아직은 돌아가실 것 같지 않아요."

"그래도 모처럼 내려온 고향인데 며칠 푹 쉬다가 올라가면 좋을 것을… "

"제가 며칠 푹 쉬다가 올라가면, 오늘 이 열차로 서울 올라가는 여객전무님을 못 뵙게 되잖아요?"

"… !"

처녀는 말없이 나의 뒤를 따라와서 승무원 석에 앉았다.

"나는 검찰도 해야 하고, 차내를 왔다 갔다 하며 다른 일도 해야 하니까 여기에서 나와 차장의 가방이나 좀 봐주시오."

"네."

한 시간쯤 후,

나와 차장이 검찰, 차내 순회 등 볼 일을 다 마치고 승무원석으로 가보니 처녀가 집에서 갖고 온 조그마한 보따리를 풀었다.

삶은 닭 한 마리, 계란 10개, 사과 5개, 김밥…

"밤차에 출출하실 텐데 드세요."

"… !"

그리고 새벽 4시30분쯤,

열차가 종착역인 용산역에 도착하자 여객이 열차에서 내리기 시작했다.

다른 여객이 다 내리고 있는데 내릴 생각을 않고 나의 눈치를 살피고 있는 처녀.

"이 열차가 여객이 다 내리고 나면 빈 차로 수색역까지 회송하게 돼요. 나와 차장은 이 열차를 타고 가다가 서울역에서 내리면 되니까 아가씨는 여기에서 내려 목적지까지 버스나 택시를 타고 가세요."

"… "

처녀는 얼굴에 잠시 실망한 빛을 띠며 묵묵히 서 있다가 나에게 말했다.

"제가 중앙청 옆에 있는 〈경복궁〉 다방에서 일하고 있거든요? 바쁘시겠지만 한번 시간을 내어 들려주세요."

"네, 알았습니다. 어제와 오늘, 가며 오며 여러 가지로 고마웠습니다."

처녀가 열차에서 천천히 내려, 쓸쓸히 집찰구 쪽으로 사라진 후, 나는 차장에게 말했다.

"내가 너무 농담을 섞어 친절하게 대해준 것도 문제였지만… 그 아가씨는 내가 총각인줄로 오해하고 있군."

⑧

1972년 6월 어느 날, 용산발 여수행 보통 제193열차.

열차가 논산~강경 간을 달리고 있을 때인 새벽 1시30분쯤, 열차의 앞쪽, 어느 객차의 빈 의자에 앉아서 눈을 감고, 피곤한 몸을 잠시 달래고 있던 나는 자리에서 일어나 열차의 뒤쪽으로 가며 열차 내를 순회하기 시작했다.

1량당 정원이 112명인데 처음 한 칸에 50명 정도, 두 번째 칸에 40명 정도, 세 번째 칸에 20명 정도… 뒤로 갈수록 여객들의 숫자가 적게 있었다.

(농번기인데다가 밤 열차이고, 전라선의 마지막 완행열차라 여객들이 너무도 없군.)

10여 명의 여객이 누워서 자고 있는 어느 칸을 지나 그다음 칸에 들어서니 그 칸에는 여객이 단 한 명도 없었다. 그다음 칸에도 여객이 단 한 명도 없었고…

내가 여객이 전연 없는 두 칸을 지나 그다음 칸에 들어서니 그 칸에도 여객이 단 한 명도 없이 텅텅 비어있는데 단지 하나, 객차의 가운데쯤 어느 의자에서 생후 몇 개 월 밖에 안 되었을 아기가 포대기에 싸여 색색 잠들어있는 것이 눈에 띄었다.

"… ?"

아기의 옆에 서서 객차 내를 아무리 둘러봐도 그 아기의 보호자가 되는 여객이 없었다.

(이상한데… ?)

나는 계속 두리번거리며 객차의 쪽으로 걸어갔다. 그런데 객차의 맨 뒤쪽에 이르러 보니 구식 객차라 그런지 출입문 안쪽으로 옛날에 창고로 썼을 듯한, 한 평 정도 넓이의 공간이 하나 있는 것이 보였다.

문이 닫혀있고, 전깃불이 켜져 있지 않아 문틈으로 안이 전혀 안 보이는, 창고 같은 공간. (이하 창고라고 표현함.)

나는 그 창고 안을 들여다보려고 창고 문의 손잡이를 오른쪽으로 밀어보았다.

안에서 문고리를 걸어 잠그었는지 조금 옆으로 움직여지기는 하나 열리지 않는 문.

(그렇다면 이 안에 사람이 있다는 증거가 아닌가?)

나는 주먹으로 창고의 문을 탕 탕 치며 소리를 질렀다.

"여보시오! 이 안에 사람이 들어가 있으면 문을 여시오!"

"… "

"이 안에 사람이 있습니까? 없습니까?"

"… "

"있으면 있다고 대답하시오!"

"… "

내가 계속 소리치며 문을 두드리자 안에서 문고리를 따는 소리가 났다.

절컥.

"… ?"

이윽고 스르르 열리는 창고의 문.

창고의 문이 열리며 보여지는 두 명의 젊은 남자와 여자.

무슨 짓을 하고 있었는지(여자의) 머리칼과 옷매무새가 약간 흐트러져 있었고, 얼굴이 상기되어 있었다. 그들은 나에게 미안한 표정들을 지어 보이며 창고에서 나왔다.

"아기를 잃어버리면 어떻게 하려고… "

"… "

그들은 부끄러운 듯 머리를 숙이고 도망치듯 나에게서 멀어져갔다.

그런데 그중 여자는 아기의 옆에 가서 앉는데 남자는 그대로 아기를 지나쳐서 열차의 앞쪽으로 바쁘게 사라져버리는 것이었다.

"아주머니, 그 남자와 부부지간이 아닙니까?"

"… "

"말해 봐요, 그 남자와 부부지간이 아닙니까?"

"제가 처음엔 저쪽 앞칸에 앉아있었는데 그 사람이 자꾸 뒤 칸에 가서 얘기를 좀 하자고 해서… "

"… !"

"그래서 아기를 여기에 뉘어놓고, 그 남자와 둘이 저기 창고에 들어가게 되었다는 말입니까?"

"… "

⑨

1971년 4월 어느 날, 부산발 용산행 보통 제162열차, 오전 11시 5분쯤.

열차가 황간역에 도착하자 황간역의 스피커에서 안내방송이 흘러나왔다.

"부산발 용산행 부통 제162열차는 부산발 서울행 관광 제2열차가 선행하는 관계로 당역에서 약 15분간 정차되겠습니다."

그래서 나는 많은 여객과 함께 열차에서 내려 플랫폼에서 시원한 공기를 들여 마시거나, 맑은 하늘을 쳐다보거나, 담배를 피우거나, 황간역 구내의 이모저모를 살펴보거나 하며 시간을 보냈는데 15분쯤 지나 서울행 관광 제2열차가 옆의 선로로 막 통과하고 나서였다.

"플랫폼에 계신 여객 여러분! 모두 열차에 올라타 주시기 바랍니다. 곧 열차가 떠나게 됩니다."

황간역의 스피커에서 또 안내방송이 흘러나와 내가 "자, 이젠 열차에 올라갑시다" 하며 내 주위에 서 있는 여객들을 무심코 둘러보니 벌써부터 나에게 관심을 두고 있었던지 한복을 입고 있는, 30세 전후의 한 미모의 여인이 나를 바라보며 빙그레 웃고 있는 것이었다.

"… ?"

내가 의아한 눈초리를 해 보여도 여전히 미소를 머금은 채 나에게 은근한 눈길을 보내주고 있는 여인.

여인의 그런 태도가 우습게 보여 나도 입가에 자연스럽게 웃음을 띠었다.

미소를 머금은 채 바로 옆의 객차의 승강구에 오르는 나.

여인이 나의 미소를 어떻게 해석했는지 나의 뒤를 따라 승강구 계단 위에 올라왔다.

플랫폼에 있던 여객이 전부 열차에 올라탄 후, 황간역 조역의 발차지시에 의해 기적을 울리며 황간역을 스르르 미끄러지듯 떠나가는 162열차.

내가 화장실 앞의 통로에서 멈춰 서자 여인도 나의 앞에까지 와서 멈춰 섰다.

"… ?"

"저… 한 5분 후에 다음 역에서 내려요."

"녜에… "

여인이 나와 잘 아는 사이인 것처럼 스스럼없이 말을 해왔으므로 나도 그렇게 대답해줄 수밖에…

"이 차로 서울에 올라가시면 언제 또 서울에서 내려오는 부산행 완행열차를 타시게 되나요?"

"글쎄, 승무 교번표가 정해져 있기는 하지만 가끔 열차사무소나 제 개인의 사정에 의해 변경되는 수도 있어서… 왜 그런 걸 물으시죠?"

"저는 일 때문에 가끔 경부선 완행열차를 타고 영동~김천 사이를 왔다 갔다 해요."

"녜에… "

"내가 내일, 서울에서 내려오는 부산행 완행열차를 영동역에서 또 타게 되는데… "

"… "

"내일 그 열차를 탈 수 없으시나요?"

"난, 내일, 승무 교번표에 의해 목포로 가는 특급열차를 타게 되어 있습니다."

"열차를 바꿔 타시면 될 텐데… 어떻게 하면 다음에 또 만나 뵐 수 있을까요?"

"… ?"

내가 뭐라고 말을 못 하고 있는 사이에 열차가 여인이 내려야 할 영동역에 도착했다.

나로부터 어떤 다짐을 받으려고 열차에서 내리지 않고 있는 여인.

"안녕히 가십시오."

내가 잠깐이나마 재미있었다는 듯 빙그레 웃으며 얘기하자 여인이 서운한 듯 무슨 생각을 해보더니 이윽고 열차에서 내리며 나에게 말했다.

"언젠가는 경부선 열차에서 또 만날 때가 있겠지요. 그때… "

여인이 열차에서 내리고, 열차가 영동역을 떠난 후, 나는 혼자서 열차 내를 순회하며 미소를 머금었다.

(언젠가 그때… 또 만나게 되면 어쩌자는 것인가?)

제44화

전문분야(專門分野)의 일

1972년 3월 어느 날, 목포발 서울행 특급 제44열차,

열차가 신도~두계 간을 달리고 있을 때인 오후 6시 10분쯤, 혼자서 열차 내를 순회하던 나는 7호차에 들어갔다가 이상한 광경을 목격하게 되었다,

25세 가량의 한 청년이 술에 취한 듯 손엔 술잔을, 한 손엔 소주병을 들고 통로에 서서 의자에 앉아있는 40대의 한 남자에게 비틀거리며 술을 권하고 있는데 40대 남자의 얼굴 표정이 겁에 잔뜩 질려있는 것이었다.

"자, 받아서 한잔 쭉 들이키십시오."

"… "

"왜, 내가 성의로 드리는 술을 안 받아 마십니까?"

"… "

"내가 술값을 달라고 할까봐 그러는 것입니까?"

"… "

"자, 아무 걱정일랑 말고 마시십시오."

"… "

그가 너무 시비조로 나가는 바람에 40대의 남자는 〈울며 겨자 먹기〉식으로 그로부터 술잔을 받아 들이마셨다.

"아, 진작 그렇게 마실 일이지, 안주는 없소."

그가 40대의 남자로부터 빈 술잔을 받아 다음엔 30대의 한 남자에게 술잔을 내밀었다.

"전… 술을 마실 줄 모릅니다."

"남자가 술을 못 마시다니… 그렇다고 저의 성의를 거절할 작정이십니까?"

"… "

"조금만 마셔보시오."

"조금도 못 마신다니까요."

"한 방울도요?"

"… "

"한 방울은 마실 수 있겠지, 한 방울만 마셔보시오."

"… "

말이 한 방울이지, 그가 술잔이 철철 넘치도록 술을 가득히 붓는 것이었다.

30대의 남자가 마지못해 술잔을 입에 대고 한숨에 들이키자 그가 만족한 듯 술잔을 받아 또 다른 30대의 한 남자에게 술잔을 내밀었다.

"제가 드리는 술이니 한 잔만 드십시오."

"… "

난처한 표정을 짓고 있는 또 다른 30대의 한 남자.

출입문 근처에서 그의 행동을 주시하고 있던 나는 보다 못해 그의 옆으로 다가갔다.

"여보시오, 당신 지금 무슨 짓을 하고 있는 거요?"

"옛?"

"그가 술병과 술잔을 든 채 몸을 돌려 의외라는 눈초리로 나를 바라보았다.

"모르는 사람한테 그렇게 술을 권하면 됩니까?"

"내가 혼자서 술을 마시기가 미안하여 다른 사람에게 좀 권하기로서니… 뭐가 잘못 되었소?"

"술을 남에게 권하는 것도 예의를 지키고, 방법이 좋아야지… "

"내 예의가 뭐, 어떻고, 내 방법이 뭐, 어때서요!"

"다른 사람들이 다 싫어하고 있지 않습니까?"

"싫어하다니… 내가 싫은 사람, 어디 손 들어보시오!"

"그렇게 얘기하면 손 들 사람, 어디 있겠습니까? 여하튼 이제부터 남한테 술을 권하지 마십시오."

"여보시오! 당신이 뭔데 나보고 이래라, 저래라, 하는 거요!"

"승무원이니까 그러는 거 아닙니까?"

"승무원은 함부로 남의 일에 간섭해도 되는 거요?"

"이 일이 어찌 함부로 남의 일에 간섭하는 것이 됩니까? 간섭할만한 일이니까 간섭하게 되는 것이지요."

"그건 당신의 생각이고… 나는 나대로 이 술을 계속 다른 사람들에게 권할 테니까 방해하지 마시오."

그가 오기로 술잔을 조금 전에 권하다가 말아버린 또 다른 30대의 한 남자에게 도로 내밀었다.

"그러지 말라니까!"

내가 언성을 높이며 그의 손에서 술잔을 빼앗으려고 했다.

"놔!"

그도 언성을 높이며 술잔을 든 손으로 나의 손을 아프게 뿌리쳤다. 완강하게 느껴지는 힘.

"너, 여객전무 이 새끼, 혼 좀 나야 하겠어."

성난 그가 이번엔 술병을 거꾸로 하여 병의 목 부분을 오른손으로 쥐었다. 밑으로 줄줄 쏟아지는 술.

(술병으로 나를 칠 작정인가?)

그 순간 나는 그에게 선제공격을 하면 어떨까 하는 생각도 해보았다. 주먹으로 갈겨버리든, 이마로 들이받든, 발로 차든, 내가 먼저 공격을 하면 몸싸움이 나에게 유리하게 전개될 것은 뻔한 일, 그러나 만의 하나, 내가 만약 결정적인 공격에 실패라도 하게 되는 경우, 그가 술병을 깨뜨려 나를 찌른다면 나는 돌이킬 수 없는 상처를 입고 말 것이었다.

(집에 부양가족들도 많이 있는데 몸조심해야지.)

나는 그를 경계하며 한 발자국 뒤로 물러섰다.

또 한 발자국… 또 한 발자국…

그가 싸울 의사가 없이 뒤로 주춤주춤 물러서는 나를 보고 술병을 거꾸로 든 채 통쾌한 듯 웃었다.

"하, 하… 여객전무도 별 수 없구나."

(아, 망신스러움이여…)

잠시 후, 7호차를 나가 특실로 가서 앉은 나는 고민에 쌓였다.

7호차의 주정꾼을 모른 체 하자니 여객들의 피해가 늘어날뿐더러 승무원으로서의 체면이 영 말이 아니고, 그를 강력하게 다스리자니 힘에 자신이 없고…

문득 생각나는 사람이 한 명 있었다.

승무 공안원 차 00 주임,

그는 직책상, 나보다는 우선적으로 열차 내의 치기배 단속, 질서 유지 등에 책임을 지고 있는 사람이었다. 그러나 그는 나보다 키가 작고, 빼빼 말라 있어 몸이 허약하게 보였다.

(그가 공안원으로서의 임무를 제대로 수행해낼 수 있을 것인가?)

그 점이 몹시 의심스럽고 마음에 걸렸지만 나는 그에게 일단 한번 얘기해 본다는 마음으로, 3호차의 어느 차창 가에 앉아서 무심하게 밖을 내다보고 있는 그를 찾아갔다.

"열차 내에 여객들에게 불쾌감을 주고 있는 주정꾼이 한 명 있는 것도 모르고 여기에 앉아서 뭘 하고 있는 것입니까?"

"무슨 주정꾼인데요?"

"술병을 들고 다니며 아무에게나 강제로 술을 먹여요. 내가 그러지 말라고 말렸더니 말을 듣기는커녕, 오히려 나에게 덤벼들고… "

"한번 가봅시다."

나는 공안원을 데리고 주정꾼이 있는 7호차로 향했다.

다시 7호차 안.

나와 공안원이 들어가 보니 의기양양해진 주정꾼이 술병을 거꾸로 들고 통로의 가운데에 서서 여객에게 뭐라고 떠들어대고 있었다.

"여객전무, 제가 뭐라고… "

"또 귀찮게 하면 이걸로 그냥… "

나와 공안원은 많은 여객의 시선을 받으며 그의 옆으로 바싹 다가갔다.

"여보시오."

공안원이 먼저 〈이건 또 웬 놈이냐?〉라는 눈초리의 그에게 말을 걸었다.

"당신 자리가 어디요?"

"내 자리? 그 건 알아서 뭘 해?"

"당신의 행동이 다른 사람에게 불쾌감을 주고 있으니까 그렇죠. 당신 자리에 가서 앉으세요."

"나에게 이래라, 저래라, 하지 마시오."

"제 말을 들으십시오."

"못 듣겠소."

"자~, 그러지 말고 당신 자리로 가서 앉으세요."

공안원이 그의 한 팔을 잡아끌었다.

"놔!"

그가 공안원의 잡은 손을 세게 뿌리쳤다.

이어 한 손으로 공안원의 멱살을 움켜잡고, 뒤로 강하게 밀쳐버리는 주정꾼.

의외의 공격을 받은 공안원이 미처 몸의 중심을 못 잡아 통로의 바닥에 나가떨어졌다.

"어~어."

놀란 내가 어떤 행동을 취할 사이도 없이 오뚝이처럼 발딱 일어나는 공안원.

공안원이 다시 침착한 태도로 책망하듯 주정꾼의 한 팔을 잡았다.

"당신 자리로 가시오."

"못 가!"

팔을 두 번째로 잡히는 바람에 화가 잔뜩 난 주정꾼이 술병을 머리 위로 쳐들었다.

얼마 전에 나에게 하였듯 술병으로 내려치려는 자세.

"위험해! 비켜!"

내가 급하게 소리침과 동시였다.

공안원이 두 손으로 잽싸게 술병을 쳐들고 있는 주정꾼의 오른 손목을 잡아 사정없이 비틀었다.

"억~!"

아파서 술병을 떨어뜨리며 팔이 비틀어지는 대로 몸을 돌리는 주정꾼.

주정꾼이 한 바퀴 몸을 돌려 공안원에게 등을 보이며 엉거주춤해지자 공안원이 또 잽싸게 그의 오른 손목에 수갑을 철컥 채웠다. 그리고 그에게 반항할 틈을 주지 않고 나머지의 왼 손목에도 철컥 수갑을 채웠다.

순식간에 양손을 뒤로 하여 수갑이 채워지고 발버둥을 치는 그.

"이거, 풀어! 못 풀어!?"

그런 그를 공안원이 옆의 빈 의자로 밀쳐버렸다.

"이 새끼야! 여기에 앉아서 고이 가!"

의자에 쓰러진 그가 부자연스런 자세로 일어나며 악을 썼다.

"이거 풀어! 이거 안 풀면 넌 죽어!"

"이 새끼야! 너한테 죽을 놈이 어디에 있어!"

공안원이 발길질을 하는 그를 밀쳐서 의자에 또 쓰러뜨렸다.

또 난폭하게 일어나는 그.

또 공안원에 의해 쓰러지는 그.

또 기를 쓰며 일어나는 그.

또 공안원에 의해 넘어지는 그.

주정꾼은 수차 그 짓을 되풀이하다가 원체 공안원이 인정, 사정없이 세게 다루는 바람에 나중엔 어떻게 할 수 없이 의자에 기댄 채 말도 못하고 있었다.

술과 주정으로 여객을 괴롭히는 그를 힘으로 제압했기 때문에 많은 여객 앞에서 승무원으로서의 체면이 서지는 나와 공안원.

"내가 여기에 지켜 서서 이놈을 다음 정차역까지 호송해갈 테니까 여객전무님은 그동안 여객전무님의 일을 보십시오."

"… !"

"나는 주정꾼과 공안원이 있는 7호차를 나가면서 머리를 끄덕끄덕 했다.

(주정꾼을 다루는 기술은 나보다 공안원이 훨씬 낫군.)

제45화

조사권 대 검찰권(調査權 對 檢札權)

1971년 12월 어느 날, 일요일의 목포발 서울행 특급 제42열차.

열차가 영등포역에서 정차했다가 떠난 후인 오후 4시 1분경, 나는 차내 방송실에서 열차의 종착역 도착 예정 안내 방송을 실시했다.

"여객 여러분, 앞으로 약 9분 후, 이 열차는 종착역인 서울역에 정시로 도착하게 됩니다. 여객 여러분께서는 지금부터 미리 여장을 준비하셨다가 차내에 잊고 계신 물건이 없나, 다시 한번 확인해보시고, 열차가 서울역 플랫폼에 완전히 정차한 후, 서서히 내리셔서 지정된 통로와 집찰구를 통하여 원하시는 목적지까지 안녕히 가시기 바랍니다. 오늘도 저희 철도를 이용해 주셔서 대단히 감사합니다."

그리고 열차가 서울역에 도착된 후, 서울역 주재 객화차사무소 직원들에게 방송용 마이크와 차내 비품들을 인계하고 특실에서 맨 나중에 내렸다.

그런데 플랫폼에 내려서자마자 서울역 층계 밑 근처의 플랫폼 한 곳에 많은 사람이 모여 웅성거리고 있는 것이 눈에 띄었다.

심상치 않은 분위기.

"… ?"

나는 무슨 일인가 싶어 빠른 걸음으로 그곳에 가 보았다.

"이런 쯧쯧… "

웬, 키가 크고 뚱뚱한 55세 정도의 한 남자가 머리에 심한 타박상을 입고 사망한 듯 플랫폼에 보기 흉하게 눕혀져 있는 것이었다.

나는 놀라며 주위의 철도직원과 여객에게 물어보았다.

"죽었습니까?"

"네, 여러 모로 확인해본 결과 이미 숨이 끊어져 있습니다."

"어떻게 된 일입니까?"

"열차가 완전히 정차하지 않았는데 사망자가 앞에서 세 번째 칸의 승강구에서 플랫폼으로 뛰어내리다가 실수하여 플랫폼과 선로 사이에 굴러떨어졌습니다."

"플랫폼과 선로 사이에 굴러떨어지고 나서도 열차가 설 때까지 객차 밑의 바퀴 등에 몸의 이곳저곳을 많이 부딪쳤습니다."

"어디 골절된 데가 없고, 머리에만 피가 흘러있는 것으로 보아 뇌진탕을 일으킨 모양이군."

사망자의 인적 사항을 알아보기 위하여 주머니를 뒤져보았더니 담배, 라이터, 손수건, 현금 7만원, 42열차의 승차권, 신분증 등이 나왔다.

신분은 공무원으로서 지위가 높은 원호청 광주 지청장이었다.

"국가의 중책을 맡고 있고, 나이도 많은 사람이 열차가 서기도 전에 승강구에서 뛰어 내리다니… "

그때 서울역 측으로부터 급보를 받은 남대문 경찰서 형사 한 사람이 도착했다. 그는 시체를 확인하고 이것, 저것, 당시의 상황을 주위의 목격자들에게 물어본 후, 사망자의 소지품을 챙겨 들며 나에게 말했다.

"당신이 이 열차의 여객전무입니까?"

"네, 그렇습니다."

"그러면 조사할 것이 있으니 차장과 함께 경찰서에 와주십시오."

"알겠습니다."

열차에서 뛰어내리거나, 열차에 뛰어 올라타는 등 여객의 어떤 일로 사상 사고가 발생되었을 때 여객전무가 참고인, 증인, 목격자 등으로 경찰서에 불려가는 건 흔히 있는 일이었다.

20분쯤 후,

나는 열차사무소에서 차내 수입금 인계 등 잔무를 대강 마치고 차장과 함께 서울역 건너편의 남대문 경찰서로 향했다.

그곳 수사과.

여러 명의 형사가 각기 자기의 책상 앞에 앉아서 무슨 서류를 작성하거나, 어떤 피의자들을 앞에 앉혀놓고 신문을 하는 등 일을 하고 있다가 나와 차장이 들어가자 들으라는 듯 자기끼리 얘기를 나눴다.

"전에 어떤 열차를 차표 없이 탔더니 승무원이 안 봐주던데?"

"그래 어떻게 했나?"

"돈을 내라, 봐 달라, 옥신각신하다가 여객전무의 고집을 꺾지 못해 결국 차표를 끊고 말았지."

"망신을 당했군."

"… "

나는 참고인 진술을 빨리 끝내기 위하여 다방에 커피를 주문하여 그들에게 한 잔씩 돌릴까 하다가 분위기가 좋지 않게 느껴져 할 수 없이 그 들 중 한 형사가 하라는 대로 그 형사의 책상 옆 빈 의자에 차장과 함께 앉았다.

42열차의 사상 사고 처리 담당자인 듯한 그는 나와 차장을 옆에 앉혀놓고 말없이 한참 조서용지를 준비한 후, 또 나에게 주민등록증을 꺼내놓게 한 후, 이윽고 질문의 내용을 먼저 조서 용지에 쓰며 나에게 질문을 하기 시작했다.

"이름은?"

내가 이름을 대답하자 주민등록증을 확인하며 적고…

"나이는?"

"주소는?"

"가족 관계는?"

"재산 정도는?"

"소속은?"

"직책은?"

기초적인 신분 관계 확인이 끝난 후, 본격적인 사고조사에 들어갔다.

"사고가 발생한 시각은?"

"열차가 서울역에 도착한 시각이 오후 4시 10분이니까 오후 4시 10분, 혹은 16시 10분이라고 할 수 있죠.'

"사고가 난 장소는?"

"사망자가 42열차에서 뛰어내리다가 굴러떨어졌던, 서울역 구내의 플랫폼과 선로 사이의 그 지점이 되겠죠."

"사고가 난 열차의 이름을 정확히 뭐라고 부릅니까?"

"목포발 서울행 특급 제42열차라고 합니다. 일명 태극호라고도 불립니다."

"열차의 편성은?"

"보통 객차라고 불리는 4종 객차가 1호차에서 10호차까지 10량, 특실이라 불리는 3종 객차가 1량, 그리고 식당차 1량, 이렇게 모두 12량입니다."

"한 객차에 몇 명 정도 탔습니까?"

"보통 객차의 정원이 72명이고, 특실의 정원이 56명인데 보통 객차에는 1량당 70명 정도가 탔었고, 특실에는 50명 정도가 탔었습니다."

"서 있는 여객들은 없었다는 얘기이죠?"

"그렇습니다. 단, 열차가 서울역에 도착 되기 직전에는 각 객차의 승강구 근처 마다에 여러 명씩의 여객이 열차가 도착 되면 남보다 먼저, 혹은 빨리 내리려고 대기하며 서 있었습니다."

"여러 사람의 얘기를 들어보니 원호청 광주 지청장이 열차가 완전히 정차하기 전에 서울역 플랫폼으로 뛰어내리다가 변을 당했다고 하는데…그때 여객전무인 당신은 그 상황을 목격 못했습니까?"

"네, 못 봤습니다."

"당신은 그때 열차의 어디에서 무엇을 하고 있었습니까?"

"열차가 서울역에 도착 되기 직전에는 특실에 앉아있었습니다."

"열차가 종착역에 도착 되기 직전의 여객전무의 정위치가 그곳입니까?"

"승무원들의 정위치가 정해져 있는 것이 아닙니다. 아무 데나 필요하다고 생각되는 곳에 있으면 되는 것이죠."

"그러면 그가 왜 열차에서 뛰어내렸을까요?"

"글쎄요… 열차가 서울역에 완전히 정차하면 내리려고 승강구에 서 있다가, 열차가 천천히 서울역에 진입하니까 뛰어내려도 되겠다고 판단되어 그냥 뛰어내렸을지도 모르겠고… 추측은 여러 가지로 해볼 수 있지만 정확한 해답은 그 사람만이 할 수 있는 것이 아닐까요?"

"누가 뒤에서 그를 떠밀었다고 생각되지는 않습니까?"

"그럴 리야 없겠지요. 목격자들이 한결같이 그가 스스로 뛰어내렸다고 증언했는데…"

신문이 한창 진행되고 있는데 사망자의 유가족이 서울역, 혹은 경찰서로부터 연락을 받았는지 수사과에 들어왔다.

사망자의 부인인 듯 중년의 여자 한 명과 사망자의 딸인 듯한 젊은 여자 한 명. 그녀들은 금방 울음을 터뜨릴 것 같은 슬픈 표정을 짓고 있었다.

나에게 신문을 하던 형사가 그녀들의 신분을 확인한 후, 젊은 여자에게 물었다.

"광주에 직장이 있는 부친께서는 서울에 자주 오셨습니까?"

"네, 보름에 한 번 정도…"

"목격자들의 말에 의하면 부친께서는 열차가 서울역에 완전히 정차하기 전에 열차에서 뛰어내리다가 몸의 중심을 제대로 못 잡아서 그만 플랫폼 밑으로 굴러떨어졌다는데… 열차가 도착하면 바로 집으로 갈 수 있는 분이 왜 그리 서둘렀는지…"

"아버님은 아마 남보다 먼저 서울역을 빠져나가 택시를 잡으려고 그러셨을 거예요. 집으로 오실 때마다 택시를 타고 오셨는데 서울역에 열차가 도착된 후, 늦게 집찰구를 통하여 나가면 택시를 잡기가 무척 힘들다고 가끔 그러셨거든요."

"사고 장소가 서울역의 2층으로 올라가는 층계의 근처인 걸 보면 그렇게

268

되었을 가능성이 충분히 있었군요."

"… "

그녀들이 사고 담당 형사로부터 사망자의 주머니 속에서 나온 현찰 7만원과 수첩, 신분증 등의 유품을 받고, 시체가 이송된 용산의 철도병원으로 떠나간 후, 사고 담당 형사의 나에 대한 신문은 계속되었다.

"사고가 난 시각이 오후 4시 10분이고, 경찰서에서 연락을 받은 시각이 오후 4시 15분인데 당신은 그동안 무슨 조치를 취했습니까?"

"플랫폼에 뉘어져 있는 사람의 사망 사실을 확인하고, 목격자들로부터 얘기를 들어보고, 사망자의 신분을 확인해보고… 대략 그런 정도입니다."

"사고의 원인이 어디에 있다고 보십니까?"

"사망자가 운전 중인 열차에서 자의로 플랫폼에 뛰어내리지만 않았었다면 그런 사고는 나지 않았을 것이라고 생각합니다."

"그렇다면 사고의 책임이 누구에게 있다고 보고 계십니까?"

"사고의 책임은 열차가 운전 중인데도 불구하고 철도법을 위반하며 뛰어내린 사망자 자신에게 있다고 봅니다. 참고사항을 말씀 드리자면 철도법 제17조가 〈여객은 열차에서 다음의 행위를 하여서는 아니 된다〉며 여러 가지의 금지 사항을 정해놓고 있는데 그중 2항은 〈신체의 차외 노출〉로 되어 있습니다. 또 철도법 제87조가 〈여객으로서 다음의 행위를 한 때에는 5만 원 이하의 벌금이나 구류 또는 과료에 처한다〉며 3가지의 행위를 정해놓고 있는데 그중 1항은 〈열차 운전 중 승강을 한 때〉라고 되어있습니다."

"사망자가 철도법이 어떻게 되어있는지 알 리가 없겠고… 여객전무가 하는 일은 무엇입니까?"

"여객열차에 승무하여 동 열차에 승무한 기관차 승무원을 제외한 전 승무원을 지휘, 감독하여 여객취급, 열차 내 질서유지, 객차 내 정리 업무 및 기타 열차 내 제반 업무에 종사하며 특히 지시를 받았을 때에는 열차의 운전업무에 종사할 수 있는 것 등입니다."

"그렇다면 열차가 역에 도착할 때 여객들이 열차에서 뛰어내리지 못하도록 미리 조치를 취해야 하는 책임도 여객전무에게 있지요?”

“네, 있습니다.”

“그럼, 42열차가 서울역에 도착하기 전에 여객들의 안전을 위해 여객전무로서 어떤 일을 했습니까?”

“열차가 영등포역을 떠나선 열차의 종착역 도착 예정 안내방송을 했고… 그 방송내용에 이런 것도 들어있습니다. 〈열차가 서울역 플랫폼에 완전히 정차한 후, 서서히 내리셔서… 〉란 것이죠.”

“그런 내용을 방송했다고 책임이 면제되는 것이 아니지 않습니까?”

“방송을 끝낸 후엔 차내 순회도 했죠. 순회하다가 승강구 계단에 위험하게 서 있는 몇몇 여객들을 발견하곤 주의를 주거나 안으로 들어오게 하고… 그러나 객차마다 승강구가 네 군데씩이나 있기 때문에 승강구의 여객들을 일일이 단속하기가 무척 힘이 듭니다. 객차 11량, 식당차 1량, 계12량의 승강구 48개를 한꺼번에 제대로 감시하려면 48명의 승무원이 필요하다는 계산이 나옵니다.”

“… ”

신문내용을 조서 용지에 부지런히 적고 있던 담당 형사가 무슨 볼일이 있는지 자리를 잠깐 비웠다.

나도 담배를 피우며 휴식을 취할 수 있는 시간.

그때 30세 전후로 보이는, 허름한 옷차림의 한 남자가 형사 한 사람에게 이끌려 수사과에 들어왔다.

“여기에 앉아.”

“… ”

허름한 옷차림의 남자가 의자에 앉자, 그를 끌고 들어온 형사가 조서 용지를 준비한 후, 그에게 말했다.

“주민등록증을 꺼내.”

“… ”

“없어?”

그가 힘없이 고개를 끄덕였다.

"이리와 봐."

형사가 그의 주머니를 뒤졌다. 종이 조각 한 장, 때 묻은 손수건 한 장…

"쓸 만한 것은 아무것도 없군."

"… "

"이름이 뭐야?"

"김 00."

"한문자로는 어떻게 쓰나?"

"… "

"몰라?"

"… "

그가 대답 대신 머리를 끄덕였다.

"나이는?"

"서른… 하나."

"생년월일을 대봐."

"… "

"몇 년 몇 월 며칠에 태어났는지 그 걸 얘기해봐."

"… "

"생년월일을 몰라?"

"… "

그가 또 머리를 끄덕였다.

"주소는?"

"평안남도 00군 00리…."

"그거 말고 주소를 대봐."

"평안남도 00군 00리… "

"너의 집 주소가 평안남도 00군 00리이란 말이야?"

"그가 바보스러운 얼굴로 고개를 끄덕였다.

형사들이 신기한 듯 자기 일을 멈추고, 그를 바라보며 중얼거렸다.

"6. 25 때 피란을 내려와서 정처 없이 고아로 자라난 모양이군."

"주민등록증이 없는 걸 보니 이제까지 한곳에서 정착하지 못하고 떠돌이 생활만 해온 거 아니야?"

그를 신문하던 형사가 다른 형사들에게 물었다.

"이럴 때 현주소를 어떻게 써야 하나?"

한 형사가 대답해왔다.

"주거 부정이지 뭐… "

"… "

신문은 계속되었다.

"남대문 시장에서 약장수의 선전을 구경하다가 왜 앞 사람의 뒷주머니에 슬며시 손을 집어넣었지?"

"… "

"말해봐."

"내 주머니인줄 알고 손을 집어넣었었는데… "

"알고 보니 남의 주머니였었다는 얘기이지? 뭐야, 임마, 아무리 정신이 없기로서니 자기 주머니와 남의 주머니를 구별 못해?"

"… "

"너, 돈 훔치려고 남의 주머니에 손을 집어넣었다가 붙들렸지?"

"아니애요."

"아니긴 뭐가 아니야. 오죽했으면 그 사람이 너를 붙잡아놓고 경찰서에 연락을 했겠어?"

"… "

재미있다는 듯 킬킬 웃는 형사들.

나도 입가에 빙그레 미소를 띠고 있는데 자리를 비웠던, 42열차의 사고 담당 형사가 제 자리로 돌아왔다.

"자, 시작합시다."

나에 대한 신문은 또 계속되었다.

"아까, 객차마다 승강구가 네 개씩 있다고 했는데 그 승강구의 문은 항상 열려 있지요?"

"녜, 승강구의 문이 승무원의 전자장치 조작으로 열리고 닫히는 자동개폐식이 아닌 수동식이기 때문에 여객들이 마음대로 열 수도 있고, 닫을 수도 있게 되어있습니다."

"… "

"그 승강구의 문이 항상 열려 있었기 때문에 여객이 승강구의 계단에 서 있다가 플랫폼으로 뛰어내린 것입니다."

"… "

"수동식인 승강구의 문을 여객이 마음대로 열 수 없게끔 개폐식으로 만들어 버리는 등, 객차의 시설이 안전하게 잘 돼 있으면 그런 사고는 날래야 날 수가 없는 것이 아닙니까?"

"그야 그렇겠지요. 그러나 현재의 객차 시설이 그렇게 되어있는 걸 어떻게 합니까? 이용자가 스스로 조심하는 게 제일 상책이겠지요."

"그렇게 대답하는 게 아닙니다. 나는 지금 객차 시설에 대한 철도청의 책임을 묻고 있는 것입니다."

"앞으로 철도의 사정이 좋아지면 객차의 시설도 아주 안전하게 개량되어 나갈 것입니다."

오후 6시.

식사 때가 되어 형사들이 주문한 설렁탕이 배달되어와 각 형사의 책상 위에 놓여졌다.

잠시 업무를 중단하고 식사를 하는 형사들.

절도 미수자를 신문하던 형사도 설렁탕을 먹으려고 숟가락을 들었는데 절도 미수자가 부러운 눈으로 쳐다보는 바람에 숟가락을 도로 놓았다.

"너, 점심 먹었니?"

저녁 식사 때이지만 이 사람이 혹시 점심도 굶지 않았나 하는 담당 형사의 물음.

절도 미수자가 머리를 가로로 저었다. 못 먹었다는 표시.

"그럼, 이걸 먹어."

형사가 설렁탕 그릇을 그의 앞에 옮겨놔 주었다.

(이거, 웬 떡이냐?)

하는 표정으로 설렁탕을 허겁지겁 맛있게 퍼먹는 절도 미수자.

(며칠 굶은 사람 같군.)

30분쯤 후,

형사들의 식사가 끝나고, 담배 피우기도 끝나자 중단되었던 나에 대한 신문이 또 시작되었다.

"사고에 대한 일차적인 책임은 물론 사망자 자신에게 있습니다. 그러나 철도청의 문제점들도 많이 노출되어 있지요?"

"… "

"승무원의 여객에 대한 안전의식 고취 활동이 부족한 것 같고, 승강구의 문이 누구나 마음대로 열 수 없게끔 쇄정되어 있지 않고, 승강구에 서 있는 여객을 감시할 승무원이 부족하고… "

"… "

"여객전무로서 이 사고에 대하여 하고 싶은 말은?"

"사고의 원인과 책임과 문제점이 어떻든 간에 우선 열차에서 뛰어내린 여객의 사망 사실을 대단히 유감스럽게 생각합니다. 앞으로는 이런 일이 재발되지 않도록 여객의 안전에 더욱 더 신경을 쓸 작정입니다."

"… "

조사를 받고 있던 절도 미수자도 어떻게 처리되었는지 보이지 않는 오후 7시 30분쯤, 42열차의 사고 담당 형사는 나에 대한 조서를 다 꾸민 듯 서류의 이곳저곳에 나의 지장을 찍게 했다. 그리고 새로운 조서 용지를 책상서랍에서 꺼내놓으며 말했다.

"배도 고프실 텐데 저녁 식사나 하고 오십시오."

"아니, 또 조사할 것이 있습니까?"

"차장의 진술도 받아야 되고, 여객전무와 차장의 지문도 채취해야 되고… 식사 하고 오십시오."

"… !"

30분쯤 후,

나와 차장이 경찰서의 밖에서 저녁 식사를 마치고 수사과로 들어가자 42 열차의 사고 담당 형사가 이번엔 차장을 옆에 앉혀놓고 신문을 시작했다.

"이름은?"

"나이는?"

"주소는?"

"가족 관계는?"…

나에게 했던 똑같은 질문들. 그리고 내가 했던 답변들과 거의 비슷한 답변들.

밤 9시 30분쯤,

차장에 대한 신문도 끝나자 담당 형사는 나와 차장의 지문을 채취했다.

(나와 차장을 완전히 피의자로 다루는군.)

지문채취가 끝나도 담당 형사는 나와 차장더러 집으로 가라는 말을 하지 않았다.

나와 차장을 옆에 앉혀놓고 묵묵히 서류정리 등 자기의 일만 계속하고…

내가 답답하여 그에게 물었다.

"이젠 가도 되겠습니까?"

"안 됩니다. 철도병원에서 시체 검안서가 아직 안 왔습니다."

"시체 검안서… 시체 검안서가 저희들과 무슨 관계가 있습니까?"

"시체 검안서가 와야 그 사람의 사인이 정확하게 판명되는 게 아닙니까?"

"시체 검안서의 내용 여하에 따라 저희의 책임 여부가 결정지어진다는 얘기입니까?"

"… "

담배를 피우고, 차장과 얘기를 나누고, 화장실에 갔다 오고…

한 시간이 지루하게 흘러갔다.

"아직 시체 검안서가 안 왔습니까?"

"네, 아직 안 왔습니다."

"시체 검안서를 철도병원에서 누가 갖다주게 되어 있습니까?"

"누가 갖다주는 수도 있고, 우리가 가서 가져오는 수도 있고… 사람이 갔는데 아직 안 왔습니다."

"시체를 검안하는데 시간이 꽤 많이 드는 모양이군요."

밤 11시쯤,

열차사무소의 김중군 열차 조역이 경찰서로 나와 차장을 찾아왔다.

"너무 시간이 늦는 것 같습니다. 저희 직원들을 잘 좀 봐주십시오."

"걱정하지 마십시오."

그러나 뭔가 불만이 있는 듯한 담당 형사의 태도.

김중군 열차 조역이 나와 차장에게 씁쓰레한 미소를 흘러 보이며 경찰서를 나갔다.

피로하고, 지루하기가 그지없는 1분, 또 1분…

어느덧 1시간이 또 지나갔다.

통행금지가 시작된, 자정을 넘긴 00시 03분쯤,

잠깐 사무실을 나갔던 담당 형사가 들어와서 나와 차장에게 말했다.

"이젠 집으로 돌아가셔도 좋습니다."

"철도병원에서 시체 검안서가 도착했습니까?"

"네, 도착했습니다."

"… "

나는 담당 형사에게 "그 시체 검안서의 내용이 나와 차장이 집으로 돌아가도 상관이 없게끔 되어 있습니까?" 라는 질문을 해볼까 하다가 억지로 참고, 차장과 함께 말없이 자리에서 일어나 경찰서를 나갔다.

이미 통행금지가 시작된 시간이라 몇 군데 전등불 빛만 처량하게 비춰 보일 뿐 어둠이 짙게 깔려있는 경찰서 앞.

그 경찰서 앞에서 시간에 쫓기는 듯 가끔 도로를 쏜살같이 질주해가는 차량들을 허탈한 심정으로 바라보며 서 있는데 뒤에서 인기척이 났다.

"… ?"

고개를 돌려보니 나와 차장을 신문하던 형사였다.

"사망자가 고위 공무원이라 조사를 완벽하게 해둘 필요성이 있어서… 너무 늦게 보내드려 미안합니다."

"… "

"집이 장위동에 있다고 그랬죠? 제가 차를 하나 잡아 드릴까요?"

그가 도로를 가끔 질주해가는 차량들을 바라보며 말하는 것이 아무 차나 세워서 물어보아 미아리 쪽으로 가는 차가 있으면 협조를 구해, 태워줄 수도 있다고 하는 심사였다.

(그러나 그건 마음뿐, 지금이 통행금지 시간이고, 가끔 질주해 가는 차량들도 저마다 급한 사정이 있을 텐데 경찰 제복도 입고 있지 않은 이 형사에게 과연 그렇게 할 수 있는 능력이 있을 것인가?)

"아니, 관두십시오, 나는 나대로 어디든지 갈 것입니다."

나는 머리를 저며 완강히 그의 뜻을 거절했다.

"저희의 귀가를 걱정해주는 마음이 있다면 왜 진작 보내주시지 않았습니까? 한 시간만 일찍 보내줬더라면 집으로 갈 수 있었을 텐데… "

"… "

"오늘, 신문을 받으면서 느낀 것이… 형사님들은 무기력하게 보이는 절도 미수자한테는 관대했지만 어떻게 보았는지 수사에 협조하는 나와 차장에겐 관대하지 못했다는 점입니다."

"… "

"한두 시간이면 족히 끝낼 수 있는 신문을, 자질구레한 서류정리까지 완전히 해나가면서 여러 시간이나 끌었고, 신문이 끝나고 나서도 철도병원에서 시체 검안서가 안 왔다는 이유로 또 붙들어 두었고, 통행금지 시각이 된 다음에야 경찰서에서 내보냈습니다."

"…"

"조사를 받는 사람의 개인 사정이야 어떻든 형사님의 편의대로 조사할 수 있는 권한을 100% 또는 그 이상으로 발휘하셨는데… 그런 식으로 한다면 여객전무에게도 검찰권(檢札權)이라는 조그마한 권한이 있습니다. 무임승차자를 적발했을 경우, 운용 여하에 따라서 훈계할 수도 있고, 도중역에서 하차시킬 수도 있고, 관계처에 통고, 인계, 고발할 수도 있는…"

"…"

"나도 앞으로, 나의 고유의 권한인 검찰권을 100% 또는 그 이상으로 발휘해볼 작정입니다. 무기력하게 보이는, 절도 미수자 같은 그런 사람은 빼어놓고요"

나는 더 이상 말을 하지 않고, 뭔가 서운해하고, 미안해하는 표정을 짓고 있는 형사의 곁을 차장과 함께 떠나갔다.

착잡하고 분한 심정으로 뚜벅뚜벅 걸으면서 바라보는, 길 건너 서울역 2층의 서울열차사무소 창문에서 전등 불빛이 희미하게 새어 나오고 있었다.

제46화

증언(證言)과 수사(搜査)

1972년 3월 31일, 오전 5시경,

목포발 서울행 보통급행 제114열차로 서울에 도착한 내가 열차사무소에 들어가서 내근직원에게 차내수입금 인계, 특종보충권 반납 등을 하고 있으려니 교번원 박 OO 주임이 나에게 전화를 받아보라며 송수화기를 건네주었다.

"네, 전화 바꿨습니다."

"114열차의 여객전무이십니까?"

"네, 제가 114열차의 여객전무입니다."

"여기는 용산의 29헌병대인데요."

"… ?"

"오늘 새벽 3시 30분경, 경부선 직산역 근처, 정확히 말하면 서울역 기점 92.2km 지점인데요… 그곳을 통과하던 어느 열차의 기관사가 철길 옆에 한 남자가 쓰러져있는 것을 발견하고, 열차가 직산역에 들어갔을 때 열차 감시차 플랫폼에 나온 직산역 조역에게 그 사실을 알려주었는데 얼마 후, 직산역 직원들이 그곳으로 달려가 보니 철길 옆의 남자는 이미 어떤 사고로 인해 머리에 심한 파열상을 입은 채 죽어 있었습니다."

"네, 그래서요."

"직산역 직원들이 확인해본 결과 사망자는 군복을 입고 있었고, 군복 주머니에서 나온 신분증으로 사망자의 신분을 알 수 있었는데 사망자는 광주의 육군 제2사관학교 학생 한 00으로 나이는 23세입니다."

"… "

"그런데 사망자의 주머니 속에서 3월 30일 일부 인이 찍힌 목포~서울 간 보통급행 제114열차의 승차권도 두 장 나왔습니다."

"… !"

"그렇기 때문에 사망자는 3월 30일 오후 7시 55분에 목포역을 떠난 서울행 보통급행 제114열차를 타고 가다가 직산역 근처에서 어떤 사고를 당했을 것으로, 또 여객 중에 일행이 한 명 있을 것으로 추측이 됩니다."

"… !"

"그러므로 사고의 정확한 처리를 위해 여객전무님께서 지금 곧 저희 헌병대로 오셔서 사고와 관련된 열차 내의 상황을 아는 대로 설명해 주시기 바랍니다."

"… !"

1시간쯤 후의 용산 29헌병대.

나를 옆에 앉혀놓고 진술조서를 준비하는 군 관계자.

"지금 생각해보니 114열차로 오면서 몇 가지의 특이한 상황들을 목격했는데 그 상황들이 사고와 직접 관련이 있는 것 같습니다."

나는 수사에 도움을 주려고, 온 정성을 다해 기억을 하나하나 더듬어 나갔다.

시발역인 목포역에서부터 여객들이 별로 많지 않아, 전 운행구간을 통하여 서 있는 여객이 한 명도 없었던 114열차.

열차가 서대전역에 도착할 때까지는 열차 내에 아무런 이상이 없었고…

3월 31일 새벽 1시쯤, 열차가 서대전~조치원 간을 달리고 있을 때였다.

혼자서 열차 내를 순회하고 있던 나는 앞에서부터 4번째 객차인 12257호 객차에 들어갔다가, 객차의 뒤쪽 어느 좌석에서 마주 앉아 술에 취해 몹시 떠들고 있는 두 청년을 목격하게 되었다.

가까이 가 보니 한 명은 여자처럼 예쁘게 생긴 미남형인데 군 장교 정복을 입고 있었고, 또 한 명은 여드름이 더덕더덕 나 있는 추남형으로 상의 외투를 벗고 있었고, 반소매 넥타이 차림이었다. 얼핏 보아 반소매 넥타이 차림의 청년도 정복을 입고 있는 군인처럼 머리가 짧게 깎여져 있어서 군인인 것 같이 보였다.

그들의 의자 밑 한 곳엔 빈 소주병 두 개와 마시다가 술이 조금 남아있는 소주병 한 개가 있었고, 반소매 넥타이 차림의 청년 옆엔 일행인 듯한 22, 3세 가량의 예쁜 여자가 한 명 앉아 있었고⋯

"대부분의 여객이 졸고 있거나, 자고 있는데 이렇게 큰 소리로 떠들면 됩니까?"

나는 그들을 점잖게 나무랐다.

"여보십시오, 다른 여객에게 방해가 됩니다. 제발 좀 조용히 해 주십시오."

그러니까 정복을 입고 있는 군인이 미안한 표정을 지어 보이는데 반소매 넥타이 차림의 청년은 나에게 시비조로 항의해 왔다.

"아니, 우리 돈 주고 우리가 술 먹는데 당신이 왜 참견을 합니까? 당신은 남의 일에 신경 쓰지 말고 당신 볼 일이나 잘 보시오."

"⋯"

"우리가 뭐, 열 살짜리 어린애들입니까? 그렇게 신경을 쓰지 않아도 좋으니 어서 다른 데로 가보시오. 가보시라구요."

그러나 처음엔 거친 태도로 말 대꾸를 하던 그도 내가 위엄을 갖추며 계속 충고하자 나중엔 순수한 태도로 바뀌었다.

"걱정 마십시오, 지금부터 조용, 조용히 얘기할 테니 안심하고 다른 데로 가 보십시오."

"그럼, 부탁합니다."

나는 그들을 믿고 그 자리를 떠났다.

열차 내에서 여객들이 술을 마시며 떠드는 일은 흔히 있는 일이므로 정도가 지나치지 않는 한 구태여 간섭할 필요가 없기 때문이었다.

그 대신 나는 열차 내의 홍익회 판매원을 불러, 날이 샐 때까지 여객에게 술을 팔지 말라고 단단히 일렀다.

그 후, 나는 열차가 조치원~천안 간을 달리고 있을 때인 새벽 2시쯤, 열차 내를 순회하다가 한 번 더 그들에게 가 보았는데 그들은 그때까지도 술에 취한 채 적당히 떠들고 있었다.

(이젠 잠잘 때도 되었는데…)

그런데 새벽 4시쯤, 열차가 평택역을 막 떠났을 때였다.

나는 그때, 침대차의 대기실에서 열차원 이건수, 침대 열차원 황인순과 함께 차내 취급 여객일보를 작성하고 있었는데 승무 검차원이 당황한 얼굴로 나를 찾아왔다.

"여객전무님, 여객 한 사람이 술에 취해 난동을 부리고 있습니다. 어서 가 보십시오."

"키가 크고 얼굴에 여드름이 나 있는 청년입니까?"

"네."

"아까 술에 취해 떠들던 그 청년이로군."

나는 하던 일을 중단하고 열차원과 침대 열차원 두 명, 다 데리고 난동자가 있는 객차로 바삐 걸어갔다.

가서 보니 난동자는 예측한 대로 얼마 전까지 술을 마시며 떠들던 두 청년 중의 한 명인 상의 외투를 벗고 있는 청년이었다. 여전히 반소매 넥타이 차림인 그는 승무원이 침대차의 대기실에 잠깐 가 있는 사이에 무슨 일이 있었는지 오른손에 약간의 부상을 입고, 승강구와 가까운 화장실 벽에 기대어 서서 "이 새끼!", "죽인다! 죽여!", "넌, 죽어야 한다!" 등 거친 고함을 버럭버럭 지르고 있었다.

그러한 그의 앞에서 일행인 듯 한 젊은 여자가 "그러지 말라!"고 울며 말리고 있었는데 느껴지는 분위기가 무척 좋지 않았고, 살벌하였다.

(저놈을 어떻게 하면 진정시킬 수 있나?)

나와 열차원, 침대 열차원 이렇게 셋은 조심스럽게 그의 앞으로 다가갔다. 그러자 열차 내의 근무자가 온 것을 눈치챈 175cm 정도의 큰 키에 완강한 힘을 가지고 있는 듯한 그는 눈을 부라리며 우리에게 대항할 자세를 취해오는 것이었다.

"도대체 이게 무슨 짓입니까?"

"넌, 뭐야!"

그는 맨 앞에 서서 따지는 나를 기습적으로 냅다 밀었다. 그 바람에 나의 모자가 바닥에 떨어졌고, 나는 통로에 휘청, 넘어질 뻔하였다.

"어~어."

이것을 보고 화가 치밀어 오른 열차원과 침대 열차원이 그에게 달려들어 양팔을 꽉 잡았다. 그러나 그것도 허사, 열차원과 침대 열차원도 그의 힘에 밀려나서 세면장 벽에 "쾅!" 하고 부딪쳤다.

그의 힘은 참으로 막강했고, 무지막지했다.

힘으로 그를 당해낼 수 없었던 우리는 겁을 집어먹으며 일단 그에게서 조금 물러났다. 그 대신 유화책을 써서 말로 달래기 시작했다.

"이거, 왜 이러시오!"

"무슨, 기분 나쁜 일이라도 있습니까?"

우리에게 어떤 불안감을 갖고, 이유 없이 덤벼들려고 하는 그를 말로 다스리려고 하자 그는 잠시 후에 정신을 좀 차린 듯하였다. 그러나 우리에게 완력을 쓰려고 하지 않는 대신 "이 새끼!", "그 자식!", "죽인다!"는 알쏭달쏭한 욕을 벽 쪽을 향해 계속 퍼붓고 있었다.

"이상한 사람이군."

도대체 이해가 가지 않아, 어이없는 얼굴로 그를 멍하니 쳐다보고 있는 열차원과 침대 열차원.

그를 제지하지 못해 난처한 입장이 되어버린 나는 하도 답답하여 난동자의 일행인 젊은 여자에게 물어보았다.

"아까 저 사람과 같이 술을 마시며 떠들던 정복의 군인은 어디로 갔습니까?"

"… "

젊은 여자가 대답하기가 곤란한지 한 참 망설이고 있다가 떨면서 간신히 말했다.

"저이와 여기에서 어떤 일로 언쟁을 벌이다가… 저쪽 객차 쪽으로 도망갔어요."

'그것, 참 잘됐군요. 이런 때엔 몸을 피하는 것이 제일 상책입니다."

"… "

"아가씨는 저 사람 하고 어떤 관계이십니까?"

"약혼한 사이예요. 결혼을 앞두고 전남 해남군에 있는 저이의 집에 갔다가 오는 길이에요."

"녜에, 그렇군요. 그럼 어디에서 내릴 예정이십니까?

"둘이 다 수원에서 내려요."

"수원에서 내리신다… "

"저의 집이 수원시 세류동에 있기 때문이에요."

"좋은 일로 인사차 서로 양가를 왔다 갔다 하시는 중이군요. 그럼 저 사람과 도망간 군인은 어떤 사이입니까?"

"고향에 있는 00고등학교 동창이래요. 오늘 열차 내에서 우연히 만나 같이 술을 마시게 됐어요."

"처음엔 무척 반가웠을 텐데 술이 원수로구먼… 글쎄, 오늘같이 좋은 날에 이게 무슨 꼴입니까?"

이때 "우당탕탕!" 소리가 나기에 그쪽을 바라보니 서로 노려보며 대치하고 있던 열차원, 침대 열차원과 반소매 넥타이 차림의 청년이 무슨 일로 계기가 되었던지 뒤엉켜서 싸우고 있는 것이었다.

"… !"

나의 신경이 극도로 긴장되어지고 있는 동안 상황은 금세 호전되었다.

넘어져서 소리를 지르며 헛발질을 하고 있는 그에게 침대 열차원이 달려들어 목을 조르기 시작했고, 열차원이 양팔을 비틀어 잡고 있었다.

나도 기회를 놓칠세라 잽싸게 달려가서 난동자의 다리가 못 움직이게 위에서 눌렀다.

밑에 깔린 채 일어나려고 애를 쓰고 있는 그.

우리는 악을 쓰며 바둥거리고 있는 그에게서 엉뚱한 피해를 입지 않기 위해 전력을 다했다.

계속 누르고, 비틀고, 잡고…

그렇게 우리 쪽이 너무 세게 나가니까 그는 갑자기 싸울 의사를 포기한 듯 별로 힘을 쓰지 않았다.

밑에서 충혈이 된 눈으로 쳐다만 보고 있는 그.

그런 상태로 그를 누르기 무려 10여 분, 열차는 어느새 그가 내려야 할 수원역에 거의 당도하고 있었다.

나는 그를 놓아주어야 할 때가 되었다고 생각했으므로 일부러 크게 소리쳤다.

"어떻게 할 거야? 너는 약혼녀와 수원역에서 내려야 되잖아? 또 반항하면 서울까지 데리고 가서 경찰에 정식대로 고발 조치할 거야. 순순히 말을 잘 들으면 놔준단 말이야! 놔줘!"

"… "

나의 외침에 느낌이 있었던지 그는 눈을 감으며 취한 척 축 늘어졌다.

그를 누르고, 비틀고, 잡고 있을 필요가 없어진 우리.

우리는 경계하면서 그를 풀어주었다. 그리고 난동자의 약혼녀에게 열차가 곧 수원역에 도착될 테니까 그를 일으켜 세워서 내릴 준비를 하라고 일렀다.

난동자의 약혼녀는 허둥지둥, 약혼자가 벗어놓은, 금빛 단추가 달려 있는 제복과 조그마한 보따리를 어디에선가 급히 찾아 들고 와서 약혼자를 일으켜 세웠다.

약혼녀가 부축해주니까 잘 일어나는 그.

그들은 열차가 수원역에 도착하자 쫓기듯 열차에서 내려버렸다.

"앓던 이가 쑥 빠져버린 것같이 시원하군."

열차가 수원역을 떠난 후, 나는 난동자와 무슨 언쟁을 벌이다가 열차의 뒤쪽으로 도망갔다는 정복의 군인을 찾아볼까 하다가 열차원과 함께 발길을 침대차 쪽으로 돌리고 말았다. 싸움의 상대가 없는 그를 만나볼 필요가 없다고 생각했기 때문이었다.

그런데 30분쯤 후,

열차가 영등포역을 떠나서 서울역에 들어가기 직전이었다.

침대차의 대기실에서 마지막 승무 점검을 하고 있는 나에게 웬 중년 여인이 허겁지겁 달려왔다.

"저… 여객전무 아저씨, 아무래도 이상해요."

"뭐가 이상합니까?"

"아까 수원역에서 젊은 여자와 함께 내린, 그 여드름이 많이 나 있던 청년 있잖아요?"

"네, 그런데요?"

"그 청년과 같이 술을 마시며 언쟁을 벌이던 정복의 군인이 보이지 않아요."

"아, 그러면 도중역에서 내렸겠지요. 방금 영등포역에서도 많은 여객이 내렸는데… "

"그렇지 않아요. 지금 한 나이 많은 할머니가 아들을 찾고 있어요. 벌써 여러 시간 전에 아들이 열차 내에서 학교 동창생을 만났다며 자리를 떴는데 열차가 서울역에 다 도착되도록 오지 않아 애를 태우고 있어요. 제가 자세히 알아보니 그 할머니의 아들이 바로 보이지 않는 그 군인이에요."

"그렇다면 그 할머니의 아들은 술을 많이 마셨을 테니까 분명히 어느 객차의 한 좌석에서 쿨쿨 잠을 자고 있을 것입니다. 걱정되신다면 같이 찾아보도록 하죠."

"아니, 제가 이미 두 번씩이나 열차 내를 샅샅이 뒤져 보았는데 없어요."

"각 객차의 화장실도요?"

"녜, 화장실도 다 확인해봤어요."

"… ?"

"아무래도 불길한 예감이 들어요. 달리는 열차에서 혹시 떨어지지나 않았나 하고요."

"… !"

제2사관학교 학생 한 00의 죽음을 자신의 실수로 인한, 단순한 열차 추락 사고로 생각하고 있던 29헌병대에서는 나의 설명을 듣고 아연 긴장해졌다.

수원역에서 약혼녀와 내려 버린 그 난동자가 한정범과 객차의 승강구 쪽에서 어떤 일로 다투다가 난동자가 혹시 한 00을 열차 밖으로 밀어뜨리지나 않았나 하는 의혹이 생겼기 때문이었다.

그래서 사고 해결의 초점은 약혼녀와 함께 수원역에서 내려버린, 그 금빛 단추가 달려 있는 제복의 임자인 난동자에게 쏠려졌다.

"그 난동자를 찾아야 됩니다. 한 00을 열차에서 혹시 밀어뜨렸을지도 모르는 그 난동자를… "

나는 너무나도 무관심하게 보아 넘겼던 그 난동자의 인적 사항에 대해 기억을 되살리며 추가로 설명했다.

"전술한 바와 같이 그는 175cm 정도의 훤칠한 키에 뼈대가 굵은, 튼튼한 체구를 가지고 있었습니다. 그가 벗어놓은 상의 외투를 그의 약혼녀가 들고 있는 것을 얼핏 보았는데 금빛 단추가 여러 개 달려 있었습니다. 확실히 사망자 한 00의 제복과 비슷한 점이 많았습니다. 그리고 바지도 초록색의 군복 색깔이었고, 머리칼도 스포츠형으로 짧게 깎여져 있었고, 나이도 23, 4세 정도로 상당히 젊어 보였고… 그가 군인의 신분인 한 00과 같이 술을 마셨다는 점을 감안해볼 때 그의 신분도 틀림없이 군인인 것 같습니다."

"군인이라면 육군? 해군? 공군?"

"그는 얼굴에 여드름이 많이 나 있었고 몹시 우락부락할뿐더러 성질도 몹시 난폭하였습니다. 그래서 그렇다하기 보다는… 그를 제지하면서 가졌던 육감입니다만… 해병대라고 느꼈습니다."

"해병대요…?"

"네, 해병대임에 틀림 없습니다. 같이 승무했던 열차원, 침대 열차원과 여객 중의 목격자인 중년의 여인도 그가 해병대일 것이라는 나의 의견에 이의를 제기하지 않았거나, 동감을 표시했었습니다."

"여러 사람이 다 그렇게 보았다니까 그가 해병대임에 틀림 없겠군요."

다음날,

나는 중구 회현동에 있는, 신세계 백화점 옆의 해군 헌병감실에 불려가서 보충 진술을 마쳤다.

그로부터 3일 후,

열차사무소에 군 지프차가 와 나를 기다리고 있어서 나는 그 지프차를 타고 해군헌병감실로 또 갔다.

그곳에서 나는 전남 출신으로 3월 30일을 전후하여 휴가를 즐긴 수십 명 해병대 사병들의 반명함판 사진을 볼 수 있었다.

"이 중에서 수원역에 내린 그 난동자를 골라 주십시오."

사진 밑에는 그 사람의 성명, 나이, 본적, 키, 몸무게, 출신학교, 특징 등이 자세히 기록되어 있어서 참고로 하기에는 좋았지만 이것 저것을 한참씩 들여다보니까 혼동이 되어 나중에는 누가 그자의 얼굴과 비슷한지 그것도 분간해 내기가 어려웠다. 가장 의심쩍은 사람 몇 명을 지적해주면 당장 불러들여 대질을 시켜주겠다는 수사관의 말에 나는 머리를 가로저었다.

"공연히 죄 없는 사람들을 불러들여 고생을 시킬 것 같아서 망설여집니다. 또 여기에는 각 부대에서 비공식으로 휴가를 간 사병들의 사진은 없는 것이 아닙니까?"

끝내 나는 자신이 없어서 아무도 못 골라내고 머리를 갸우뚱하며 그곳을 물러 나갔다.

3일 후.

부산발 서울행 특급 제14열차를 타고 서울에 도착했더니 해군헌병감실의 지프차가 서울역 구내에서 또 대기하고 있었다.

"또 좀 헌병감실로 가 주셔야 되겠는데요."

해군 헌병감실에 또 가 보니 이번엔 전남 00군의 00고등학교 출신들 중 키 175cm 내외, 나이 22~25세 정도가 되는 사람들의 사진 수십 장이 준비되어 있었다.

"이 중에서 난동자를 골라 보시지요."

나는 신중을 기해 사진을 한 장, 한 장 들여다보았지만 난동자와 비슷한 얼굴을 찾아내지 못했다.

"자신 있게 〈이 사람입니다.〉 라고 짚을만한 사람이 없습니다."

"하, 이거, 큰일인데… "

사건의 담당은 다시 육군본부 앞의 국방부 합동수사대로 옮겨졌다.

그 곳에서 담당 소령은 나에게 사망자 한 00의 유가족이 국방부 장관에게 보낸 진정서를 보여주었다.

〈우리 00이는 장래가 촉망되는 아이로 성질이 무척 온순하며 술도 좋아하지 않습니다. 너무나 빈틈이 없기 때문에 일상생활에 있어서 실수 같은 것은 거의 없으며 더구나 열차의 객차 승강구 같은 데에서 실족하여 떨어질 아이는 절대로 아닙니다.

00이는 틀림없이 타의에 의하여 죽음을 당한 것 같으니 부디 철저한 수사를 조속히 해주셔서 00이의 억울한 원을 풀게 해 주시기 바랍니다.〉

그리고 나로부터 진술을 새로 받다가 점심때가 되자 나를 부대 밖으로 데리고 나가서 설렁탕을 함께 먹으며 지친 표정의 나를 위로해 주었다.

"수원에서 내린 난동자를 어떻게 해서든지 찾아내야 합니다. 수사에 협조해 주느라고 시간을 뺏기고, 심신이 피로하겠지만 사고규명을 정확히 해야 한다는 마음으로 모든 어려움을 참아주시기 바랍니다."

국방부 합동수사대에서는 여러 날에 걸쳐 114열차의 열차원, 침대 열차원, 승무 검차원을 호출하고, 전라도 영광군에서 살고 있다는 114열차 여객 중의 목격자(114열차가 서울역에 도착되기 직전에 술을 마시며 언쟁하던 두 청년 중 한 명이 보이지 않는다고 나에게 신고한 중년 여자, 그 여자는 자신이 경기여고 출신이라고 했었다)에게도 다녀왔다.

그러나 내가 최초 진술한 내용보다 더 나은 정보를 얻지 못했다. 그만큼 목격자들은 내 경우처럼 술에 취한 두 청년을 관심 없게 보았기 때문이었다.

"설마하니 그런 일이 일어날 줄을 누가 짐작이나 했겠습니까?"

사망자의 유가족 측에서는 얼마 후, 국방부 장관에게 두 번째의 진정서를 보내왔다.

〈그 사건을 제대로 해결 못하면 우리 남은 가족은 평생을 원한과 눈물로 보내게 됩니다. 부디 수사력을 총동원하여 OO이와 저희의 원한을 풀어 주십시오.〉

국방부 장관은 0월 0일까지(정확한 날자가 기억이 안 남) 최선을 다해 사건을 종결지으라고 엄명을 내렸다. 그 바람에 목격자 중의 책임자인 나는 담당 수사관들로부터 시달림을 더 받아야 했다.

열차 승무를 위해 열차사무소에 나가면 몇 월 며칠 몇 시에 국방부 합동수사대로 와달라는 연락이 와있고, 열차로 서울에 도착하면 나를 기다리는 군지프차가 서울역 구내에서 대기하고 있고…

뻔질나게 국방부 합동수사대를 드나들어도 내가 진술하는 내용은 거의 변동이 없었다.

"더 기억나는 일이 없습니까?"

'글세… 이제까지 다 얘기한 것 같은데요."

"난동자의 구두가 워커였는지, 단화였는지, 그것도 확실히 단언 못 하겠습니까?"

"내가 관심을 두고 보지 않았기 때문에 뭐라고 확실한 말씀을 드릴 수가 없습니다. 추측으로 얘기할 수는 없고… 단지 하나, 구두 색깔이 검정색이었다는 것은 확실합니다. 제 기억으로는… "

급기야 초조해진 국방부 합동수사대의 한 수사관은 나와 심각하게 이런 대화도 나누었다.

"그럴 것 없이 우리 대한민국에 있는 해병대를 한 명 한 명 다 만나봅시다. 그러면 난동자를 찾아낼 수 있는 거 아니오?"

"그야 그렇지만 그게 어디 쉬운 일입니까?"

"빈대 하나를 잡기 위하여 초가삼간을 다 태운다… 그래도 할 수 없지, 그 놈을 어차피 잡아야 하니까… "

이 말은 엄청난 계획이어서 실천을 보지 못했지만 그만큼 국방부 합동수사대나 내가 그 사고에 대해 애를 먹고 있었다. 그리고 나를 괴롭히는 데는 거기뿐만이 아니었다.

어느 날, 여수행 특급 제61열차의 승무를 위해 서울역 플랫폼에 출장하니 정복을 입고있는 경찰관 한 명이 나를 기다리고 있었다.

"당신이 여객전무 최선권 씨 입니까?"

"녜, 그렇습니다만… 왜 그러시죠?"

"죽은 한 00이에 대해서 어떻게 생각하고 계십니까?"

"아, 그 사건에 대해 말씀하시는군요. 제가 승무한 열차에서 일어난 일이기 때문에 무척 유감스럽게 생각하고 있고, 도의적인 책임도 느끼고 있습니다."

"그 유감스럽게 생각하고 있고, 도의적인 책임도 느끼고 있다는 것을 구체적으로 설명해 보십시오."

"… 실례이지만 댁은 누구이십니까?"

"나요? 나는 죽은 한 00이의 친형 되는 사람이오."

"녜에… ?"

"지금 노량진 경찰서에서 근무하고 있습니다."

"… "

"당신은 그날, 여객의 안전한 여행을 책임진 여객전무로서 근무를 제대로 했다고 생각하십니까?"

"… 무슨 의도로 그렇게 물으시는 것입니까?"

"당신이 좀 더 술에 취해 떠들고 있는 여객에게 신경을 써서 보살펴주었더라면 OO이는 죽지 않았을 것 아닙니까?"

"그야 그렇겠지요. 제가 그 두 사람의 옆에 꼬옥 붙어 서서 지켜보고 있었더라면 그런 사고는 예방되었을 것입니다. 그러나 열차 내에서 여객이 술을 마시며 잡담하는 곳은 여러 군데라는 것을 아셔야 됩니다. 저는 근무자이지만 필요 이상으로 여객에게 간섭할 권리는 없습니다. 또 각종의 사고는 언제 어디에서 어떻게 일어날지 아무도 예측을 못하는 것입니다. 제가 어디에서 사고가 날줄 미리 알고 한 곳에서 지키고 서 있겠습니까? 또 제가 가장 의심쩍은 한 곳에서만 충실하게 자리를 지키며 근무하고 있다고 해봅시다. 그러면 갖가지의 사연이 있는 다른 수백 명의 여객을 누가 돌볼 것입니까? 여객 전무는 모든 여객에게 공평히 봉사해야 됩니다."

"그건 변명에 지나지 않소! 어찌 되던 OO이는 죽었고, 당신은 OO이의 죽음에 대해 상당한 대가를 치러야 될 것이오!"

"… !"

그날 이후,

나는 그 사고에 대해 심한 공포증을 갖게 되었다. 나에게 어디에서 전화가 왔다는 소리만 들어도 가슴이 덜컥 철렁했다.

(나에게도 책임이 있지…)

머릿속엔 항상 그 생각이 뱅뱅 돌았다.

(내가 열차 내 순회를 자주 했더라면 그런 사고가 나지 않았을 것을…)

불안한 마음에 수면도 제대로 못 취했고, 안절부절못하며 열차를 탔다.

그로부터 보름쯤 후,

그러니까 사고가 발생해서 한 달 반쯤이나 되었을까?

국방부 합동수사대의 낯모르는 수사관 한 사람이 또 열차사무소로 나를 찾아왔다.

키가 보통이고, 깡말라서 매우 날카로운 인상을 주고 있는 사람.

사고에 지쳐있었던 나는 그의 직책과 성명도 물어보지 못한 채 그의 물음들에 응했다.

그의 질문 방법이 어떻든, 내가 대답한 내용은 내가 그때까지 여러 수사관에게 대답한 내용 바로 그대로였다.

"전에 진술한 내용과 글자 하나 틀리지 않네요?"

"그 사고에 대해 하도 많이 진술했기 때문에 이젠 그 내용을 달달 외우고 있습니다."

"새로운 것이 있나 하고 왔는데… "

조서를 다 받고 난 뒤, 나는 그에게 사정했다.

"저는 이제 더 할 말이 없습니다. 다음에 또 찾아오셔도 저한테서는 똑같은 대답만 나올 것입니다. 그러니 이 것으로서 그만… "

"다시는 오지 말아 달라는 얘기이군요. 저는 지금 할 일이 없어서 당신을 찾아온 줄 아십니까?"

"… "

"당신은 지금 귀찮은 것만 생각하고 있는 모양인데… 내, 분명히 말해두지만 그점이 문제가 아닙니다. 수원에서 내린 그 난동자를 끝내 못 잡고 사건이 완전히 미궁으로 빠져버리는 경우를 생각해보아야 합니다. 당신이 지금 입고 있는 이 여객전무 제복, 이 옷을 그대로 입게 되느냐? 벗게 되느냐? 그때엔 그것이 문제가 될 수도 있다는 말입니다!"

"… !"

그는 짜증 섞인 목소리로 나를 충고하고 열차사무소의 복도를 천천히 걸어 나갔다.

그때, 그의 뒷모습을 허탈한 심정으로 바라보고 있던 나의 머릿속에 번개같이 떠오르는 것이 있었다.

그 지음에 와서 의문을 두고 가끔 머리를 갸웃둥 해보던, 용의자의 신분에 관한 것이었다.

(나뿐 아니라 열차원, 침대 열차원, 승무 검차원, 중년 여인 등 열차내의 목격자들이 한결같이 주장한, 수원에서 내린 자가 해병대였다는 증언은, 맨

처음에 증언한 내가 그렇게 증언했기 때문에 그런가 보다 하고 나의 뜻에 따라 여러 사람이 그렇게 동조해준 것뿐이지 사실은 그것을 뒷받침해줄 만한 확실한 근거는 없는 것이 아닌가?)

그 점은 어떻게 생각해보면 사건을 수사하는 데에 있어서 아주 중요한 문제였다.

좀 늦었지만 좌고우면(左顧右眄)할 필요가 없는 것이었다.

(내 오늘 분명코 말해 주리라. 수원에서 내린 자가 군인, 특히 해병대가 아니라 민간인의 신분일지도 모른다는 사실을…)

"여보세요!!… "

나는 소리쳐서 멀어져가는 수사관의 걸음을 멈추게 했다. 그리고 그의 옆으로 다가가서 더듬더듬 말을 꺼냈다.

"미안한 일이지만… 정말 미안한 일이지만… "

"… ?"

"지금까지의 수사 과정을 지켜보니 수원에서 내린 난동자는 군인이 아니고 민간인인 것 같습니다."

"뭐요? 여러 사람이 다 해병대라고 증언하지 않았습니까?"

"그건 여러 사람이 확실하게 보지 못해 자신 없는 상황에서 여객전무인 제가 처음으로 해병대일 것이라고 강력하게 우겨대니까 모두 그렇게 추측하고 각자, 참고인 조사 때 해병대라고 못 박아 진술해버린 것입니다."

"허, 그러면 수원에서 내린 자는 해병대가 아니구만… 민간인이라… 이런 낭패가 있나?"

"죄송합니다."

"이제까지의 수사는 바다에서 호랑이를 찾아보고, 산에서 물고기를 찾아보는 잘못된 수사였네요… 우리는 여객전무, 당신의 증언을 절대적으로 믿고 일해 왔었는데… "

그러나 그는 나에게 손을 내밀며 굳은 악수를 청해 왔다.

"수원에서 내린 자를 해병대에서만 찾느라고 이미 수많은 노력을 투입해

온 지금, 수사방향을 180도 전환시키게 할지도 모르는 중대한 의견을 새로이 제시해준 당신의 용감성에 탄복합니다. 우리 서로 행운을 빌어 봅시다.”

그로부터 일주일쯤 후,

장항발~서울행 특급 제26열차를 타고 서울에 도착하여 열차사무소에 들어갔더니 국방부 합동수사대의 날카로운 인상의 수사관이 또 나를 기다리고 있었다.

그러나 이번엔 환한 얼굴.

“안녕하십니까? 최 여객전무님.”

“아, 또 오셨군요.”

“오늘은 좋은 소식 전해 드리려고, 서울역 앞을 지나가던 길에 잠깐 차를 세워놓고 일부러 최 여객전무님을 찾아왔습니다.”

“… ?”

“우리 합동수사반은 수원역에서 내린 자가 해병대가 아니라 민간인일 것이라는 최 여객전무님의 번복 증언을 받아들여 수사 방향을 180도 전환시켰습니다. 용의자가 민간인이라면 군부대 밖에서 용의자를 찾아내야 될 게 아닙니까? 그래서 용의자의 약혼녀가 살고 있다는 수원시 세류동의 동사무소를 찾아가서 근무자들로부터 협조를 구한 후, 동적부를 뒤졌습니다, 그 결과 동적부에서 찾아낸 20대 초반의 여자들과 일일이 면담해보다가 운이 좋게도 〈제가 그 열차 추락사고의 직접 목격자 입니다〉 하며 자수 의사를 밝히는 용의자의 약혼녀를 발견해낼 수 있었고, 그녀를 통하여 또 김포에 있는 00공공기관(익명으로 함)의 경비원으로 태연하게 근무하고 있는 난동자를 잡아 수사 기관까지 연행할 수 있었습니다.”

“난동자의 약혼녀가 자수했군요!”

나는 너무 기뻐서 수사관의 두 손을 덥석 잡았다.

“지금 난동자와 그의 약혼녀, 두 사람을 각각 다른 방에 가둬놓고 계속 신문을 진행하고 있습니다. 난동자의 약혼녀는 〈저의 약혼자가 같이 술을 마

시고 언쟁을 벌이던 상대편 남자(한 00)을 승강구에서 밀어뜨려 죽게 했다〉
고 하고 있고, 그녀의 약혼자인 난동자는 그저 〈모른다〉, 〈술에 취해 있었기
때문에 전연 기억이 안 난다〉고만 횡설수설 하고 있습니다.”

“수사에 어려움이 많으시겠네요… 사필귀정(事必歸正)이라는 말이 있는
데 그가 한 00을 밀어뜨리지 않았다고 거짓말해도 목격자가 나왔으니 진실
은 곧 밝혀지겠죠. 그런데 수원에서 난동자의 약혼녀를 찾을 수 있었다는 것
은 참으로 행운이라고 생각됩니다. 그때의 얘기를 자세하게 좀… ”

“그 얘기를 다 하려면 에피소드도 있고… 시간이 걸립니다. 일종의 고생
담인데 그냥 들려줄 수는 없고… (웃음) 저는 지금 두 남녀의 신문에 필요한
자료를 가지러 어디로 급히 가고 있다가 그 사고 때문에 애를 먹고 있는 최
여객전무님께 우선 그들을 잡았다는 소식이나 전해주려고 잠깐 열차사무소
에 들린 것입니다. 마침 최 여객전무님이 열차로 서울에 도착한 시각이라 다
행입니다. 궁금한 얘기는 사건의 조사가 다 끝난 다음에 기회가 있을 테니까
그때 다 하기로 합시다. 자~악수!”

“아니, 우리가 만난 후, 5분이나 채 지났습니까? 아무리 급해도 여기까지
일부러 오셨는데 차라도 한잔 마시고 가셔야지요.”

“제가 오죽 바쁘면 이러겠습니까?”

섭섭해서 붙드는 나를 그는 끝내 물리쳤다.

돌아서서 황급히 열차사무소의 계단을 내려가기 시작하는 수사관.

열차사무소의 계단을 반쯤 내려갔을 때 그는 갑자기 무엇이 생각난 듯 걸
음을 멈추었다. 그리고 나의 쪽을 향해 웃음 띤 얼굴로 말했다.

“어떠한 사건이라도 목격자의 진술은 해결의 열쇠입니다. 증언을 함에 있
어서 선입감에 의하거나 추리를 섞어 잘못된 증언을 하게 되면 그 사건의 진
상은 규명되어지지 않게 됩니다. 증언 한 마디, 그것이 사고 처리에 얼마나
책임이 크며 중요한 것인가를 최 여객전무님은 이제 체험을 통해 알게 되셨
죠?”

“… !!”

제47화

반격(反擊)의 수비(守備)

1972년 6월 어느 날,

목포발~서울행 보통급행 제112열차, 오후 6시 30분쯤.

열차가 서울역에 도착하여 열차사무소에 들어갔더니 교번원 이 00 주임이 책상 위의 메모지를 들여다보며 나에게 말했다.

"최 여객전무님, 본청 감사관실에서 내일 10시까지 출두해 달라고 합니다."

"무슨 일로요?"

"글쎄요, 감사관실의 김 00 주임이 최 여객전무님의 서울 도착 시각을 전화로 물어 와서 오후 6시 30분쯤에 도착한다고 했더니 내일 10시까지 감사관실로 보내라고 하던데요."

"… "

다음 날 10시,

내가 감사관실로 출두했더니 조사계의 김 00 주임이 무슨 서류를 찾아보며 나에게 물었다.

"그저께 목포역에서 수신 철도청장, 참조 감사관으로 하여 〈무찰객 과잉 단속자 보고〉란 전보를 친 일이 있지?"

"네, 있습니다."

"전보만으로는 미흡하니 그때의 상황을 자세히 얘기해 보게."

"네."

나는 기억을 더듬으며 전보의 내용을 김 00 주임에게 차근차근 설명하기 시작했다.

그저께의 서울발~목포행 보통급행 제111열차, 오후 3시 20분쯤.

열차가 이리역에서 정차했다가 떠난 후였다.

혼자서 열차 내를 순회하던 나는 어느 객차의 중앙통로에서, 여객을 이리저리 살펴보며 걸어오는, 낯이 익고 사복을 입고 있는 두 명의 순천철도국 공안원과 마주치게 되었다.

바로 전날, 내가 승무했던 여수발 용산행 보통 제194열차에서 순천~이리 간을 공안기동반으로 승무했던 그들.

또 그때 나와 같이 승무한 194열차의 차장이 열차 내에서 그들에게 개인적으로 간단한 점심도 대접해 주었다고 나에게 말해 와서 내가 그렇게 알고 있는 그들.

"안녕하십니까?"

내가 반가운 마음에 웃으며 아는 체를 하자 그들은 무슨 이유에선지 무표정한 얼굴로 나를 한번 흘깃 쳐다보곤 말없이 내 옆을 그냥 지나쳐가는 것이었다.

(다른 공안원들은 다 좋던데 이 사람들은 왜 이렇게 도도할까?)

그로부터 30분쯤 후,

열차가 신태인역에서 정차했다가 떠난 후였다.

승무원 석에 앉아서 잠시 쉬고 있는 나를 20세 전후의 청년 두 명이 찾아왔다.

"저어… 신태인역에서 탔는데요. 돈이 조금 모자라서 할 수 없이 차표를 못 사고 열차에 그냥 올라탔습니다."

"어디까지 가시는데요?"

"송정리역까지요."

"얼마를 가지고 계십니까?"

"둘이서 400원이요."

"신태인에서 송정리까지의 1인당 운임이 200원, 보통급행료가 110원, 계 310원이므로 두 사람이 신태인역에서 승차권을 살 경우, 내야 할 돈은 620원 … 모자라는 돈은 220원이었군."

"녜."

"그런데 열차 안에서 승차권을 끊게 되면 부가 운임, 요금이란 것을 더 내야 하기 때문에 돈이 더욱 모자라게 되는데… 정당 운임, 요금 620원 외에 얼마를 더 내야 되는가 하니 1인당 운임 200원에 대한 부가 운임이 100원, 보통 급행요금 110원에 대한 부가 요금이 50원, 계 150원이 되므로 두 사람이 더 내야 할 부가 운임. 요금 계는 300원이 됩니다."

"아유, 아저씨, 우리는 400원밖에 없는데 어떻게 좀 봐주세요."

"돈이 그렇게도 없습니까?"

"녜, 우리는 농사꾼입니다. 지금 당장 가진 것이라곤 이것밖에 없고, 송정리로 가야 남한테서 받을 돈이 조금 있습니다."

"나도 개인적으로는 동정이 가서 봐 드리고 싶지만 금전에 관한 것은 철도청 규정대로 엄격하게 처리해야 되기 때문에 그 돈 400원으론 정당하게 차표를 끊어드릴 수가 없습니다."

"송정리역에서 제일 가까운 장성역에서 탄 것으로 하여 차표를 끊어주시면 안 되겠습니까?"

"장성역에서 탄 것으로 해도 부가 운임. 요금이란 것이 붙기 때문에 어차피 400원으론 안 됩니다."

"그러면 어떻게 하죠? 송정리까진 꼭 가야 되는데… "

"… "

나는 생각 끝에 그들의 처리를 송정리역에 일임하기로 했다.

그래서 가방 속에서 16절지 백지 한 장을 꺼내 반으로 잘라 겹친 후, 그 사이에 먹지를 끼우고 볼펜으로 써 내려갔다.

무찰객(無札客) 인계서

인　원 : 2명
승차구간 : 신태인역~송정리역
상기 2명에겐 승차권이 없고, 갖고 있는 돈도 400원 밖에 없어서
열차 내에서 처리하지 못하고 하차역인 송정리역에서 인계함.

1972년 6월 0일

인계자 : 제111열차　여객전무 최선권 인
인수자 : 송정리역　역무원　000 인

무찰객 인계서를 다 쓴 후, 나는 그들에게 말했다.

"어디든지 빈자리가 있으면 가서 앉으십시오. 그리고 열차가 송정리역에 도착하면 당신들을 송정리역에 인계할 테니까 송정리역 직원에게 잘 부탁해 보십시오."

"녜, 고맙습니다."

그들은 도중역에서 내리지 않게 해준 것만도 무척 다행스럽게 생각했던지 나에게 저자세로 허리를 굽히며 감사의 뜻을 전해 왔다.

(나는 무찰객을 송정리역에 정식으로 인계해줌으로써 나의 책임을 면하게 되겠고, 나중에 송정리역에서 무찰객을 어떻게 처리하든 일체 상관을 하지 말아야지.)

그런데 그로부터 약 1시간 후인 오후 4시 40분쯤,

열차가 송정리역에 도착되었을 때였다.

내가 무찰객 두 명을 데리고 송정리역 집찰구로 가기 위해 열차에서 내린 수백 명 여객과 함께 플랫폼을 걸어 나가고 있는데 갑자기 무찰객 두 명의 팔을 잡는 사람들이 있었다.

"당신들, 차표 없지?"

"… !"

그들은 이리역에서 111열차에 승차한 두 명의 공안기동반원이었다.

"당신들, 조사할 것이 있으니까 우리를 따라와!"

송정리역 주재 공안실쪽으로 무찰객의 팔을 잡고 끌고 가려고 하는 그들.

놀란 나는 당황하는 표정으로 그들을 만류하며 물었다.

"아니, 왜 이러는 거요?"

"이 사람들, 차표가 없지 않소? 조사 좀 해 봐야 되겠소."

"이 사람들에게 차표가 없기 때문에 내가 지금 송정리역에 인계하러 가는 중이오. 이 사람들을 놓아주시오."

"당신이 지금 이 사람들을 해방하러 가는 거 아니오!"

"해방이라니! 정당하게 인계하러 가는 중이오!"

"거짓말 마시오!"

"거짓말 아니오!"

나는 왼손에 쥐고 있던 무찰객 인계서와 현금 400원을 그들에게 보여주었다.

"이것 보시오! 무찰객 인계서, 그리고 무찰객으로부터 받아놓은 돈 400원, 이 돈과 이 무찰객을 함께 송정리역에 인계하러 가는 중이오!"

"그건 표면상 내세우는 것이지, 내용과 목적은 무찰객을 해방시키려고 하는 거 아니오!"

나의 주장을 무시한 공안원들은 완강한 힘으로 무찰객을 끌고 그들의 목적지로 가고 있었다.

"가면 안 돼!"

나는 그들을 따라가서 무찰객의 팔소매를 잡으며 소리쳤다.

"당신들은 나를 따라와야 돼요! 이 사람들을 따라가면 안 되요!"

어떻게 해야 좋을지를 몰라 겁먹은 표정들을 짓고 있는 무찰객.

또 플랫폼을 걸어 나가다 말고 의아한 눈초리로 바라보는 수백 명의 여객.

내가 공안원으로부터 무찰객을 빼앗으려고 무찰객의 팔을 나의 쪽으로 잡아당기자 공안원도 더 힘을 주어 무찰객을 자기들 쪽으로 잡아당겼다.

나와 공안원의 중간에서 이리 끌리고 저리 끌리느라고 애를 먹고 있는 무찰객. 또 누가 이기느냐? 어느 쪽이 지고 마느냐? 닭싸움 구경하듯 흥미 있게 바라보고 있는 수백 명의 여객.

수초 후, 나는 여객의 시선에 창피함을 느껴, 무찰객을 잡고 있던 손을 놓아버렸다.

내가 손을 놓아버리자 아무 거리낌 없이 무찰객을 끌고 가는 공안원.

공안원은 무찰객을 송정리역 주재 공안실로 데리고 들어갔다. 나는 어이없는 표정으로 플랫폼에 한동안 서 있다가 송정리역 주재 공안실로 들어가 보았다.

벌써 무찰객을 앞에 세워놓고 조서를 꾸미고 있는 공안원.

"그래, 여객전무에게 돈을 얼마나 주었나?"

"400원이오."

"왜 400원을 주었지?"

"송정리역까지 우리 두 사람의 차표를 끊어달라고요."

나는 보다 못해 그들의 대화를 가로막았다.

"이 사람들, 바쁠 텐데 빨리 보내 주시오. 이 사람들이 돈이 모자라서 차표를 못 샀을 뿐이지 무슨 죄가 있다고 붙들어놓고 이러는 것입니까?"

"당신은 여기에 관여하지 마시오!"

"…!"

나는 정차중인 111열차가 떠나갈까 봐 더 이상 다른 얘기를 하지 못하고 서둘러 송정리역 주재 공안실을 나가버렸다. 그리고 막 떠나려고 기적을 길게 울리고 있는 111열차에 달려가서 아슬아슬하게 올라탔다.

창피스러움, 착잡함, 답답함, 억울함… 그 때문에 손에 잘 잡히지 않는 열차 일.

1시간쯤 후,

111열차가 종착역인 목포역에 도착하자 나는 역사무실에서 혹시나 하는 마음으로 송정리역 주재 공안실로 전화를 걸었다.

"나, 111열차의 여객전무입니다. 누구이십니까?"

"녜, 송정리역 주재 공안원 OOO입니다."

"아까 그곳으로 끌려갔던 무찰객, 어떻게 처리되었습니까?"

"기동반원이 조사를 마친 후, 내 보냈습니다."

"무찰객이 뭐라고 진술했습니까?"

"그들이 여객전무에게 돈이 400원밖에 없다고 사정하니까 여객전무가〈알았다. 송정리역에서 내보내 주겠다〉고 했다면서요?"

"뭐라고요? 그건 조작입니다. 무찰객을 조사한 기동반원들 좀 바꿔주십시오."

"기동반원은 여객전무의 무찰객 해방 건(件)을 상부에 보고하러 간다며 조금 전에 여기에서 어디론가 나가 버렸는데요."

"내가 지금 그곳으로 택시를 타고 가도 만날 수 없다는 얘기입니까?"

"그렇습니다."

"… !"

전화를 끊고 나서 곰곰이 생각해보니 공안기동반원의 처사 중 섭섭하게 느껴지는 점이 한두 가지가 아니었다.

1. 열차 내의 치기배 단속, 질서유지 등에 힘써야 할 그들이 같이 승무하는 여객전무의 일거일동을 부정 적발의 차원에서 감시하고 있었다는 점.

2. 여객전무로부터 무찰객을 강제로 빼앗아 송정리역 주재 공안실로 연행해 갔다는 점.

3. 철도의 내부규정을 잘 모르는 무찰객 2명에게 유도 질문을 하여 여객전무가 부정을 저지른 것처럼 조서를 꾸몄다는 점.

4. 여객전무의 최종적인 의견도 들어보지 않고, 상부에 여객전무의 무찰객 해방 건(件)을 보고하러 갔다는 점.

그들의 일방적인 보고가 올라가면 내가 나중에 아무리 변명을 잘하여도 좋지 못한 선입관 때문에 상부에서 나에게 불리한 판정을 내릴 것은 뻔한 일.

(내, 이걸 그냥 놔둬선 안 되겠군…)

공무원의 신분상, 어떤 위기감을 느낀 나는 그대로 목포역 사무실의 한 책상 앞에 앉아서 벌벌 떨리는 마음으로 상부에 보낼 전보문을 기안하기 시작했다.

분류번호 : 33510 ~
수　　신 : 수신처 참조
발　　신 : 제111열차 여객전무 최선권
제　　목 : 무찰객 과잉 단속자 보고

6월 0일 16시 40분쯤, 서울~목포 간 보통급행 제111열차가 송정리역에 도착한 후, 돈이 400원 밖에 없어서 특종보충권을 발행해줄 수없는 신태인~송정리 간의 무찰객 2명을 여객전무가 송정리역에서정식으로 인계하기 위하여 〈무찰객 인계서〉와 함께 송정리역 집찰구로 데리고 나가는 것을, 111열차로 이리~송정리 간을 승무한사복의 순천철도국 공안기동반원 2명이 여객전무가 무찰객 2명을 위규로 해방시키기 위하여 데리고 나가는 것으로 간주하고 송정리역 플랫폼에서 무찰객들을 강제로 연행하려고 하여, 여객전무가 손에 쥐고 있던 〈무찰객 인계서〉를 보여주며 〈정식으로 송정리역에 인계하러 가는 것이니 무찰객들을 건드리지 말라〉고 간곡하게 만류하였으나 이를 묵살하고 그대로 무찰객을 수백 명 여객의 환시리(環視裡)에 송정리역 주재 공안실로 끌고 가서 조사를 벌인 사실이 있었던바, 그로 인해 종사원끼리의 불신, 불화가 초래되었고,무찰객이 죄인 취급을 당하며 시간상, 인격상 피해를 입었고, 철도의 인상을 많은 여객에게 나쁘게 보여줬으므로 이러한 물의를 야기시킨 공안기동반원에 대해 상응한 조치를 내려주시기 바랍니다. 끝.

수신처 : 철도청장, 서울철도국장, 순천철도국장.

그리고 기안한 전보문을 새로운 종이 두 장에 먹지를 끼워놓고 정서한 후, 목포역 여객조역에게 내어 밀었다.

"전신실에서 전보 좀 쳐주십시오."

"… ?"

목포역 여객조역이 나의 전보문을 읽고 나서 머리를 갸우뚱하며 말했다.

"이런 내용을 전보로 치게 되면 공안원과 서울열차사무소 승무원과의 사이가 좋지 않게 될 텐데… "

"사이는 이미 나빠진 것입니다. 그들이 나를 죽이려고 선량한 무찰객으로부터 유도신문(誘導訊問)의 진술서를 받아, 상부에 보고하러 간 마당에 나는 가만히 앉아서 당하고만 있을 수는 없는 것이 아닙니까?"

"… "

"나도 반격을 해야지, 지금 반격을 하지 않으면 나중에 수세에 몰려 변명만 하다가 징계 등 억울한 조치를 당하게 됩니다."

"… "

"내가 심사숙고 끝에 결정한 일이니 내 뜻대로 전보를 쳐주십시오."

"… "

목포역 여객 조역이 마지못해, 내가 내어 밀은 전보문 두 장에 접수했다는 표시의 서명을 한 후, 한 장은 자기가 갖고, 한 장은 나에게 내어주었다.

나는 목포역 여객 조역으로부터 접수 서명을 받은 전보문 한 장을 주머니에 집어넣고 곧바로 목포 승무원 숙사로 향했다.

그로부터 30분쯤 후,

목포 승무원 숙사에서 저녁 식사를 하고 있는 나에게 목포역 여객 조역으로부터 전화가 걸려 왔다.

"다시 한번 생각해 보시지요. 전보를 안 치는 것이 좋을 텐데… "

"전보를 쳐주십시오. 내가 나중에 취소할 전보라면 전보문의 하단에 처음부터 아예 조역님의 접수 서명을 받지 않았을 것입니다."

"… "

전화를 끊고 나서 한 시간쯤 후, 목포역 여객조역으로부터 또 전화가 왔다.

"전보를 꼭 쳐야 되겠습니까?"

"아니, 아직도 전보를 안 쳤습니까?"

"… "

"전보를 안 치게 되면 제가 죽는다고 아까 말씀드리지 않았습니까? 내가 살기 위해, 내가 억울한 일을 당하지 않기 위해, 나도 공격을 해보는 것이니 상관 말고 전보를 쳐 주십시오."

"… "

"전보를 너무 늦게 치거나, 전보를 아예 안 치게 되면 나와 여객조역 님, 둘 다 엉뚱한 피해를 입게 되다는 것을 명심하시고 지금 곧 전보를 쳐 주십시오."

"… "

그렇게 해서 전보는 결국 쳐졌다.

내가 〈무찰객 과잉 단속자 보고〉 건(件)에 대한 얘기를 전부 마치자 나의 얘기를 주의 깊게 듣고 있던 감사관실의 김 00 주임이 씁쓸한 표정을 지었다.

"여객전무가 무찰객을 데리고 송정리역 플랫폼을 걸어 나갈 때의 복장은 어떠하였는가?"

"정복, 정모, 흰 장갑… 여객전무의 근무 복장 그대로였습니다."

"여객전무의 근무 복장 그대로로 무찰객 인계서를 써갖고 무찰객을 데리고 정정당당하게, 열차에서 내린 여객과 함께 플랫폼을 걸어 나갔다…형식상으로 하자가 전연 없군."

"… "

"공안기동반원이 여객전무가 송정리역 집찰구에서 무찰객을 위규로 해방하는 것을 목격하고, 부정을 적발해 내기 위하여 덮쳤다면 몰라도, 여객전무가 무찰객을 송정리역에 정식으로 인계하러 가고 있는지 혹은 해방하러 가고 있는지 잘 모르는 상태에서 도중에 덮쳐버리고 말았으니… 공안기동반원들의 큰 실수였군."

"… "

"순천의 공안기동반장한테 여기에 올라오라고 연락을 취했는데… 어때, 공안기동반원을 꼭 처벌해야 된다고 생각하나?"

"전보의 내용에도 있듯, 종사원끼리 불신, 불화를 초래하였고, 무찰객에게 죄인 취급을 하며 시간상, 인격상의 피해를 입게 했고, 수백 명 여객에게 철도의 이미지를 좋지 않게 보여줬기 때문에 그들은 마땅히 처벌을 받아야 된다고 생각합니다."

"… 알았네, 내려가서 열차나 잘 타게."

"… "

다음 날,

서울역에서 오전 8시 정각에 떠나는 특급 제21열차로 부산행,

그다음 날 오전 7시 40분쯤.

부산역에서 오전 8시 정각에 떠나는 서울행 특급 제22열차의 여객을 부산역에서 안내하고 있으려니 내 앞에 불쑥, 중후한 몸집, 안경을 쓰고 있는 40세 내외의 한 남자가 나타났다.

'… !"

그는 4일 전, 111열차가 송정리역에 도착되었을 때 송정리역 플랫폼에서

내가 인솔해가는 무찰객을 강제로 연행해 가고, 나로 하여금 목포역에서 〈무찰객 과잉 단속자 보고〉란 전보를 치게 했던 순천철도국 공안기동반장이었다.

(멀리 순천에 있어야 할 그가 여기에 왜 왔을까?)

내가 경계하며 말없이 쳐다보자 그가 나에게 조심스런 태도로 말을 걸어왔다.

"본청 감사관실에서 나를 올라오라고 하는데… 올라가기 전에 당신의 얘기를 먼저 들어 보고 싶어서 순천에서 일부러 여기까지 찾아왔습니다."

"나를 만나기 위해 내가 타는 열차를 미리 알아보고 여기까지 찾아왔군요 … 나에게서 무슨 얘기를 듣고 싶습니까?"

"… 감사관실에 갔다 왔습니까?"

"네, 어제 갔다 왔습니다."

"그 사람들이 뭐라고 합디까?"

"어떻게 된 일이냐고 묻기에 그날 일어났던 일을 그대로 얘기했습니다."

"…"

"이 열차로 서울에 가서 감사관실에 들릴 예정입니까?"

"그렇습니다."

"내가 승무하는 열차로 서울 가는 건 좋은데 열차 내에서 종전처럼 왔다 갔다 하지 마십시오. 나는 지금 신경이 극도로 예민해져 있습니다."

"…"

그는 나와의 2차 충돌을 피하기 위해서인지 어느 좌석에 침울한 표정으로 앉은 채 부산에서 서울까지 고이 갔다.

보름쯤 후.

내가 목포발 서울행 특급 제44열차를 타기 위해 목포역 플랫폼에서 개찰구를 통해 걸어 나오는 여객을 안내하고 있을 때였다.

감사관실에서 조사를 받았을 순천철도국 공안기동반장이 또 내 앞에 나타났다.

"… !"

말없이 쳐다만 보는 나와 그.

30초쯤 지난 후, 이번에도 그가 먼저 나에게 말을 걸어왔다.

"당신 덕택에 내가 이곳으로 발령이 났습니다."

"무슨 말입니까?"

"순천의 공안실에서 여기 OOO사무소 사무원으로… "

"그러면 지금은 공안원의 신분이 아니란 말입니까?"

"그렇소."

"허, 그렇게 되었구만… 타의에 의한 인사이동이라 기분이 좀 좋지 않겠지만 장기적인 안목으로 볼 때 공안원보다는 OOO사무소 사무원이 훨씬 안정감이 있고 편하지 않습니까?"

"그래도 고기는 제 물에서 놀아야 되는데… "

"지금의 직책이 정 마음에 안 들면 나중에 다시 공안원의 직책으로 변경할 수 있지 않습니까?"

"… "

"그리고 지금 나를 찾아온 이유는 뭡니까?"

"여기에 와서 하숙을 하며 며칠 지내고 보니 내 꼴이 영 말이 아니라서… 답답한 김에 나와 봤소."

"나에게 어떤 보복을 할 마음을 갖고 있는 건 아니겠죠?

"그런 건 아니고… "

"내가 목포행 열차를 타고 여기에 자주 오니까 나와 마주치는 기회가 가끔 있을 것이오."

"… "

'우리 가끔 마주쳐도 목포역 집찰구에서만은 서로 마주치지 맙시다. 오해를 살 염려가 있으니까요."

"… "

나는 문득 가족을 순천에 두고, 홀로 목포에 와 있다는 그가 몹시 딱하다는 생각이 들었다.

그러나 어이 하랴, 이미 엎질러진 물인 것을…

내가 그를 도울 수 있는 방법은 따뜻한 말을 해주는 것밖에 더 없을 것 같았다.

"시간이 있으면 소주라도 한 잔 하면서 위로해 드리고 싶은데… "

"… "

그가 나의 마음을 알아보고 잠시 생각해보더니 이윽고 자존심을 포기하는 눈치를 보였다.

"피차 잘못한 걸 가지고 지금 와서 따져봐야 하나 덕 될 게 없고… 앞으로 열차나 잘 타십시오."

"그렇게 생각해주시니 고맙습니다. 반장님도 빨리 원래의 직책으로 복귀하셔야 될 텐데… "

그는 나와 굳은 악수를 나누었다.

그리고 돌아서서 OOO 사무소 쪽으로 터벅터벅 힘없이 걸어가는 그.

그의 어깨가 축 늘어져 있고, 걸음걸이가 매우 느린 것이 어쩌면 마음속으로 울고 있는지도 모를 일이었다.

(내가 반격의 전보를 치지 않았다면 지금쯤은 내가 저런 모습을 하고 있어야 될 것이 아닌가?)

제48화

소문(所聞)과 편견(偏見)

1973년 4월 어느 날,

서울발 목포행 보통급행 제111열차.

열차가 이리역(지금 익산역)에서 정차했다가 떠난 후, 잠시 어느 객차의 빈 의자에 혼자 앉아있으려니 이리역에서 열차에 올라탔는지 정복의 승무 공안원 한 명이 내가 앉아있는 객차 내로 들어왔다.

가끔 열차를 같이 승무할 때마다 인사성이 좋고, 겸손하여 내가 아주 좋아하고 있는 공안원.

"안녕하십니까?"

그가 나를 보자마자 전처럼 또 먼저 인사를 해오는 바람에 나도 웃는 얼굴로 자리에서 일어나며 그를 반겼다.

"어서 오십시오, 반갑습니다."

그가 나의 손을 잡고 흔든 후, 나의 좌석 앞의 빈 의자에 앉았다.

"상당히 오래간만인데요?"

"녜, 내가 매일 열차를 타고 있고, 김 공안원도 매일 열차를 탈 텐데 소속과 교번이 서로 맞지 않아 적조(積阻)된 것같습니다."

"그래, 요새는 어떻습니까?"

"뭘 물어보시고 있는지?"

"모든 일이 잘 돌아가고 있느냐? 이 말입니다."

"녜에… 그럭저럭 별일 없이 잘 지내고 있습니다."

"최 여객전무님이야 원체 사람이 좋고, 경우가 밝고, 또 빈틈없이 일을 잘하고 계시니까 별일 같은 것이 없겠지요, 그런데… "

그가 약간 뜸을 들인 후, 불쾌한 얼굴을 하며 말을 이었다.

"서울열차사무소 여객전무 중 나쁜 여객전무도 한 명 끼어 있습디다요?"

"그게 무슨 말입니까?"

"글쎄, 나도 동료 공안원한테서 들은 얘기인데… 우리 공안원이 111열차의 여객 두 명의 차표 유무를 어떤 일로 조사를 했다는데 그걸 그 열차의 여객전무가 〈공안원이 함부로 여객을 송정리역 주재 공안원실로 연행하여 차표 검사를 했다.〉고 위에 전보를 쳤답니다. 그래서 차표 검사를 한 그 공안원이 다른 곳으로 전출되어 버렸지요."

"… !"

"같은 종사원끼리 그래서야 되겠습니까? 서로 이해하고, 도우며 살아나가야지… "

"그 얘기라면 내가 진상을 더 잘 알고 있습니다."

"… ?"

"그 일의 자초지종은 이렇습니다."

"… "

"그때의 111열차가 신태인역에서 떠날 때 농촌 청년 두 명이 차표 없이 111열차에 올라탔습니다. 그들은 곧 여객전무에게 돈이 400원밖에 없어서 차표를 못 사고 열차에 올라왔다며 그 돈으로 송정리역까지 차표 두 장을 어떻게 좀 해 줄 수 없겠느냐고 부탁을 해왔습니다. 그러나 차내에서 무찰객에게 승차권을 발행해줄 때엔 정상 운임, 요금과 정상 운임, 요금의 50%에 해당하는 부가 운임, 요금도 함께 받게 되어 있으므로, 신태인에서 송정리까지 가는 그 두 청년의 경우, 운임 1인당 200원×2명= 400원, 보통급행료 1인당 110원×2명=220원, 부가 운임, 요금 1인당 150원×2명=300원, 계 920원을 내야 하는데 400원밖에 없으므로 차내에서 승차권을 끊어줄 수 없는 것이 아닙니까? 그렇다고 인정상 도중 역에서 하차시킬 수도 없고 하여 여객전무는 할 수 없이 그들을 〈무찰객 인계서〉와 함께 송정리역에 인계하기로 하고, 열차가 송정리역에 도착되었을 때 그들을 데리고 열차에서 내렸습니다. 그런데 여객전무와 농촌 청년 두 명이 플랫폼에 내려서자마자 이리~송정리 간을 승무한 기동반 공안원들이 농촌 청년 두 명을 많은 여객이 보는 앞에서 낚아채어 송정리역 주재 공안실로 데리고 들어갔습니다. 그리고 순진한 농촌 청년 두 명에게 유도 신문(訊問)을 벌여 여객전무가 마치 부정을 도모한 것처럼 조서를 꾸몄습니다. 여객전무는 열차가 목포역에 도착한 후, 그 일을 말썽 없이 잘 좀 해결해 보려고 송정리역 주재 공안실로 전화를 걸었습니다. 그러나 송정리역 주재 공안실에선 〈무찰객을 신문하여 조서를 꾸민 기동반 공안원이 그 일을 상부에 보고하기 위하여 어디론가 나가버리고 없다〉며 전화를 냉정하게 끊어버렸습니다. 그렇기 때문에 여객전무도 자기가 살기 위하여 그일에 대한 내용을 관계처에 수비 겸 반격용으로 보고한 것입니다."

"흠… 그러고 보니 우리 공안원들이 여객전무가 농촌 청년 두 명을 해방하기 위하여 데리고 나가는 것으로 착각하고 먼저 잘못을 저질러 놓았군."

"… "

"그건 그렇다 치고… 최 여객전무님은 어떻게 그 일에 대하여 직접 목격한 것처럼 자세히 알고 계십니까?"

"잘 알 수밖에 없는 것이… 그때 111열차의 여객전무가 바로 나였기 때문입니다."

"에엣? 최 여객전무님이 바로 그 여객전무였었다고요?"

"그렇습니다."

"그런 줄도 모르고, 나와 우리 몇몇 공안원들은 그 여객전무만 나쁘다고 일방적으로 매도하고 있으니… "

"어떤 일로 시비가 벌어지거나 소문이 나면 제3자는 양쪽의 말을 다 들어봐야 합니다. 그래야만 정확한 비평과 판단이 나올 수 있는 것입니다."

"그렇죠."

"자, 이젠 내 얘기도 들어봤으니 앞으로 기회가 있거든 동료 공안원에게 그 일의 진상을 자세히 전해 주십시오. 여객전무가 무단으로 전보를 친 것이 아니고 어디까지나 정당방위로 전보를 친 것이라는 사실을··· ”

"알았습니다. 앞으로 기회 있는 대로 그때의 일을 오해도 없도록 객관적인 입장에서 잘 설명해주겠습니다."

나는 나의 말을 성의 있게 들어주고 이해해 주는 그의 너그러운 마음에 크게 감동이 되어 눈물을 글썽이며 그의 두 손을 꼭 잡았다.

"고맙습니다. 정말 고맙습니다."

제49화

요량(料量) 없는 근무(勤務)

1972년 9월 어느 날, 오후 2시 30분쯤.

집에서 신문을 보며 쉬고 있는데 대문 밖에서 우체부의 외치는 소리가 들려왔다.

"최선권 씨, 전보요!"

"… ?"

급히 대문을 열고 전보를 받아보니 발신인이 서울 열차사무소 소장으로 되어 있었다.

내용은 〈급래소, 소장〉.

새벽 5시 40분쯤, 내가 목포발~서울행 보통급행 제114열차로 서울에 도착했을 때도 열차 조역과 교번원이 나에게 별다른 말이 없었고 또 누구든지 나에게 무슨 볼일이 있을 경우, 내일 아침 8시쯤 내가 서울발 목포행 특급 제41열차를 타기 위하여 열차사무소에 출무 하면 그곳에서 나를 만날 수 있을 텐데 지금 급히 열차사무소로 나오라고 하는 것은 내가 집에 와있는 몇 시간 사이에 내가 열차사무소로 나가서 해결해야 할 어떤 긴박한 사정이라도 생겼기 때문일 것이었다.

(빨리 열차사무소로 가봐야 되겠군.)

나는 바삐 외출복으로 갈아입고 집을 나섰다. 그리고 무슨 일 때문에 그러는지 공중전화가 있는 데로 가서 열차사무소에 전화를 걸어볼까? 하다가 어차피 열차사무소에 나가 보면 알게 될 일, 1분이라도 빨리 가는 게 좋겠다고 생각되어 전화 걸기를 포기하고 서울역행 버스에 올라탔다.

한 시간쯤 후, 내가 열차사무소에 도착하니 교번원 윤병환 주임이 책상 위의 메모지를 들여다보며 나에게 말했다.

"최 여객전무, 감사관실에서 올라오래."

"감사관실에서 올라오라고 하면 좋은 일이 아닐 텐데… 무슨 무슨 일 때문이라고 하던가요?"

"글쎄, 그 이유는 나도 모르겠어. 감사관실의 김성길 주임이 최 여객전무를 찾기에 오늘 새벽 114열차로 도착했고, 내일 41열차를 승무하기 위해 아침 8시쯤 열차사무소에 출무한다고 승무 교번을 얘기해줬더니 내일까지 기다릴 수 없으므로 최 여객전무의 집으로 빨리 연락해서 오늘 일과시간 내에 최 여객전무를 감사관실로 보내라는 거야."

"그래서 저의 집으로 급히 전보를 치셨군요."

나는 영문을 모르면서 감사관실로 향했다.

30분쯤 후의 감사관실.

김성길 주임이 나를 옆에 앉혀놓고 딱하다는 표정으로 물었다.

"한 20일 전쯤, 용산행 보통 제194열차 승무 도중 여객 한 명과 어떤 일 때문에 크게 다툰 일이 있지?"

"… ?"

"1회용 무임승차권을 소지한 철도 공상퇴직자와 시비를 벌이다가 폭행까지 하게 된… "

"녜, 폭행까지는 하지 않았지만 그와 비슷한 일이 있긴 있었습니다."

"그 일에 대해 자초지종을 하나도 숨김없이 얘기해 보게."

"녜,"

나는 그때의 일을 기억을 더듬으며 김성길 주임에게 차근차근 설명하기 시작했다.

9월 3일, 여수발 용산행 보통 제194열차.

앉을 자리가 없어서 서 있는 여객이 한 칸에 10명 정도밖엔 안 되었지만, 미역, 조개, 생선, 젓갈류 등 해산물 보따리를 휴대한 여객들이 많아서 퀴퀴한 냄새가 나고 분위기가 시끌벅적한 열차 안.

열차가 미평역을 떠나자 나는 차장과 함께 열차 내 질서유지도 할 겸 검찰을 시작했다.

승무원의 검찰이 진행되면 대부분 여객은 미리 자신의 승차권을 준비해놓고 자기 차례가 올 때까지 대기 상태로 있게 마련이지만 두 번째 객차에 달린 세면장에서 해산물 보따리를 깔고 앉아 있는 40대로 보이는 한 남자는 내가 옆에 다가가도 모른 체 하며 딴전만 피우고 있는 것이었다.

"손님, 승차권 좀 보여주십시오."

"… "

나는 내 말엔 아랑곳하지 않고 차창 밖만 바라보고 있는 그에게 또 말했다.

"손님, 승차권 좀 보여주십시오."

그는 그때에야 시선을 천천히 나에게로 돌리며 퉁명스럽게 대답해오는 것이었다.

"나는 무임승차권을 갖고 있소."

"무임승차권이든, 일반승차권이든, 일단 보여주십시오. 저는 손님이 누구인지, 그 무임승차권의 내용이 어떻게 되어 있는지 지금 전연 모르고 있지 않습니까?"

"… "

그는 내가 요구하고 있으므로 나에게 자기의 철도 무임승차권을 보여주기 위해 마지못해 몸을 움직였다.

아주 느린 동작으로 왼쪽 바지 주머니에 손을 집어넣어 휴지, 손톱깎이 등을 꺼내어놓고 보더니 도로 집어넣고 다음번엔 오른쪽 바지 주머니에 손을 집어넣어 손수건, 구둣주걱 등을 꺼내어놓고 보더니 도로 집어넣고… 철도 무임승차증은 맨 나중에 상의의 안주머니에서 나왔다.

(철도 무임승차권이 상의의 안주머니에 들어있는 걸 뻔히 알면서 나의 약을 올리기 위해 일부러 지연작전을 썼군.)

철도 무임승차권을 찾아내느라고 소요된 시간이 거의 3분.

"여기에 있소."

그는 빈정거리며 내 앞에 누런색의 철도 무임승차권을 내밀었다. 그의 지연작전 때문에 시간을 많이 빼앗기게 된 나는 치밀어 오르는 화를 간신히 참으며 그의 철도 무임승차권을 받아 확인했다.

철도 무임승차권

사용자 : 철도 공상퇴직자 김홍삼,

공상 등급 : 6급,

나이 : 46세.

사용구간 : 순천~여수

사용기간 : 6월 18일~7월 2일,

사용 회수 : 왕복 1회.

1972. 6. 18.

발행자 : 순천역장

보아하니 그는 왼손의 엄지손가락이 반쯤 잘려져 있는 철도 공상퇴직자였으나 철도 무임승차권의 사용기간은 이미 두 달이나 지나 있었다. 철도 무임승차권의 사용기간이 만료되었으면 즉시 그 철도 무임승차권을 발행해준 소속에 반납해야 하는데 그는 반납하지 않고 편리한 대로 계속 사용하고 있는 것이었다.

"이 철도 무임승차권은 사용기간 15일 중 왕복 한 번밖에 사용하지 못하게되어 있습니다. 그리고 사용기간도 이미 상당히 지나가 버렸고요."

내가 그렇게 말하며 그의 철도 무임승차권의 사용기간이 이미 지나가 버렸기 때문에 계속 사용을 방지해 보려고 한번 사용할 때마다 떼어버려야 하는 그의 철도 무임승차권의 우측에 달린 왕~복편 란을 떼어버리려고 하자 그가 재빨리 나에게서 자기의 철도 무임승차권을 가로채는 것이었다.

"그건 끊어버리지 마시오."

"안 끊어버리면 앞으로 왕~복 편을 떼어버릴 때까지 계속 열차를 타고 다닐 것 아닙니까?"

나에게 오기가 발동했다. 처음부터 그의 무례한 행동에 괘씸한 생각이 들었던 나는 그의 손에서 억지로 철도 무임승차권을 도로 빼앗아서 왕~복 편을 떼어버렸다. 그랬더니 앉아있던 자리에서 그가 벌떡 일어나며 소리쳤다.

"좋다!"

그는 나의 정당한 처사에 몹시 분개하고 있었다.

"그래, 너희는 얼마나 모든 일을 정당하게 처리하기에 열차를 몇 번 무임으로 더 타보려고 하는 나에게 이따위 짓을 하느냐!"

홍분한 그는 나에게 한번 해보자는 듯 손목의 시계를 풀어 바지 주머니에 넣으며 계속 소리쳤다.

"나는 여객전무를 하루에 몇 명씩이라도 파면시킬 수 있어!"

"… !"

그리고 그는 나보다 한 걸음 앞서서 내가 곧 검찰을 실시해야 할 옆의 객차 내로 들어가서 어디 검찰을 해 보라며 버티고 서있는 것이었다.

나는 그의 몰지각한 행동에 어이가 없었지만 참고, 차장과 함께 묵묵히 검찰에 임했다. 그는 내 옆에 바짝 달라붙어서 일일이 여객의 내미는 승차권을 확인했고 나와 여객과의 대화 내용도 빠짐없이 듣고 있었다.

무슨 영문인지를 몰라서 나와 그를 의아한 눈초리로 쳐다보는 여객… 부글 부글 끓어오르는 나의 분노…

나는 많은 여객 앞에서 계속 창피한 꼴을 보이기가 싫어 잠시 후, 검찰을 중단해 버리고 그를 쏘아보며 말했다.

"이리 따라와 보시오."

나는 그를 객차 옆의 승강구 철판 덮개 위로 데리고 갔다.

"당신은 지금 검찰 모양새를 망치고 있고, 나의 업무 집행을 방해하고 있습니다. 나는 기분이 잡쳐져서 도저히 일을 해나가지 못하겠습니다. 나의 검찰에 입회하지 마십시오."

"왜, 무슨 켕기는 일이라도 있나! 나는 너의 하는 일을 꼭 좀 지켜봐야겠다!"

"무슨 얘기를 하는 거요! 나는 이 열차의 관리자요! 당신은 내 말에 따라야 해요! 도대체 여객전무를 어떻게 보고, 또 생각하기에, 이런 행동으로 나오는 거요!"

"여객전무? 승무원들 너구리 해 먹는 것, 나는 다 알고 있어! 너희는 다 도둑놈이야! 나랏돈을 축내는 도둑놈!"

"뭐, 도둑놈?"

"그래, 너희는 다 도둑놈이다!"

그와 동시였다. 나는 왼손으로 그의 멱살을 쥐어 잡았다.

"어~어, 이거 못 놔?"

"어~어라니! 내가 근무자라고 너한테 설설 길 줄 알았더냐!"

나는 그의 멱살을 잡은 손에 힘을 주어 세게 흔들어대었다.

그 바람에 그가 양손으로 얼굴을 감싸며 아래로 주저앉아 버렸다.

주저앉아선 내가 주먹질과 발길질을 해댈까 봐 온몸을 감싸고 있는 그.

그는 내가 너무 화를 내고 있었기 때문에 머리를 수그린 채 전전긍긍하고 있었다.

"이 자식아! 철도직원 전체를 욕하면 너에게 돌아가는 건 이런 것밖엔 없어!"

나는 혹시 그가 나에게 기습이라도 해오면 검찰 가위로 반격하려고 마음먹고 있다가 그가 완전히 전의를 상실한 채 가만히 있었으므로 안심하고 그 자리를 떠나며 말했다.

"이제 또 내가 검찰을 하는 데에 따라다니며 예의 없이 기웃거리거나 나와 여객의 말에서 무슨 약점을 잡으려고 바로 옆에서 엿들으면 그냥 안 둘

거야?!"

40분쯤 후, 열차가 순천역에 도착하자 그는 해산물 보따리를 들고 많은 여객 틈에 섞여 열차에서 내려 버렸다.

(그가 자존심 상하게 나로부터 멱살을 잡히고 욕도 얻어먹었지만 자기의 잘못에서 비롯된 것이므로 앞으로 별일은 없겠지.)

내가 얘기를 마치자 김성길 주임이 더 알아볼 것이 있는 듯 나에게 질문을 던졌다.

"여수~순천 간에서 검찰을 할 때 여객전무의 근무 태도는 어떠하였는가?"

"업무 처리에 있어서 부조리 등 그런 행위를 한 적은 없었습니다."

"무찰객, 수지품 처리 관계 등을 묻는 것이 아니라 여객에게 혹시 불친절한 인상을 주지나 않았는지 그런 걸 묻고 있는 것이야."

"저에게 욕을 하고 검찰을 방해한 그 사람을 제외하곤 제가 여객에게 불친절하게 할 아무런 이유도 없지 않습니까? 평상시 근무하던 태도 그대로 여객을 위해 성의를 다하였습니다."

"다섯 살 된 어린애가 차표가 없다고 그 아이의 부모에게 심한 언동을 한 적이 없나?"

"국유철도 여객규정에 6세 이상 12세 미만의 어린이에게만 소아 차표를 끊어주게 되어 있는데 제가 왜 다섯 살 난 어린애가 차표가 없다고 그 보호자에게 시비를 걸었겠습니까?"

"… "

"단지 하나, 그날 194열차에서 이런 일은 있었습니다."

"… ?"

"검찰 도중 한 어린애의 차표가 없어서 그 어린애의 부모에게 어린애의 나이가 몇 살 이냐고 물었더니 다섯 살이라고 대답해 왔습니다. 그런데 어린애에게 너의 나이가 몇 살이냐고 물었더니 일곱 살이며 초등학교 1학년이라고 하는 것이었습니다. 그래서 "어린애가 보고 있는데 어른들이 거짓말을 하면 됩니까?" 하며 어린 애의 부모로부터 돈을 받고 소아 차표를 한 장 끊어준 일은 있습니다."

"소아 차표를 끊어주는 과정에서 어린애의 부모의 뺨을 때린 적은 없나?"

"그건 또 무슨 말씀이신지… 제가 정신 이상자가 아닌 이상 어떻게 어린애 부모의 뺨을 때릴 수 있겠습니까? 또 설사 제가 어린애 부모의 뺨을 때렸다면 어린애 부모가 가만히 있었겠습니까? 저를 상대로 소송을 제기하든지 관계처에 고발하든지 무슨 일이 반드시 일어났을 것이 아닙니까?"

"그러니까 내가 그때의 사정을 이것저것 물어보고 있는 거야. 자~ 이걸 좀 봐."

김성길 주임이 나에게 신문 한 장을 내밀었다.

전라도 지방에서 발행되고 있는 모 일간신문 한 부.

그 신문을 받아서 보니 사회면의 중간쯤에 〈여객전무가 여객에게 행패〉라는 제목과 〈열차 내에 공포 분위기 조성〉이라는 부제목으로 대략 다음과 같은 내용의 기사가 실려 있었다.

〈9월 3일 오전 10시 40분쯤, 여수발 용산행 완행 제194열차의 여객전무가 검찰 도중 김홍삼 씨(전남 여수시 00동 00번지, 46세)를 승차권을 늦게 제시한다는 이유로 객차의 승강구에 데리고 나가 뺨을 여러 차례 때려 피까지 나게 하고 발로 무릎을 차는 등 거친 행동을 하여 이를 바라보는 여객으로 하여금 불안에 떨게 했다.

목격자의 말.

이태호 씨(전남 여수시 00동 00번지. 42세) : 열차를 타고 가면서 보았는데 여객전무가 검찰을 하면서 여객에게 반말을 쓰는 등 행동이 매우 불친절했다.

손진영 씨(전남 여수시 00동 00번지. 36세.) : 여객전무가 다섯 살난 아이의 차표를 끊지 않았다며 그 아이 아버지에게 심한 욕설을 하는 것을 보았다.〉

"아니… 이건 완전히 조작된 엉터리 기사입니다. 내가 검찰을 방해하는 김홍삼 씨의 멱살을 잡고 세게 흔든 일은 있지만 뺨을 여러 차례 때려 피까지 나게 하고 발로 무릎을 차는 등 거친 행동을 한 일은 없는데… 또, 여객에게 반말을 쓰는 등 행동이 매우 불친절했거나 다섯 살 난 아이의 차표를 끊지 않았다며 그 아이 아버지에게 심한 욕설을 한 일도 없는데… 또 그 아이는 초등학교 1학년생으로 차표를 끊어야 할 아이였고… "

"주소, 성명이 확실한 목격자가 두 명씩이나 있는데 그런 일이 없었다고 우기면 되나?"

"하, 이런… 이건, 나와 말다툼을 벌인 그 김홍삼 씨가 나를 죽이려고 가짜 목격자를 만들어내는 등 허위 사실을 날조하고 신문사와 결탁하여 기사화한 것입니다."

"신문뿐이 아니야. 이것도 좀 봐."

김성길 주임이 이번엔 진정서 한 부를 보여주었다.

나와 말다툼을 벌인 김홍삼 씨가 대통령에게 보낸 진정서.

진 정 서

주 소 : 전남 여수시 00동 00번지
성 명 : 김 홍 삼

본인은 전남 여수시 00동 00번지에서 살고 있는 철도 공상퇴직자로 9월 3일, 여수발~용산행 완행 제194열차를 타고 가다가 검찰중이던 여객전무(최선권)가 저에게 차표를 보여 달라고 하기에 철도공상퇴직자용 무임승차권을 보여줬더니 기한이 지난 철도 무임승차권을 가지고 다닌다며 저를 화장실 옆으로 끌고 가서 온몸을 무자비하게 구타하여 왼쪽 뺨에서 피가 나는 등 정신적, 육체적 상처를 입게 하였으므로 여객전무를 처벌하여 주시기 바랍니다.

1972년 9월 10일

위 본인: 김 홍 삼(인)

그리고 〈우리 동네의 김홍삼 씨가 여객전무에게 그런 일을 당했다고 하므로 여객전무를 처벌해 주시기 바랍니다〉라는 김홍삼 씨의 동네 사람들 약 70명이 연명, 날인한 또 다른 진정서 한 부.

"세상에… 거짓말도 유분수지, 악독한 사람들이 조작된 기사로 저를 공직 사회에서 아예 추방시켜 버리려고 하고 있습니다."

"신문에 한 번 기사화된 내용을 뒤엎어, 실추된 명예를 회복하려면 맞고소 등을 하여야 할 것이고, 그렇게 하다 보면 장기간에 걸쳐 상당한 고통을 받아야 할 걸?"

"… "

"대통령 비서실에서 그 건에 대하여 9월25일까지 처리하고 그 결과를 보고해 달라고 철도청에 지시가 이첩되어왔으므로 여객전무를 봐줄 수도 없고… "

"… !"

며칠 후, 그 건은 결국 징계에 회부토록 본청에서 서울철도국으로 통고 되었다.

또 며칠 후, 서울철도국에서 열린 보통징계회의.

보통징계 위원회의 간사인 인사계장이 먼저 그날, 나의 잘못을 낱낱이 분석하여 낭독하자 징계 위원들이 나에게 변명의 기회를 주었다.

"물론 어떤 일을 물리적으로 해결한다는 것은 바람직스러운 일이 못 됩니다. 그러나 그때엔 왜 그런 조치를 취할 수밖에 없었던가? 당시의 상황을 많이 참작해 주셔야 됩니다. 여객전무가 검찰 중이라 매우 바쁜 상황이었는데도 불구하고 그가 여객전무를 골탕 먹이려고 일부러 시간을 지체하며 검찰에 비협조적이었고, 많은 여객이 보는 앞에서 승무원의 자존심이 상하게 입회 검찰도 하였고, 승무원을 도둑놈들이라고 욕까지 하며 덤벼들었기 때문에 그런 사람에겐 좋은 말로 달래봐야 효과가 전무하겠다고 판단되어 부득이 그의 멱살을 잡아 흔들었던 것입니다. 그 외 왼쪽 뺨에서 피가 나게 하는 등 그에게 물리적으로 구타한 일 등은 전연 없었습니다."

그러나 징계위원들의 말,

"여하한 이유로도 여객의 멱살을 잡아 흔든 것은 정당한 행위라고 볼 수 없어. 검찰 도중 뭔가 시정할 일이 있으면 어디까지나 말로 해결하든지, 공안원을 부르든지, 나중에 서류로 처리하든지 해야지 급하고 화가 난다고 하여 그런 방법을 쓰면 되는가?"

" … "

견책.

인사기록 카드에 빨간색 글씨로 〈견책, 국가 공무원법 제78조, 제1호에 의거, 1972년 10월 26일〉이라고 등재되며, 6개월간 호봉 승급이 제한되며, 상벌 등 기타 인사상의 제 문제에 있어서도 불이익을 받게 되는, 불명예스러운 징계 처분.

자존심과 격한 감정을 억누르지 못한 순간적인 실수가 나의 공무원 생활에 돌이킬 수 없는 큰 오점을 남기고 말았던 것이었다.

(맡은 바 업무를 너무 고지식하게, 규정대로, 또 적극적으로 수행하다 보니 이런 억울한 일도 당하게 되는구나.)

제50회

소문(所聞)난 열차(列車)

1972년 5월 어느 날, 서울역에서 12시 10분에 떠나는 목포행 보통급행 제111열차.

그 열차를 타기 위해 11시 10분쯤, 열차사무소에 도착하여 출근부 싸인, 특종보충권, 좌석지정권 수령, 지시사항 열람 등 승무 준비를 하고 있는데, "최 형!" 하며 동료 여객전무 변 00이 웃으며 내 옆으로 다가왔다.

"아, 변 형! 안녕하십니까?"

"최 형, 오늘 111열차이죠?"

"네, 111열차를 탑니다. 변 형은?"

"나는 27열차입니다."

27열차는 서울~동대구~마산~진주 간 운행되는 순환 특급 열차.

서울역에서 오전 12시 정각에 떠나는 순환 특급 제27열차가 오후 8시 00분, 진주역에 도착되면 10분간 정차하며 기관차 교체 및 승무원 교대를 마친다음, 열차번호가 64열차로 바뀌어 순천, 이리를 거쳐 다시 서울로 올라가게되어 있었고, 진주역에서 교대하여 내린 27열차의 접객 승무원은 다음날, 서울에서 내려오는 서울~이리~순천~진주 간 순환 특급 제63열차를 받아, 진주역에서부터 열차번호가 28열차로 바뀌어 마산, 동대구를 거쳐 다시 서울로올라가게 되어 있었다. 그러므로 27~64, 63~28열차, 모두가 전국을 쉬지 않고 순환하는 열차들이라 장거리를 여행하는 많은 여객이 계속 내리고 타므로 승무원 간에 〈황금열차〉라고 불리는 열차들이었다.

"황금열차를 타게 되어 좋겠군요?"

내가 의미 있는 말을 하며 살짝 웃었더니 변 여객전무가 정색을 하며 나에게 말했다.

"최 형, 내가 최 형의 111열차를 타고 가고 최 형이 나의 27열차를 타고 가면 안 될까?"

"아니, 그 건 또 무슨 말입니까?"

"27열차에 도대체 자신이 없어… 최 형이 나보다 열차를 잘 타니까 27열차를 타 줘. 내가 111열차를 탈 테니까… "

"열차를 승무 교번에 의해 타게 되어 있는데 그게 어디 엿장수 마음대로 돼?"

"여하튼 교번원한테 내가 얘기해서 최 형과 나의 승무 교번을 바꾸어놓을 테니까 승무 교번이 바뀌어 지면 그대로 타는 거지?"

"마음대로 해보시오,"

잠시 후, 교번원 김 00 씨와 얘기를 나눈 변 여객전무가 밝은 얼굴로 나에게 왔다.

"교번에 얘기해서 내가 111열차를 타고 가고 최 형이 27열차를 타고 가기로 승무교번을 바꿔놓았어."

"… !"

"자, 이젠 그대로 타는 거야?"

"알았어."

30분쯤 후,

111열차 대신 엉뚱하게 27열차를 타게 된 나는 열차가 영등포역에서 정차했다가 떠난 후, 열차의 시발(始發) 안내방송을 마치고, 차내 순회를 하다가 어느 객차의 승강구 상판 위에서 나에게 할 말이 있다는 30세 전후로 보이는 한 미남 청년과 얘기를 나누게 되었다.

"여객전무님, 오늘 27열차로 내려가면 내일 28열차로 올라오죠?"

"그렇습니다."

"내일 28열차로 올라올 때 너구리들(차표 없는 승객들)을 좀 몰고 오겠습니까?"

"그게 무슨 말입니까?"

"내일 너구리들을 몰고 오시겠다면 제가 너구리들이 영등포역, 서울역에서 빠져나갈 수 있도록 제반 준비를 다 해놓겠습니다."

"어떤 방법으로요?"

"여객전무님이 데리고 오겠다는 너구리들의 숫자대로 수원, 혹은 천안역에서 서울행 입석 차표를 사 오든지, 서울역, 영등포역의 입장권을 사 오든지… "

"아, 그렇게 해도 되겠군요, 수고 값은 얼마로?"

"차표, 입장권 값 등 제가 들이는 경비 외에 한 장당 200 원씩만 더 붙여주시면 되겠습니다."

"… "

나는 잠시 생각해보는 척하다가 머리를 설레설레 흔들었다.

"나는 마음이 약해서 그런 짓 못 합니다."

"왜요, 한 번 해보시죠. 먹는 돈은 적지만 제일 안전한 방법이 아닙니까?"

"그게 어찌하여 안전한 방법이 될 수 있습니까? 정신이 제대로 있는 여객 같으면 내가 건네준 차표나 입장권을 보고 관계처에 당장 고발하거나 민원을 낼 텐데… "

"… "

"그리고 내 양심이 그런 걸 하게 하지 않습니다."

그는 나의 마음을 움직여보려고 다른 말로 계속 설득해 보다가 내가 끝내 그와의 협잡을 거절하자 실망한 얼굴을 하며 수원역에서 내려버렸다.

(전에는 저런 사람이 없었는데…)

수원역에서 열차가 떠난 후,

나는 열차원과 검찰을 실시하면서 월승, 무찰, 종류변경, 좌석지정 등의 사유로 여객들로부터 돈을 받게 되는 경우가 있으면 그 누구로부터도 약점을 잡히지 않기 위하여 무조건 정식대로 처리했다.

그리고 4시간쯤 지나 열차가 동대구역에서 정차했다가 떠난 후, 특실에 들어가 보니 안면이 있는 부산철도국 관리장실 직원 두 명이 특실의 맨 뒤 좌석에 앉아있는 것이었다.

"안녕하십니까?"

"특실 좌석정리표를 좀 봅시다."

"예."

좌석정리표와 특실에 앉아있는 여객, 그리고 열차 내에서 발행한 특종보 충권을 일일이 대조해본 그들은 특실의 좌석 정리 및 수입금 처리에 이상이 없자 이상하다는 표정을 지으며 나를 보통실로 데리고 갔다.

"시간이 없어서 보통실 전체를 다 볼 수는 없고 세 칸 정도만 아무 데나 가 서 임의대로 여객들을 지적해 볼 테니 그 여객의 승차권을 같이 확인해봅시 다."

소위, 근무자와 감사원이 같이 검찰해 보는 입회 검찰 요구였다.

"그러시지요."

그들은 보통실의 여객을 눈으로 훑어보다가 몇몇, 옷차림이 허술하거나 떠돌이 장사꾼같이 보이는 여객, 그리고 좌석이 없어서 승강구 근처에 신문 지를 깔고 앉아있거나 서 있는 여객을 지적하였고 나는 그들 옆으로 다가가 서 "승차권을 좀 보여주시겠습니까?" 하며 그들의 승차권을 검찰하였다.

보통실 세 칸에서도 약간 의심이 나는 여러 여객을 상대로 임의 검찰을 해 본 결과 월승, 무찰, 좌석지정 등의 미처리 건이 하나도 발견되지 않자 그들 은 나를 남겨두고 다른 객차로 가서 이것저것 살펴보다가 마산역에서 내려 버렸다.

다음 날,

진주역에서 10시에 떠나는 28열차가 영동역에 도착하자 나이 많은 대전 철도국 관리장실 직원 두 명이 특실에 올라왔다.

"특실에 종류변경 미처리가 없나?"

"네, 미처리가 한 건도 없습니다. 확인해보십시오."

"4종 객차(보통실)에 입석 승차권을 갖고 있으면서 좌석 지정권을 끊지 않고 앉아서 가는 여객이 있지?"

"발견되는 대로 좌석 지정권을 발행해주고 있으므로 그런 여객이 거의 없을 것입니다. 지금까지 한 20여 명, 좌석 지정권을 발행해주었습니다."

그들은 대전역에서 내렸다.

열차가 수원역에 도착하자 이번엔 서울 철도국 관리장실 직원 두 명이 특실에 들어왔다.

"좌석 정리표 좀 확인해 봅시다."

"네,"

특실의 좌석 정리표와 앉아있는 여객을 대조해보고, 차내 수입금 처리에 이상이 없는 것을 확인한 그들이 특실에 그냥 앉아있다가 영등포역에서 내려 버린 후, 열차원 한 명이 찡그린 얼굴을 하며 나에게 말했다.

"변 여객전무님이 최 여객전무님과 열차를 바꿔 탄 이유를 이제야 알겠습니다."

"… "

"딱지 장수가 올라오지 않나, 철도국의 관내가 바뀔 때마다 해당 철도국의 감사원이 올라오지 않나… 이거 어디 불안해서 일을 해내겠습니까?"

"황금 열차라고 소문이 나있는 열차이니까 그렇지 뭐… "

제51화

강직(剛直)한 소속장(所屬長)

1973년 6월 어느 날, 아침 여덟 시쯤,

"어제 날짜로 소장님이 바뀌었습니다."

"그래요?"

"새로 온 소장님의 이름이 김… 뭐라더라?"

서울발~목포행 특급 제41열차를 타기 위해 열차사무소에 출무했다가 동료 여객전무 한 명으로부터 소속장 인사이동 소식을 들은 나는 시간이 없어서 새로 온 소장님을 뵙지 못하고 곧장 목포로 내려갔다.

다음날, 오후 4시 40분쯤,

목포발 서울행 특급 제42열차로 서울에 도착한 나는 새로 온 소장님께 인사를 드려야겠다고 생각하고 복장을 살펴보는 등 간단한 준비를 한 후, 홀로 소장실에 들어갔다.

"소장님, 안녕하십니까?"

내가 무슨 서류를 읽고 있는 소장님께 허리를 굽히며 공손히 인사하자 새로 온 소장님은 시선을 돌려 나를 쳐다보았다.

"저, 여객전무 최선권 입니다. 소장님께서 새로 오셨기 때문에 인사차 왔습니다."

"음… 여객전무를 얼마나 탔지?"

"여객전무로 승무한 지가 한 2년 되었습니다."

"2년이면 우리 열차사무소 여객전무중 2년 이상이 된 여객전무가 몇 명

안되므로 최 여객전무는 고참 측에 드는군."

"그런 것 같습니다."

"열차를 잘 타야 해요. 엉뚱한 생각을 하고 분별없이 열차를 타게 되면 큰일 나… "

"네, 명심하겠습니다."

"알았어, 가 봐요."

"네."

나는 주머니에서 미리 준비해 갖고 간, 약간의 현금이 들어있는 봉투를 꺼내 소장님의 책상 한 귀퉁이에 조심스럽게 살짝 올려놓았다.

"그건 뭔가?"

"소장님께 식사 대접 한 번 해드려야 되는데… 저의 적은 성의입니다."

"도로 가져가게."

나는 소장님이 체면상 그러시는 줄로 알고 웃으며 그 자리에서 돌아섰다. 그런데 내가 소장실의 출입문 앞으로 걸어가서 출입문을 막 열려고 할 때였다.

"이 사람아! 가져가라니까!"

소장님의 약간 노기 띤 음성이 등 뒤에서 들려왔다.

"… ?"

나는 의아하게 생각하며 그 자리에서 돌아섰다.

엄한 얼굴의 소장님.

"도로 가져가라고 했는데 왜 그냥 가나?"

"… "

"난, 그런 걸 받는 사람이 아니야. 도로 가져가게."

"… 네."

나는 민망한 얼굴을 하며 소장님의 책상 위에 있는 봉투를 집어 주머니에 집어넣고 소장실을 나갔다.

(소장님의 근무방침이랄까? 성격 등이 저러하니 앞으로 업무에 이것저것,

간섭이 심해지겠군.)

아닌 게 아니라 며칠 후였다.

부산발~서울행 특급 제18열차로 서울에 도착하여 열차사무소에 들어갔더니 복도의 칠판에 〈소장님 용건〉이란 제목하에 여객전무 몇 명의 이름이 나열되어있는 것이었다.

그중에 나의 이름도 끼어 있어서 나는 궁금하게 생각하며 소장실로 들어갔다.

"소장님, 부르셨습니까?"

"음… 이리 가까이 오게."

"녜."

나는 소장님의 책상 앞으로 다가갔다.

"여객전무의 차내 수입실적을 살펴보니… 승무 교번표에 의해 똑같은 열차들을 돌아가며 타고 있는데도 어떤 여객전무는 수입 목표액을 100% 이상 초과 달성하고, 어떤 여객전무는 수입 목표액에 아주 미달하고 있어."

"… "

"원인이 뭐라고 생각하는가?"

"완행, 보통급행, 특별급행 등 열차 등급에 따라 수입에 차이가 나고, 또 같은 열차라 하더라도 여객의 수가 적은 평일에 타느냐, 여객의 수가 많은 토, 일 혹은 공휴일에 타느냐에 따라 수입에 현격한 차이가 날 수 있습니다."

"그래도 평소 차내 수입이 적은 여객전무는 어느 열차를 타든 항상 다른 여객전무보다 수입이 적고, 평소 차내 수입이 많은 여객전무는 어느 열차를 타든 항상 다른 여객전무보다 수입이 많아."

"… "

"최 여객전무의 차내 수입실적은 석 달 전이 목표 대비 87%, 지지난달이 82%, 지난달이 78%… 달이 갈수록 수입실적이 올라가지는 못하고 점점 떨어지고 있어."

"… "

"말해 보게, 왜 그런지… "

"글쎄요. 저도 차내 수입을 올리려고 나름대로 노력을 하고 있습니다."

"노력을 하고 있는데 수입실적이 목표 대비 겨우 70% 선인가?"

"… "

"노력을 하고 안 하고는 차내 수입 실적이 잘 나타내주고 있어."

"… "

"차내 수입을 올리려면 차표를 안 끊고 열차를 이용하려고 하는 사람들, 예를 들면 일부 권력, 특수 기관에서 근무하고 있는 사람들, 언론사에서 근무하고 있는 사람들과 돈을 적게 내거나 부가 운임, 요금 같은 것을 안 내려고 하는 일반 무찰객과 많이 다퉈야 되는데… 그런 사람들과 다투기가 싫어서 또 말썽을 일으키고 싶지 않아서 어떤 경우엔 적당히 넘어가고 있는 것이 아닌가?"

"… "

"난, 최 여객전무가 무능한 여객전무라고 생각하고 있지 않아. 아니, 유능할 수 있는 여객전무라고 생각하고 있어. 나이도 아직 20대로 팔팔하고 학교도 그만큼 나왔으면 됐고, 여객 열차도 2년간이나 탔으니 여객 취급에 대해 아주 능숙할 것이고… "

"… "

"어때, 이 00, 김 00 여객전무처럼 차내 수입을 100% 이상 초과 달성할 수 있겠나?"

"녜, 노력해 보겠습니다."

"내, 앞으로 최 여객전무의 차내 수입실적을 눈 여겨 볼 테니 명심하고 열심히 일해 보게."

"녜."

또 얼마 후, 오후 4시쯤.

진주발 서울행 특급 제28열차가 수원역에 도착되었을 때였다.

열차에서 홈으로 내려선 나에게 안경을 낀 웬 남자가 혼자 뚜벅뚜벅 걸어왔다.

"… ?"

거리가 가까워지면서 자세히 보니 그는 뜻밖에도 새로 온 김 00 소장님이었다.

"아, 소장님."

"올라오는 동안에 별일 없었나?"

"네, 별다른 일이 없었습니다."

약 1분 후,

열차가 수원역을 떠나자 소장님은 나를 대동하고, 타고 있는 객차부터 점검하기 시작했다.

먼저 화장실에 휴지가 걸려있나, 청결이 유지되고 있나 확인하고, 다음엔 여객이 앉아있는 객차 내의 청소 상태를 살펴보고…

"이거, 천장 등을 끄지 않았군."

소장님은 불이 켜져 있는 천장 등을 손가락으로 가리켰다.

"천장 등을 환한 대낮에 이렇게 켜놓고 있으면 되는가?"

"네, 아까 평택~오산 간 굴속을 지날 때 천장 등을 켜놓았었는데 그 후 소등할 것을 깜박 잊었습니다. 지금 곧 시정하겠습니다."

나는 얼른 세면장 쪽으로 걸어가서 전기 스위치 함의 천장 등 스위치를 내려놓아 천장 등을 소등시켰다.

"다음 칸에 가보세. 다음 칸의 천장 등도 아마 소등되지 않았을 것이야."

다음 칸에 가서도 소등하고, 그다음 칸에 가서도 소등하고…

객차 12량의 천장 등을 다 소등한 후, 소장님으로부터 에너지 절약에 대한 충고를 듣고 있으려니 열차가 영등포역에 도착했다.

열차에서 내리는 많은 여객.

홈에 내려서서 여객의 동태를 살펴보는 소장님.

2분쯤 후,

열차가 영등포역을 떠나자 나는 즉시 차내 방송실로 가서 열차의 종착역 도착 예정 안내 방송을 실시했다.

"손님 여러분, 이 열차는 앞으로 약 9분 후에 종착역인 서울역에 도착 됩니다. 서울역에는 정시보다 약 10분 늦은 4시 40분경에 도착 될 예정입니다. 손님 여러분께서는 지금부터 서서히 여장을 준비하셨다가 열차가 종착역인 서울역에 도착하면 혹시 두고 내리시는 물건이 없나 다시 한번 살펴보시고 열차가 완전히 정차한 다음, 천천히 내리셔서 지정된 통로와 집찰구를 통하여 역 밖으로 나가 주시기 바랍니다. 손님 여러분, 오늘도 저희 철도를 이용해 주셔서 대단히 감사합니다. 안녕히 가십시오."

종착역 도착 예정 안내방송을 마친 나는 열차 내의 어디쯤엔가 있을 소장님을 찾아 나섰다. 소장님은 2호차의 맨 뒷좌석인 72호석에 앉아있다가 내가 옆으로 다가가자 조심스럽게 말했다.

"여객전무의 음성이 좀 탁하고 낮은 것 같아, 여객이 귀담아들을 수 있도록 밝게, 명랑하게, 크게 하면 좋겠고… 그리고 방송 내용이 너무 단조로워. 〈오늘도 저희 철도를 이용해 주셔서 대단히 감사합니다〉라는 말은 열차를 탈 때마다 항상 듣게 되는 말이라 상황에 따라 다른 말로 바꿔 해도 좋겠고 … "

"저의 잘못된 점은 앞으로 관심을 두고 시정해 나가겠습니다. 그런데 방송 내용은 철도국에서 작성하여 하달한 것인데… 제가 임의로 내용을 바꿔서 방송해도 되겠습니까?"

"좋은 방송 문안이 있으면 나에게 한번 제출해보게."

"알겠습니다."

열차가 어느새 서울역에 도착했다.

자리에서 벌떡 일어나 근엄한 표정으로 말없이 열차에서 내리는 소장님.

소장님은 열차에서 내리자마자 바쁜 듯, 홈을 걸어가는 여객 속으로 파묻혀 버렸다.

(여객전무 2년 동안에 소장님의 직접 승감은 내 오늘 처음 당해 보았군.)

제52화

감사자(監査者)와 수감자(受監者)

1971년 6월 어느 날,

목포발 서울행 보통급행 제114열차.

열차가 수원역에서 정차했다가 떠난 후인 새벽 4시 40분쯤, 졸음을 참으며 혼자서 차내를 순회하고 있는데 침대차의 대기실에서 잠깐 쉬고 있던 보통 객차 담당 열차원이 나를 찾아왔다.

"침대차에 감사원이 올라왔습니다."

"… !"

내가 놀란 표정을 지으며 침대차로 급히 가보니 심사사무소 직원 두 명이 벌써 침대차의 현황 파악 등 감사를 끝냈는지 침대차의 대기실 안에서 침대 열차원과 가벼운 실랑이를 벌이고 있었다.

침대 열차원의 말,

"아니, 각각 침대권을 끊어 갖고 있는 가족 관계의 여객 두 명이 자기의 한 침대를 비워놓고 다른 한 침대에 둘이 들어가서 잠깐 얘기를 나누고 있는데 그걸 한 침대를 둘이 사용하는 〈쌍침〉이라고 확인서를 쓰라고 하니…"

심사사무소 직원 한 사람의 말,

"여하튼 12호 하단엔 현재 두 명의 여객이 함께 들어가 있지 않습니까? 일의 잘잘못은 나중에 규명해 보기로 하고 우선 그런 상태에 있다는 것만 확인해 주십시오."

"…"

그런데 심사사무소 직원 두 명 중 침대 열차원에게 확인서를 쓰라고 백지와 볼펜을 내밀고 있는 한 명은 내가 알고 있는 직원이었다.

내가 경리국 심사과(심사사무소의 전신)의 여객 심사 1계에서 각 역의 여객일보를 심사하고 있던 2년 전(1969년) 어느 날.

감리계의 나 00 주임이 35세 내외로 보이는, 뚱뚱한 체구의 한 사람을 데리고 여객 심사 1계로 들어왔다.

"00역의 조역(지금 6급역 부역장)으로 있다가 이번에 심사과로 전입해온 000씨입니다."

나 00 주임이 그를 여객 심사 1계의 전체 계원에게 큰 소리로 소개하자 그가 여객심사 1계의 모든 계원에게 일일이 인사를 청해 왔다.

"김 00입니다. 잘 부탁합니다."

"네, 앞으로 잘해 봅시다."

나에게도 차례가 와서 그가 인사를 청해 오자 나는 자리에서 일어나 그를 환영한다는 뜻의 악수를 그와 나누었다.

"잘 부탁합니다."

"네, 어서 오십시오. 최선권 입니다."

그 후, 그가 다른 계로 배치되고 그가 나보다 훨씬 연상인데다 무뚝뚝하고 내성적이었기 때문에 가끔 복도에서 마주치면 가벼운 목례만 교환했을 뿐 특별한 교류 없이 지내다가 1970년 3월 10일, 내가 청량리 열차사무소 차장으로 발령이 나는 바람에 그와 자연적으로 헤어지게 된 것이었다.

(친한 사이는 아니었지만 나와 그는 한 소속에서 한 1년간 같이 근무한 옛 동료가 아닌가?)

나는 그런 생각으로 위안을 삼으며 김 00 주임에게 반가운 웃음을 띄워 보았다.

"안녕하십니까?… "

그러나 나의 인사 소리 때문에 나를 힐끗 쳐다본 그는 "아, 최 형! 오래간 만이오." 혹은 "최 형이 이 열차의 여객전무입니까?" 하며 반갑게 손을 내밀기는 커녕 오히려 굳은 얼굴로 외면하며 시선을 다시 침대 열차원에게 돌리는 것이었다.

"빨리 확인서를 쓰시오."

"… !"

그로부터 냉대를 받고 보니 과거에 심사과에서 근무했었다고 열차원, 차장, 여객전무 등 동료에게 자랑삼아 얘기한 적이 있는 나로선 체면이 순식간에 곤두박질해버리고 마는 것이었다.

(감사자와 수감자, 입장이 바뀌었다고 나를 이렇게 대할 수가 있는가?)

그러나 어이 하랴, 칼자루를 상대편이 쥐고 있는데…

무안을 당하여 얼굴이 벌게진 나는 그저 꿀 먹은 벙어리가 되어 김 00 주임과 침대 열차원의 실랑이를 옆에서 지켜보는 수밖에 별도리가 없었다.

"확인서를 안 쓸 거요?"

침대 열차원이 확인서를 쓰지 않고 난처한 표정만 짓고 있자 김 00 주임이 16절지 백지 한 장을 자기의 큰 봉투 속에서 꺼내어 자신이 직접〈6월 0일 00시 00분 현재, 114열차 침대차 12호 하단에 두 명의 여객이 함께 들어가 있다.〉는 내용의〈확인서〉를 작성하여 침대 열차원에게 내밀며 말했다.

"자, 여기에 서명을 하시오."

침대 열차원이 그 확인서를 읽어본 후 걱정스러운 표정을 지으며 말했다.

"좀, 봐주십시오. 13호 하단의 여객이 저의 승낙을 받지 않고, 자의로 동행인의 12호 하단에 들어간 것이고, 또 비어있는 13호 하단에 제가 다른 여객을 태우고 돈을 받은 것도 아니고, 12호 하단에 두 명이 들어가 있는 것을 제가 묵인해주고 돈을 받은 것도 아니지 않습니까?"

"설사 그렇다 치더라도 국유철도 여객운송규칙 제127조는〈침대 한 개로서 어른 두 사람 이상이 동시에 또는 교대로 이를 사용할 수 없다〉라고 되어 있습니다. 그러므로 저는 다른 것은 다 제쳐놓고 단지〈6월 0일 00시 00분 현재 12호 하단에 두 명의 여객이 타고 있다〉, 이 요지만 확인해 달라고 하는 것입니다."

"… "

궁지에 빠진 침대 열차원이 더 이상 할 말이 없었던지 나의 얼굴을 구세주 인양 쳐다보고 있었으므로 내가 그들의 대화에 끼어들었다.

"확인서에 서명을 하게 되면 나중에 승무원이 아무리 변명을 하여도 조사자와 결재권자가 자기의 편리한 추측대로 처리하게 마련인데… "

"… "

"상식적으로 판단해 볼 때 지금의 경우는 엄밀한 의미에서 국유철도 여객운송규칙 제127조를 위반했다고 볼 수 없습니다. 침대 열차원의 주장을 그대로 믿는다면, 13호 하단의 여객이 일행과 얘기를 나누기 위하여 자기의 침대를 비워놓고 잠깐 12호 하단에 들어가 있는 것인데 그것이 어떻게 〈침대 한 개를 어른 두 명이 동시에 사용한 것〉으로 판단이 됩니까? 그냥 〈한 개의 침대에 두 명이 들어가서 잠깐 얘기를 나누고 있는 것〉으로 해석해야죠."

"… "

"그리고 〈잠깐 얘기를 나누기 위해서라도 한 개의 침대에 두 명이 들어가선 안 된다〉고 못 박아놓은 규정이나 지시도 없는 것 아닙니까?"

"… "

억설인지는 몰라도 내가 그렇게 얘기하며 확인서에 서명할 뜻을 비치지 않자 000 주임이 과거에 나와 한 소속에서 근무한 것이 마음에 걸리는 듯 머리를 갸우뚱하며 중얼거렸다.

"귀소해서 관계 규정을 자세히 연구해 봐야겠군."

그때 114열차가 영등포역에 도착했다.

김 00 주임은 나와 침대 열차원의 고집 때문에 서명이 안 된 확인서를 자기의 큰 봉투 속에 집어넣고 동행의 직원과 함께 기분 나쁜 얼굴로 열차에서 내려버렸다.

(과거에 한 소속에서 같이 근무했었다는 정의로 서울역 전 어느 해장국

집으로 같이 가서 설렁탕이라도 한 그릇씩 먹으면 좋을 것을…)

열차가 영등포역에서 떠난 후, 침대차의 대기실에서 내가 서운한 마음으로 이런 생각에 잠기고 있는데 침대 열차원이 나에게 말했다.

"최 여객전무님은 전에 심사과에 계시지 않았습니까?"

"음… 나도 과거에 심사과에 있으면서 서울역전 여행사, 반도 호텔 여행사, 천안역, 부산진역 등 여러 곳에 운수장표류 심사와 소화물 도착 감사 등을 나갔었지."

"그런데 아까 그분은 최 여객전무님을 모르는 체하던데요?"

"서로의 입장이 바뀌고, 세월도 흘러가니 나도 이젠 별수 없는 존재가 되어버렸군, 그래."

제53화

초만원(超滿員) 열차의 후유증(後遺症)

1972년 4월 30일, 오후 2시 30분경.

서울 열차사무소,

부산발 서울행 특급 제12열차로 서울에 도착한 내가 같이 승무한 안내원들과 함께 열차 조역 박 00씨 앞에 한 줄로 늘어서서 "차렷!" "경례!" 하며 "제12열차, 이상없이 승무하였습니다!"

승무 종료 인사를 하였더니 열차 조역 박 00 씨가 자기도 답례로 인사를 한 후, 나에게 묻는 것이었다.

"음, 수고했어… 그런데 최 여객전무, 요새 열차를 타면서 상부기관으로부터 무슨 지적을 받았다던가, 어떤 여객으로부터 좋지 않은 민원을 받았다던가, 그런 것 없어?"

"글쎄요, 그런 것 전연 없는데요."

"그러면 왜 본청 감사관실에서 최 여객전무를 오라고 하지?"

"저를 본청 감사관실에서 오라고 그래요?"

"응, 감사관실에서 조사할 것이 있대, 지금 즉시 감사관실로 가보게."

"… "

잠시 후, 안내원과 헤어진 나는 궁금해하며 홀로 용산의 본청 건물 내의 감사관실로 향했다.

(무슨 일 때문에 나를 오라고 하는가?)

30분쯤 후의 감사관실.

무뚝뚝한 성격 때문일까? 인사를 해도 잘 받지 않고, 말이 없고, 무표정한 얼굴을 하고 있는 등(언젠가 내가 승무하고 있는 열차에 갑자기 올라 와서 감사를 한 적이 한 번 있었는데 그때 그렇게 느꼈었다.) 그래서 무섭게 보이는 조사계의 이 00 주임이 인사하는 나를 힐끗 쳐다보더니 기다리고 있었다는 듯 바로 사무실 옆의, 동그란 탁자와 의자만 비치되어 있는 조사방으로 데리고 들어갔다.

다른 감사관실 직원의 출입이 없고 나와 이 00 주임만 있게 된 조용한 조사 방.

그 방에서 이 00 주임은 나를 마주 보게 앉혀놓고 신문을 시작하는 것이었다.

처음엔 소속, 직급, 직명, 이름, 주소, 생년월일, 가족 등 신상에 관한 기본적인 것들을 물으며 조서 용지에 적어나가더니 이윽고 본 질문으로 들어가는 이 00 주임.

"일주일 전인 4월 23일, 목포발 용산행 보통 제182열차의 여객전무로 승무하였는가?"

"녜, 그날, 그 열차의 여객전무로 승무하였습니다."

"그때 객차 몇 량이었으며 여객은 1량당 몇 명 정도 승차하였는가?"

"객차 편성은 10량이었고, 여객이 제일 많이 탄 목포~논산 간은 1량당 약 200명, 논산~용산 간은 1량당 약 150명이 탔었습니다."

"객차 1량당 정원이 몇 명인가?"

108명입니다."

108명이 정원인 객차에 200명 정도씩 탔다면 초만원이었겠네?"

"녜, 객차 안으로 들어가지 못해 승강구의 손잡이를 양손으로 잡고 매달려가는 여객도 있었습니다."

"… ?"

"목포역 다음의 일로역에선 수많은 여객이 타지 못해 정차 시간 1분을 훨씬 초과하여 10분가량 정차했었습니다."

"왜 그렇게 열차에 여객이 많이 탔었나?"

"그날이 일요일인데다가 날씨도 무척 청명하고 좋아서 정읍, 논산 등 관광지로 놀러 가는 상춘객이 엄청나게 많았기 때문입니다."

"그날, 그렇게 여객이 많이 탔었다는 것을 어떻게 증명할 수 있나?"

"당일 182열차와 관계있는 직원, 이를테면 저와 열차를 같이 탄 열차원과 운전 차장, 기관사와 기관조사, 검차 승무원, 일로역 직원을 포함한 호남선 각 역의 직원, 홍익회 판매원 등에게 물어보면 알 수 있겠고, 또 그날의 운수 성적 보고와 제가 서울 열차사무소에 제출한 승무일지도 읽어보면 자세히 알 수 있겠습니다."

"음… 그러면 검찰을 어떻게 실시했나?"

"열차가 일로역에서 많은 여객이 타느라고 한 10분간 정차하다가 어렵게 떠난 후, 최후부 칸부터 앞쪽으로 가며 검찰을 실시해보았는데… 콩나물시루 속같이 여객이 꽉꽉 들어차 있는 데다가 객차를 증결(增結)하지 않는다고 불평하는 여객이 너무 많아서 두 칸을 겨우겨우 검찰을 해보다가 그만 중단하고 말았습니다."

"두 칸만 검찰하고 나머지 여덟 칸은 검찰을 못했다는 얘기이지?"

"그렇습니다. 여객이 논산역에서 많이 내렸는데… 열차가 논산역에 도착할 때까지는 여객이 너무 많아서 열차 내 순회도 못했습니다."

"두 칸 정도 검찰할 때 무찰객을 몇 명 발견했나?"

"차표를 못 사고 승차한 여객이 다섯 명 있어서 즉시 특종보충권을 발행해 주었습니다."

"다섯 명 외의 무찰은?"

"그 외엔 없었습니다."

"정말?"

"녜."

"… "

이 00 주임이 봉투 속에서 어떤 서류를 꺼내 나에게 보여주었다.

"이건 심사사무소로 보내진 4월 23일 자 논산역의 특종여객일보 사본이야. 그날, 일로역에서 논산역까지 가는 단체 여객 30명이 차표를 못산 채로 182열차에 올라탔는데 논산역에서 그 30명 전원을 무단 무찰객으로 처리하여 정상운임과 그 정상운임의 50%에 해당하는 부가금을 함께 징수했지."

"… !"

"왜 일로역에서 탄 단체 무찰객을 열차 내에서 처리 안 했나?"

"글쎄요… 그러고 보니 생각나는 게 있습니다. 그날 두 칸의 검찰 도중 몇몇 차표 없는 여객이 〈우리의 차표를 인솔자가 사서 갖고 있을 텐데 그 인솔자가 지금 어디에 타고 있는지 모르겠다〉고 하여 그 차표 없는 여객을 그냥 지나쳐버린 일이 있었습니다. 그 차표 없던 여객이 일로~논산 간 30명 단체 무찰객의 일부인 것 같습니다."

"인솔자 되는 사람을 못 만나 봤나?"

"녜, 여객이 너무 많은 관계로 검찰을 두 칸만 간신히 하고 포기해 버렸기 때문에 인솔자를 못 만나 보았습니다. 인솔자가 저를 찾아오지도 않았고…"

"솔직하게 얘기해 봐. 단체 무찰객의 인솔자를 만나보았지?"

"제가 단체 무찰객의 인솔자를 만나 보고 그들에게 승차권이 없다는 것을 알아냈다면 열차 내에서 특종보충권을 끊어 주지 논산역에서 수입을 잡도록 그냥 놔뒀겠습니까?"

"승무원이 단체 무찰객을 논산역에서 적당한 방법으로 해방 시키려고 마음먹었다면, 또 단체 무찰객이 자기의 노력으로 적은 돈을 내고 논산역을 빠져나갈 수 있다고 승무원에게 얼마간의 돈을 주며 부탁했다면 특종보충권을 안 끊고 묵인해줄 수도 있지 않은가?"

"그럴 리야 있겠습니까?"

"그럴 리가 없다… 지금 상식을 논하고 있는 게 아니야. 일로역에서 논산역까지 열차의 운행 시간이 장장 여섯 시간쯤… 설사 여객이 너무 많고 불평이 많아서 검찰을 못했다 치더라도 그동안 여객의 안전과 차내 질서유지를

위해 억지로라도 한, 두 번쯤은 열차 내를 순회했을 것이고 차표 없는 여객
으로부터 신고도 받았을 것이고… ”

“이론상으로야 그렇지만 실제로는… ”

“열차 내에서 단체 무찰객을 묵인해주는 조건으로 단체 무찰객의 인솔자
로부터 돈을 얼마 받았어?”

“돈을 받다니요? 돈을 받기는커녕 저는 아까도 말씀드렸지만 단체 무찰객
인솔자의 얼굴을 구경도 못해 봤습니다.”

“그럼 단체 무찰객의 인솔자도 차표가 없는 것을 승무원들에게 숨겼단 말
인가?”

“그렇게 봐야죠. 애초에 일로역에선, 목포역에서부터 초만원이 된 182열
차에 여객이 타지 못할까봐 승차권을 제한 발매 했거나 아예 발매를 하지 않
았거나 했을 것이고 제 각기 흩어져 182열차에 올라탄 단체 무찰객의 인솔
자는 열차 내가 혼잡하고 승무원이 검찰을 안 하니까 열차 내에서 차표를
끊으려고 했던 계획을 착역인 논산역에서 돈을 내고 나가기로 바꿨던 것이
죠.“

“그렇게 둘러대면 나중에 봐줄 것도 못 봐줘. 자~, 단체 무찰객의 인솔자
로부터 열차 내에서 얼마를 받았어? 얘기해봐.”

“전, 돈 받은 사실 없습니다.“

“틀림없이 받았을 텐데?”

“안 받았습니다.”

“… ”

이 00 주임은 신문하기를 멈추고 천천히 담배를 꺼내 피워 물은 후, 다시
볼펜을 쥐며 나에게 물었다.

“자~, 얼마를 받았는지 얘기해 봐.”

“안 받았다니까요.”

“자꾸 그렇게 대답할 거야?“

“아니, 안 받은 걸 어떻게 받았다고 대답합니까?”

"받았지 않나?"

"안 받았습니다!"

"허어!"

이 00 주임은 볼펜을 탁자 위에 놓고 어이없는 눈으로 나를 바라보았다. 나도 어이없는 눈으로 그를 바라보았다.

"받았지?"

"안 받았습니다."

"언제까지 안 받았다고 버틸 거야?"

"제 대답은 항상 똑같습니다. 저는 절대로 안 받았습니다."

"그러지 말고 정직해 봐."

"… "

나의 말을 콩으로 메주를 쑨다고 해도 숫제 믿지 않으려고 하지 않고 있기 때문에 속이 부글부글 끓어오른 나는 더 이상 이 00 주임의 신문에 응할 필요성을 느끼지 않았다. 그래서 이 00 주임에게 물었다.

"여기, 실장님 방이 어디에 있습니까?"

"으응? 저쪽에 있지."

이 00 주임이 무심하게 한 쪽을 손으로 가리켰다.

나는 자리에서 벌떡 일어나 조사 방을 나가 버렸다. 그리고 감사관실 직원이 함께 근무하고 있는 사무실 옆의 감사관실 실장 방을 찾아 들어갔다.

감사관실 실장 방에서는 감사담당관(행정서기관) 김 00 씨가 혼자 책상 앞에 앉아서 무슨 서류들을 읽어보고 있다가 내가 들어가자 의아한 눈초리를 하며 쳐다보았다.

"저… 서울 열차사무소 여객전무 최선권입니다."

"… ?"

"지금 이 00 주임한테서 182열차의 단체 무찰 건에 대해 조사를 받다가 여기에 왔습니다만… 저는 단체 무찰객으로부터 묵인해주는 조건으로 돈을 받은 사실이 전연 없다고 여러 차례 밝혔는데도 불구하고 이 00 주임은 돈을 얼마 받았느냐고 같은 질문만 자꾸 되풀이하고 있습니다."

"… "

"저는 그렇게 일방적으로 자기의 추리대로만 조사를 진행시키려고 하는
이 00 주임한테서 조사를 계속 받고 싶지 않습니다."

"… "

감사담당관은 한참 생각해보다가 수긍이 간다는 표정으로 머리를 끄덕였
다.

"알았어, 돌아가서 열차나 잘 타게."

그런데 그로부터 2일 후, 순천발~용산행 보통 제192열차로 서울에 도착한
내가 열차사무소에 들어갔을 때였다.

당무 열차조역 김 00 씨가 책상 위의 메모지를 들춰보며 나에게 말했다.

"최 여객전무, 감사관실에서 또 올라오라고 그러는데… "

"… !"

무거운 마음으로 감사관실에 또 올라가 보니 내가 조사받기를 거부했던
이 00 주임은 보이지 않고, 대신 홍 00 주임이 나를 자기의 앞자리에 앉게 했
다.

조심스럽고 부드러운 태도의 홍 00 주임.

홍 00 주임은 2일 전, 이 00 주임이 나에게 던졌던 질문들을 다시 반복해
가며 조서를 새로 꾸미기 시작했다.

소속은? 직급은? 직명은?, 이름은? 주소는? 생년월일은? 조사의 주제는
역시 '단체 무찰객으로부터 묵인조로 돈을 받았느냐, 안 받았느냐'였다.

"단체 무찰객으로부터 돈 받은 사실이 있는가?"

"단체 무찰객으로부터 돈 받은 사실이 없습니다."

"정말 안 받았는가?"

"정말 안 받았습니다."

"… "

홍 00 주임은 나에게 자기가 쓴 진술조서를 읽어보게 하고, 내가 이의가

없다고 하자 진술조서의 여러 군데에 도장을 찍게 했다. 그리고 그는 측은한 표정으로 나를 바라보며 말했다.

"논산역의 운임 요금 영수증명서를 확인해보니까 그날 182열차에 무찰로 탄 단체 여객 30여 명은 일로역 근처에 있는 모 제조회사 공장의 직원들이 야. 최 여객전무가 조사를 계속 받지 못하겠다고 거부한 이 OO 주임이 그들을 만나 보기 위하여 오늘 아침 차로 목포에 내려갔지. 이 OO 주임이 그 회사의 직원들을 하나하나 만나 보고 올라오면 그 들이 여객전무에게 돈을 줬는지 안 줬는지를 확실하게 알 수 있겠지."

"… !"

그로부터 10여 일 후,
나에게 대략 다음과 같은 내용의 빨간색 경고장 한 장이 전달되었다.

경 고 장

소 속: 서울 열차사무소　　직 급: 운수주사보
직 명: 여객전무　　　　　 성 명: 최 선 권

위 직원은 1972년 4월 23일, 목포발 용산행 보통 제182열차의 여객전무로 승무하면서 열차 내가 혼잡하다는 이유로 검찰을 하지 않아 일로역에서 승차권을 구입하지 못하고 승차한 단체 여객 30명이 열차 내에서 승차권을 발행받지 못하고 논산역에 무찰로 내려 버린 사실이 있었던바 이는 여객전무가 근무를 소홀히 한 소치이므로 엄중히 경고한다.

1972년 5월 7일
서울철도국장

일로역 근처의 모 제조회사의 공장을 찾아간 감사관실의 이 00 주임이 182열차에 탔던 그 제조회사의 공장 직원으로부터 여객전무에게 돈을 줬다는 확인서를 받아왔다면 아마 나에게 경고장 대신 징계출두서가 전달되었을 것이었다.

(내가 그 제조회사의 공장 직원으로부터 돈을 받았었다면 파면 결정이 내려질 뻔했겠군.)

제54화

성역(聖域)의 비위자(非違者)

1972년 5월 어느 날, 서울발~부산행 보통급행 제105열차,

그 열차에 승무하기 위해 열차사무소에 출무해보니 나와 같이 승무하게 될 열차원 두 명중 한 명은 처음 보는 얼굴이었다.

명찰에 씌어있는 이름이 이 OO, 키가 178cm 정도로 크고, 혈기가 왕성하여 붉으스레한 얼굴에 여드름이 많이 나 있고, 25세가량 되어 보이는 젊은 직원.

(새로 열차원으로 나왔는가?)

열차 조역에의 승무 인사 때문에 그와 형식상의 간단한 악수만 나누고 열차에 오른 나는 여객 정리 등을 하느라고 그와 별다른 얘기를 못해 보다가 수원역~조치원역 간에서 검찰을 마친 후, 시간적 여유가 약간 생겨서 어느 자리에 앉아 그와 얘기를 나눠볼 수 있게 되었다.

"열차사무소에 온 지 얼마 안 되었지?"

"녜, 며칠밖에 안 되었습니다. 견습 삼아 목포, 장항에 한 번씩 갔다 오고 … 오늘이 세 번째 승무인데 오늘도 견습이나 마찬가지입니다. 부산행 열차는 처음이거든요."

"그렇군, 전에 어느 역에 있었나?"

"OO역에서 출찰(매표) 업무를 담당했었습니다."

"군대는 갔다 왔나?"

"녜, 육군, 만기제대 했습니다."

계속 이런저런 얘기를 나누다 보니 젊은 나이, 12등급의 낮은 직급, 새로 열차원으로 나온 입장인데도 불구하고 그는 어떤 일이 화제에 떠오르면 그 화제에 대해 나와 다른 고참 열차원의 의견을 들어보지 않고 자기가 먼저 의견을 제시해 버리는 것이었다.

"차표를 잃어버렸다고 하며 운임, 요금 및 부가금을 다 내는 사람은 말입니다. 특보에 〈무찰〉이라고 적지 말고 〈분실증〉이라고 적고 그 사람의 인적 사항을 자세히 적어 놔야 됩니다. 그래야만 1년 이내에 그 사람이 잃어버렸던 차표를 되찾게 될 경우, 억울하게 지불한 운임. 요금과 부가금을 반환받을 수 있게 됩니다."

"…"

"서울에서 천안까지 승차권을 끊은 경부선 열차의 여객이 온양온천까지 승차권을 연장해 달라고 하면 그건 〈월승〉이 아니고 〈별도〉로 처리해야 됩니다."

"…"

조금 전, 검찰을 할 때에도 가끔 한두 명씩 발견되는 무찰객의 처리를 사전에 나와 고참 열차원에게 물어보지 않고 자기의 뜻대로 척척 처리해 버리던 그.

(동료들이 다 알고 있는 여객취급 업무를 자기만 알고 있는 양 저렇게 거침없이 말하는 것을 보면 동료 간에 예의를 좀 그르치기는 해도 그런대로 여객 규정에 아는 것이 많고 매사에 적극적이며 자신감도 갖고 있군.)

20일쯤 후, 나와 그는 또 승무 교번이 들어맞아서 서울발~진주행 특급 제27열차를 같이 타게 되었는데 27열차로 진주에 내려갔다가 다음 날 승무하게 된 진주발~서울행 특급 제28열차가 수원역에서 30초간 정차한 후, 서울을 향해 막 떠났을 때였다.

내가 알고는 있지만 별로 친하지 않은 서울 철도국 관리장실 직원 두 명이 수원역에서 탔는지 7호차에서 어느 여객과 얘기를 나누고 있는 나를 찾아왔다.

"안녕하십니까?"

"여객전무, 특실로 가봅시다."

"… !"

그들은 승무원의 어떤 부정 여부를 알아보기 위해 특실에서 죄석 정리표 확인, 입회 검찰 등 여러 가지의 감사를 할 모양이었다.

승무원이 아무리 금전 취급상으로 깨끗하게 처리하고, 또 기타 여러 가지 업무를 잘하려고 노력해도 감사원은 감사원대로 보는 눈이 따로 있어 열차 내를 속속들이 뒤져보면, 특실에 철도 직원이 특실 료금을 내지 않고 공짜로 앉아 있다든가, 화장실에 휴지가 꽂혀있지 않다든가, 홍익회 판매원을 잘 감독하지 않아 차내 청소 상태가 불량하다든가 등 어떤 지적감은 반드시 적출 되게 마련인 법, 더군다나 여객으로부터 종류변경, 월승, 무찰, 좌석 지정 등 의 명목으로 돈을 받고 특종 보충권으로 처리하지 않은 것이 발견된다면 그 건 징계의 대상이 되는 것이었다.

나는 무겁고 불안한 마음으로 앞장서서 그들을 데리고 특실로 들어갔다.

그런데 나와 감사원이 특실의 맨 앞쪽 자리에 앉아있는 열차원 이 00에게 거의 다 다가가서였다.

"아, 안녕하십니까?"

차창 밖을 내다보고 있다가 자리에서 일어나며 감사원 한 명에게 반가운 얼굴을 해 보이는 열차원 이 00.

"으… 응, 자네가 이 차에 타고 있구나."

열차원 이 00에게 아는 척을 해 보이는 감사원 한 명.

그들의 표정을 살펴보니 보통 이상의 친밀한 사이인 것 같았다.

"자네의 아버님 생신 때 자네의 집에 한번 가보곤 그 뒤엔 못 가봤는데… 집안에 별일 없지?"

"네."

"아버님은 여전히 잘 다니시고?"

"네."

감사원 한 명이 다른 감사원 한 명에게 열차원 이 00을 소개했다.

"이 사람의 부친이 본청 감사관실의 이 00 주임이야."

"녜에…"

열차원 이 00이 다른 감사원 한 명에게 꾸벅 허리를 굽혀 인사했다.

고개를 끄덕이며 웃는 얼굴로 인사를 받는 다른 감사원 한 명.

열차원 이 00과 다른 감사원 한 명의 인사가 끝나자 열차원 이 00을 잘 알고 있는 감사원이 열차원 이 00에게 물었다.

"우리가 특실을 좀 보려고 왔는데… 자네가 특실 담당인가?"

"녜."

"아는 처지에 특실을 까보긴 무엇하고… 아버님의 체면을 생각해서라도 자네는 열차를 깨끗하게 또 실수 없이 타야 돼?"

"녜."

그들은 특실 감사를 생략해 버리고 특실을 나가버렸다.

4종 칸(보통 객차)에 가서도 한번 둘러만 볼 뿐 입회 검찰 등 감사를 하지 않고 있는 그들.

그들은 4종 칸의 어느 빈 좌석에 점잖게 앉아있다가 열차가 영등포역에 도착하자 다른 열차를 타기 위해 내려버렸다.

(이제 보니 열차원 이 00의 아버지가 본청 감사관실에서 근무하고 있구나.)

한 달쯤 후, 열차원 이 00과 또 서울발~부산행 특급 제19열차를 함께 타게 되었는데 열차가 동대구역에서 정차했다가 떠난 후, 얼마쯤 지나서였다.

동대구역에서 탔는지 부산 철도국 관리장실 직원 두 명이 특실에 들어왔다. 보나 마나 감사가 목적일 그들.

나는 특종보충권 미발행 등 별로 잘못 처리해놓은 것이 없었지만 그들의 입에서 "특실의 좌석 정리표를 내어놓아라", "특실의 검찰을 해 보자"는 등의 말이 나와 귀찮게 할까봐 얼른 열차원 이 00의 신분을 그들에게 살짝 귀 띔해주었다.

"잘 좀 봐주십시오. 저기에 서 있는 열차원이 특실 담당인데… 저 열차원의 아버지가 본청 감사관실에서 근무하고 있는 이 OO 주임입니다."

"흐음… 그래요?"

"네."

"그렇다면 특실을 더 세밀히 까보아야겠네?"

"… ?"

그러나 그들도 씁쓰레한 표정을 짓고 있다가 특실감사를 생략해 버리고 4종 칸으로 나가버렸다.

(열차원 이 OO이 타고 있는 열차에선 아무도 감사 활동을 하지 않으려고 하는구나.)

그런데 그로부터 약 두 달 후의 목포 승무원 숙사.

목포역에서 밤 8시 30분에 떠나는 용산행 보통 제188열차를 타려고 7시쯤 식당에서 미리 식사를 하고 있는 나에게 서울에서 목포행 보통급행 제111열차를 타고 내려온 여객전무 박 OO이 다가와서 낮은 목소리로 말하는 것이었다.

"오늘 새벽, 114열차(목포~서울 간 보통급행) 승무원이 영등포역에서 무찰객 열 명을 해방하다가 본청 감사관실, 공안 등 합동 감사반에게 적발되었다네."

"… !"

"열차원이 사복을 입고 무찰객을 집찰구로 데리고 나가 해방하다가 적발되었기 때문에 본청에서 악질적인 부조리라고 경찰에 고발 조치하여 열차원이 아예 구속되어 버렸다네."

"저런… 열차원이 누구인데?"

"이 OO 이라고 있잖아? 그 본청 감사관실의… "

"… !"

웬만한 일이면 본청 감사관실에서 근무하고 있는 아버지의 보이지 않는 위력으로 주위의 직원으로부터 이해와 협조를 받아오던 그도 결국은 돈에 욕심을 내다가 본청 감사관실, 공안 등으로 이루어진 합동 감사반에 의해 신세를 망치고 만 것이었다.

(부조리 척결엔 성역이 없구나.)

제55화

뒤바뀐 운명(運命)

1972년 5월.

감사관실, 지방청 관리장실, 심사사무소 등 감사 및 장표심사기관의 현장 감사가 아주 엄격해지고, 빈번해지고 있는 가운데 뚱뚱한 체구의 동료 여객 전무 조 00이 승무 중의 어떤 비리가 적발되어 파면되었다.

한 달 뒤, 동료 여객전무 이 00도 승무 중의 어떤 일이 잘못 처리되어 파면 되었다.

(이거, 나라고 무슨 실수를 하여 파면당하지 않으리라는 보장이 없는 것 이 아닌가?)

매사에 조심하며 승무하던 나는 7월 어느 날, 서울역에서 오전 8시 40분 에 떠나는 광주행 특급 제45열차를 타게 되었다.

8시 30분쯤, 서울역 플랫폼에서 안내원과 함께 층계로 내려오는 45열차 의 여객을 안내하고 있으려니 동료 여객전무 이 00이 다른 안내원과 함께 층 계로 내려왔다.

"오래간만입니다. 이 00 여객전무."

"우리는 41열차(목포행 특급)입니다."

"아, 그래요? 41열차의 발차 시각이 9시 10분이니까 8시 40분에 떠나는 우 리 열차(45열차)를 30분 간격으로 따라오겠구만."

"그래, 내 차보다 30분 앞서가면서 여객과 감사원을 몽땅 싣고 가십시오."

"자연적으로 그렇게 되겠습니다. 허, 허… "

잠시 후인 8시 40분,

45열차가 기적을 길게 울리며 서울역을 떠나기 시작하자 45열차 각 객차의 승강구에 서 있던 나와 안내원은 41열차의 여객과 승무원에게 손을 흔들어댔다.

"미안합니다! 우리 차가 먼저 떠납니다!"

"네, 잘들 가십시오!"

그런데 그로부터 약 두 시간 후인 10시 50분쯤, 신나게 달리던 45열차가 통과해야 될 가수원역에서 슬금슬금 속도를 늦추더니 이윽고 멈춰버리는 것이었다.

(웬일일까?)

내가 열차에서 플랫폼으로 내려서니 기관사가 기관차에서 내려 열차의 앞쪽에서부터 객차마다의 밑 부분을 확인하며 열차의 중간쯤 플랫폼에 서 있는 나의 쪽으로 바삐 걸어오고 있는 것이었다.

20초쯤 후, 나의 물음.

"객차에 무슨 이상이 있습니까?"

"네, 어느 객차가 나쁜 모양입니다. 열차가 잘 끌리지 않습니다."

기관사가 대답하며 한 객차의 밑 부분을 유심히 살펴보았다.

"바로 이 객차로구만."

기관사가 지적하는 그 객차의 바퀴를 바라보니 달려오면서 제동이 많이 걸린 듯 열과 기름 탄 냄새가 심하게 나고 있었다. 불량차가 생기는 이런 경우, 국유철도 운전취급 규정에 여객열차는 5차 이내마다 한 차를 제동 기능 없이 관통제동기에 공기만 관통시켜 가도 상관이 없게 되어 있었다.

"완해불량이니 제동장치를 커트 해야 되겠군."

나와 기관사가 협조하여 제동기관의 공기 차단 콕크를 잠그고 제동통의 공기를 전부 빼어버렸다.

제동통 속으로 스르르 들어가는 제동통의 피스톤 봉.

"자, 출발합시다."

기관차 쪽으로 뛰어가는 기관사.

열차는 가수원역에서 7분쯤 정차한 후 떠났다.

다음 흑석리역.

별로 속력을 내지 못하던 45열차가 통과해야 할 흑석리역에서 또 멈췄다.

"… ?"

내가 흑석리역 플랫폼에 또 내려서니 기관사와 역 조역이 제동장치를 커트시킨 객차로 뛰어가는 것이 보였다.

나와 운전 차장도 그리로 뛰어갔다.

"아무래도 제동 본관 등 다른 곳의 기능에 무슨 이상이 있는 것 같습니다. 시간이 급하니… 이 객차, 여기에서 해방해야 되겠습니다."

객차 밑의 제동기관을 유심히 살펴보던 기관사가 부득이하다는 표정으로 나와 역 조역을 바라보며 말했다.

"아니, 여객이 타고 있는 이 객차를 여기에서 해방해야 된다는 말입니까?"

"이미 불량 객차로 확인되었기 때문에 더 이상 끌고 갈 수 없습니다. 열차가 자꾸 늦어지고 또 불의의 사고가 날 염려도 있으므로… "

"… !"

나는 할 수 없이 열차에 올라가서 차내 방송을 실시했다.

"손님 여러분, 대단히 죄송한 안내 말씀드리겠습니다. 이 열차의 6호차가 불량 객차로 판명되어 부득이 여기에서 떼어놓고 가기로 결정되었습니다. 그러므로 6호차에 타고 계신 손님 여러분은 불편하시더라도 소지품을 전부 휴대하시고 다른 객차의 빈 좌석으로 옮겨 타 주시기 바랍니다."

갑자기 소란해지는 열차 안.

내가 6호차로 들어가서 다시 불량차 해방에 대한 필요성을 육성으로 자세히 설명하고 자리를 옮겨줄 것을 종용하자 6호차의 여객이 내 말을 순순히 잘 따라주었다.

안전을 생각해서 말없이 무거운 보따리를 들고 옆의 객차로 옮겨가는 여객들.

"옆의 객차의 아무 데나 빈자리가 있으면 앉으십시오!"

6호차의 여객이 다 옆의 객차에 옮겨 탄 후, 나는 다시 방송실로 뛰어갔다.

"지금부터 불량 객차인 6호차를 열차에서 떼어놓는 작업을 시작하겠습니다. 작업을 하는 동안 차창 밖으로 몸을 내밀거나 승강구에 서서 구경 같은 것을 하고 있으면 위험하오니 여객 여러분께서는 현재의 위치에서 조용히 있어 주시고 지나친 움직임 등을 삼가 해주시기 바랍니다."

6호차 해방에 대한 입환이 곧 시작되었다.

역무원과 운전차장의 전호 하에 여객이 타고 있는 객차와 함께 흑석리역의 남쪽으로 인상되는 6호차, 그리고 다시 추진하여 흑석리역의 측선에 해방되는 6호차, 나머지 객차는 다시 본 열차에 연결되고…

입환은 10분 만에 끝났다.

"다음엔 제동시험을 해봐야지."

열차의 좌측에 서 있는 나와 차장이 기관사 쪽을 바라보며 손을 머리 위에서 상하로 흔들며 〈제동을 체결하라〉, 혹은 좌우로 흔들며 〈제동을 완해하라〉 하며 제동시험을 하고 있는데 플랫폼 옆의 선로로 목포행 특급 제41열차가 통과하고 있었다.

차창 밖을 내다보고 있는 45열차의 여객과 제동시험을 하고 있는 나와 운전차장과 각 객차의 승강구에 서 있는 안내원을 향해 웃으며 손을 흔들어대고 있는 41열차의 이 00 여객전무와 안내원.

"쳇, 불량 객차 해방 때문에 우리 열차보다 30분 늦게 서울역을 떠난 41열차가 우리 열차를 앞서가는군."

15분쯤 후, 45열차도 정시보다 50분 늦게 흑석리역을 떠났다.

10분만 더 늦어 열차의 지연시간이 1시간으로 되어버리면 여객의 하차 역에서 특별급행료를 환불해줘야 하므로 속력을 더 해 달려가는 45열차.

두 시간쯤 뒤.

열차가 장성역에 정시보다 48분 늦게 도착되었을 때였다.

내가 플랫폼에 내려서니 열차 감시차 플랫폼에 나와 있던 장성역 조역이 나에게 다가왔다.

"45열차와 41열차의 운행 순서가 바뀌는 바람에 41열차의 여객전무만 애를 먹게 되었습니다."

"… ?"

"심사사무소의 직원 두 명이 45열차를 타기 위해 우리 역에서 대기하고 있다가 먼저 온 41열차를 타고 가버렸습니다."

"… !"

"심사사무소 직원이 41열차에서 아마 샅샅이 까볼걸요?"

"… "

그로부터 35분쯤 뒤,

45열차는 종착역인 광주역에 정시보다 46분 늦게 도착했다.

(불량 객차 해방 때문에 열차가 늦어졌지만 다행히 특별급행료를 환불 안하게 됐군.)

내가 안도의 한숨을 내어 쉬며 열차에서 플랫폼에 내려서니 안면이 있는 광주역 주재 공안원 박 00 주임이 나에게로 왔다.

"이 차에는 심사사무소 직원이 안 탔습니까?"

"네, 안 탔습니다. 심사사무소 직원이 장성역에서 대기하고 있다가 우리 열차보다 먼저 온 41열차에 올라탔다고 하던데요."

"심사사무소 직원이 41열차에서 입회 검찰을 했답니다."

"그랬겠군요. 입회 검찰을 했으면 워낙 많은 여객이 타고 내리니 미처 규정대로 처리 못한 무찰객도 한두 명 있었을 것이고, 좌석권 발행도 100% 안되어 있었을 것이고… "

"그래서 심사사무소 직원에게 적발된 것이 몇 건 있다고 합니다."

공안원 박 00 주임이 다른 역의 주재 공안원으로부터 전화로 얘기를 들었다면서 나에게 전해준 내용은 대략 이러하였다. (물론 박 00 주임과 통화한 다른 역의 주재 공안원도 다른 철도 직원으로부터 그 내용을 어떤 기회에 들었을 것이었다.)

장성역에서 41열차에 올라탄 심사사무소 직원은 여객전무 이 00 에게 특별 감사증을 내보이며 전 여객에 대한 입회 검찰을 요구했다.

이 00 여객전무는 그 요구를 거절할 수가 없어서 부득이 입회 검찰에 응했는데 검찰 결과 입석승차권 소지 여객으로부터 좌석료 100원씩을 받고 좌석지정권을 발행해주지 않은 것이 몇 건 적발되었다.

여객으로부터 좌석료를 받고 좌석지정권을 발행해주지 않으면 그 좌석료는 철도청 수입으로 들어갈 수 없는 것. 심사사무소 직원은 여객전무 이 00 으로부터 그에 대한 확인서를 받으려고 했다. 그러나 이 00 여객전무는 심사사무소 직원이 작성한 확인서에 서명을 하지 않고 봐 달라고만 사정하였다.

"서명을 하십시오", "봐 주십시오"… 이렇게 한동안 옥신각신하다가 이 00 여객전무는 그들의 고집을 꺾지못하고 결국 확인서에 서명을 하고 말았다. 그 대신 이 00 여객전무는 심사사무소 직원이 00역에서 내릴 때 봐달라는 의미에서 돈 2만 원을 심사사무소 직원 한 사람의 주머니에 쑤셔 넣고 그 자리에서 도망쳤다고 했다. 그 때문에 화가 난 심사사무소 직원은 이 00 여객전무로부터 받아놓은 확인서에 이 00 여객전무가 주머니에 쑤셔 넣은 돈 2만 원도 첨부하여 관계처에 보고하겠다고 하며 그 자리를 떠났다…

"거, 참… 일이 잘못 처리되면 가중 처벌되겠는걸?"

얘기를 다 듣고 난 내가 얼굴에 근심 어린 빛을 띠자, 공안원 박 00 주임이 몹시 안 됐다는 표정을 지었다.

"미남이고, 착하기만 하던 이 00 여객전무가 어쩌다가… "

그로부터 얼마 후, 이 00 여객전무도 특별 징계에서 파면 조치 되었다.

(그날, 내가 승무한 45열차에 불량 객차가 생기지 않았다면, 45열차와 41열차의 운행 순서가 바뀌지 않았을 것이고, 심사사무소 직원도 당초의 계획대로, 장성역에서 41열차에 타지 않고 내가 승무한 45열차에 올라타서 감사를 실시했을 것을…)

제56화

깨끗한 열차, 편안한 마음

1972년 5월 어느 날, 하오 4시 20분쯤,

서울발~목포행 특급 제41열차로 종착역인 목포역에 도착한 후, 목포역에 차내 수입금을 인계하고, 승무원 숙사로 가기 위해 나와 여자 안내원 3명이 함께 대합실을 거쳐 목포역 광장으로 걸어 나가고 있을 때였다.

"저어… 여객전무님."

누가 뒤쪽에서 나를 불러왔다.

"…?"

걸음을 멈추고 몸을 돌려 소리가 들려온 쪽을 바라보니 자그마한 몸집에 허술한 옷차림을 하고 있고 30세 내외로 보이는 한 남자가 나에게 볼일이 있는 듯 나의 쪽으로 가까이 다가오고 있는 것이었다.

"…?"

그는 내가 무슨 영문인지를 몰라 의아한 눈초리를 하며 서 있자, 내 옆으로 바싹 다가와서 옆으로 지나가는 여자 안내원이 듣지 못하게 아주 낮은 목소리로 말했다.

"내일 42열차로 올라갈 때 몇 명, 몰고 가시렵니까?"

"몇 명 몰고 가다니… "

"너구리를요."

"너구리?"

〈너구리〉란 열차 승무원들의 은어로 〈무찰객〉을 뜻했다.

6.25 전쟁 때 화차나 객차에 무질서하게 짐짝처럼 실려 가는 피난민이 몸을 웅크리고 있는 너구리같이 보여 〈너구리〉라고 불렀다는데 세월이 흘러가면서 그 말의 뜻이 슬며시 〈정당한 자격으로 열차를 타지 않는 사람〉 혹은 〈차표 없이 열차에 승차한 사람〉으로 둔갑해버린 것이었다.

그런 너구리를 내일 42열차로 올라갈 때 몇 사람 싣고 가지 않겠느냐고 물어오는 걸 보니 그는 아마 열차 승무원에게 열차 운임을 조금이라도 싸게 해서 목적지까지 가려고 하는 무찰객을 소개해주고 소개비를 받는 소위 〈너구리잡이〉인 모양이었다.

(이런 너구리잡이가 있기 때문에 철도의 질서가 문란해지고 열차 승무원도 무찰객을 정식대로 처리하지 못해 징계를 받게 되는 것이 아닌가?)

나는 불쾌해졌으나 그 어떤 내색도 표하지 않고 궁금한 표정으로 그에게 물었다.

"어떤 방법으로 너구리를 모집합니까?"

"대합실이나 역 광장에서 차표를 사러 오는 사람을 눈여겨보면 그중 좀 어수룩하게 보이는 사람이 있습니다. 그런 사람에게 열차 운임의 20% 정도를 싸게 해 줄테니까 차표를 사지 말고 그냥 열차에 올라타라고 슬쩍 설명해주면 귀가 솔깃하여 따라오는 사람이 있어요. 그런 사람이 바로 너구리가 되는 것이지요."

"흠… 어수룩하게 보이는 사람이 다섯 명, 혹은 열 명 정도의 일행이나 단체일 경우에는 한 사람씩 상대하여 모집하기보다는 훨씬 편하겠네?"

"그렇지요, 그편이 훨씬 낫지요."

"그러면 포섭된 너구리를 어떻게 열차에 태우는가?"

"그때그때의 상황을 봐서 제가 결정하죠. 입장권을 사서 개찰구를 통해 역 안으로 들여보낸다든가, 대한통운의 자동차 출입문을 통해 역 안으로 들여보낸다든가. 제일 가까운 역까지의 차표를 끊어서 개찰구를 통해 역 안으로 들여보낸다든가… "

"그렇게 해서 너구리가 정거장에 들어가거나 열차에 올라타면?… "

"제가 여객전무님에게 너구리를 소개해 드려야죠. 그러면 여객전무님은 너구리를 안전한 좌석에 앉혀줘야 하고 목적지에 도착하면 역 밖으로 말썽 없이 내보내 줘야 하고… "

"음… 좌석은 내가 알아서 하라는 얘기이군?"

"녜… "

"그 다음엔?"

"제가 소개해주는 너구리를 숫자대로 계산하여 여객전무님이 저에게 소 개비를 주셔야죠."

"너구리 한 명당 얼마를 줘야 하나?"

"목포에서 서울까지의 특급 열차 운임이 일 인당 1,400원인데 제가 보통 1,000원 내지 1,200원이면 서울까지 갈 수 있다고 하며 너구리를 모집하거든 요. 너구리한테서 여객전무님이 운임을 얼마씩 받든… 제가 너구리를 역 안 으로 들여보내느라고 들인 경비 외에 일 인당 100원씩만 더 계산하여 주십 시오."

"흠… "

"너구리를 목적지까지 데리고 가서 무사하게 다 내보낸다면 경비 외의 돈 은 남는 돈이 아닙니까?"

"… "

"어떻게 하시겠습니까? 내일 한 20명가량만 모집할까요?"

"아, 안돼."

나는 굳은 표정을 지으며 머리를 옆으로 흔들었다.

"여객전무님이 너구리를 안 몰고 가시면 저는 내일 42열차를 공치게 됩니 다. 좋은 열차를… "

그는 제발 좀 너구리를 데려가라고 나에게 애원하는 표정을 지어 보였다.

"돈 몇 푼 먹으려고 그따위 어리석고 치사한 짓을 하다간 내가 직장에서 쫓겨나고 나의 가족이 굶게 돼."

나는 발걸음을 옮겼다.

그는 나를 따라오며 또 사정했다.

"한번 해보십시오. 무사히만 올라가면 용돈을 벌게 되지 않겠습니까?"

"안 된다니까!"

나는 걸어가다 말고 돌아서서 그에게 노한 얼굴을 하며 꾸짖었다.

"내일 42열차에 무찰객 한 명이라도 태워놓으면 당신과 여객, 두 사람 모두 박살을 내어놓겠어!"

"… !"

다음 날 열 시쯤,

42열차를 타기 위해 승무원 숙사를 나간 내가 목포역을 향해 걸어가다가 목포역 광장에 이르렀을 때였다.

전날, 나에게 너구리를 몰고 가라고 유혹하던 너구리잡이가 내 앞에 또 불쑥 나타나는 것이었다.

"여객전무님, 너구리 숫자가 많으면 부담스러워질 테니까 한 다섯 명만 데려가 보시죠?"

"아니, 이 사람… 어제 내가 한 명도 안 된다고 단단히 일러놓았지 않은가?"

"그러시지 말고 다섯 명만 데리고 가십시오."

"싫다니까! 자꾸 이러면 당신을 경찰에 고발할 거요!"

"… !"

그리고 42열차,

열차가 목포역을 떠난 후, 여객정리 겸 검찰을 실시해 보니 승차권을 구입하지 않고 열차에 올라탄 여객이 한 명도 없었다.

정읍에서 이리까지의 월승 두 명, 4종(보통객차 좌석)에서 3종(특실 좌석)으로의 종류 변경 세 명.

그들에게 열차 내에서 승차권 대용으로 발행해줄 수 있는 특종보충권을 정식대로 끊어주고 영산포역, 나주역에서 탄 여객을 정리하고 있으려니 열차가 송정리역에 도착하였다.

송정리역 홈에서 대기하고 있다가 열차에 올라타는 수백 명의 여객.

열차가 송정리역을 떠난 후, 시발 안내방송을 마치고 또 검찰실시.

검찰은 수월하게 착착 진행되어 약 한 시간 후엔 2차 검찰도 완전히 끝났다.

(이젠 좀 쉬어야지.)

나는 검찰을 실시할 때 따라다니며 좌석리스트 정리를 하던 여자 안내원을 각각 자기의 담당 객차로 보내고, 어느 객차의 빈 좌석에 앉아서 담배를 꺼내 피워 물며 차창 밖을 내다보았다.

파란 하늘.

그 파란 하늘의 이곳저곳에 떠 있는 한가로운 솜털 같은 구름, 넓은 들판.

그 넓은 들판을 바둑판처럼 갈라놓은 논과 밭.

싱싱하게 자라나고 있는 벼, 옥수수, 콩 등의 농작물.

새마을사업으로 빨갛게, 파랗게, 지붕을 칠한 아담한 농촌집.

감나무인가? 대추나무인가? 집 집마다 한 그루 이상씩 있는 유실수.

시골길을 통통거리며 달리고 있는 경운기.

열차를 향해 손을 흔들어대는 아이.

붕어, 미꾸라지, 피라미 등 민물고기가 살고 있을 듯한 깨끗한 냇물…

그런데 평상시에 별 관심 없이 평범하게 보이던 그런 경치가 그날따라 나에겐 유달리 시야에 잘 박혀 들어오고 아름답게 느껴지는 것이었다.

근무자인 내가 한 명의 여객이 되어 즐거운 여행을 하고 있는 기분.

(왜 그럴까?)

그 이유를 곰곰이 생각해보던 나는 이윽고 정확한 해답을 얻어낼 수 있었다.

1. 아름다운 경치를 아름답다고 느낄 수 있는 것은 내 마음에 여유가 있기 때문이다.

2. 내 마음에 왜 여유가 있을까? 마음에 걱정거리가 없기 때문이다.

3. 내 마음에 왜 걱정거리가 없을까? 열차 내에 무찰, 월승, 종류변경 등에

대한 미처리나 위규 처리가 전연 없어서 감사원이 올라와 입회 검찰을 해도 지적을 받을 일이 없고, 여객으로부터 민원을 받을 염려도 없기 때문이다.

4. 열차 내에 왜 무찰, 월승, 종류변경 등에 대한 미처리나 위규 처리가 없을까?

목포에서 너구리잡이의 유혹을 강력히 물리쳤기 때문이다.

내가 너구리잡이의 유혹을 물리치지 못하고 너구리를 몇 명, 42열차에 실었더라면 나는 아마 차창 밖의 아름다운 경치를 구경해보기는커녕, 42열차가 서울에 도착하여 너구리가 서울역 집찰구를 무사히 빠져나갈 때까지 계속 긴장하며 마음을 졸이고 있을 것이었다.

(아! 잘한 일이여!)

제57화

사명감(使命感)의 철도인(鐵道人)

1972년 6월 어느 날,

진주역에서 밤 9시 10분에 떠나는 서울행 특급 제64열차.

밤 열차라서 그런지 대부분의 여객이 의자에 기댄 채 졸고 있거나 자고 있었다. 때문에 진주~순천 간 눈을 뜨고 있는 여객만을 상대로 부분 검찰을 대강 시행한 나는 열차가 순천역을 떠나면서부터는 그나마의 부분 검찰도 중단해 버리고 차내 순회만 하고 있었다.

차내 순회를 하다가 어느 여객으로부터 "차표를 끊어 달라", "월승 취급을 해 달라"는 등 무슨 신고가 들어오면 그런 것이나 잘 처리해주고…

그런데 내가 차내 순회를 하면서 특실에 들어가 보니 특실의 맨 뒷좌석에 앉아 있으면서 날카로운 표정으로 말없이 나를 주시하는 사람이 있었다.

"… !"

그는 뜻밖에도 순천철도국 관리장실의 김 00 주임이었다.

얼마 전 서울발~여수행 보통급행 제117열차가 새벽 3시 40분쯤, 종착역인 여수역에 도착되었을 때 여수역 집찰구에서 여객전무 이 00이 차표 없는 여객 10명을 데리고 나온 것을 적발, 그 사실을 바로 본청에 보고함으로써 여객전무 이 00이 파면되게 했던 김 00 주임.

그리고… 약 두 달 전, 서울철도국 관리장실에서 출두 명령이 있어서 올라가 봤더니 송 현일 주임이 나를 상대로 신문을 벌이는 것이었다.

"6월 7일, 여수발~서울행 보통급행 제118열차를 승무하였지요?"

"글쎄요… 그런 것도 같습니다."

"글쎄요가 아니라 여기 서류를 보면 그날 최 전무님께서는 분명히 118열차를 타셨습니다."

"… ?"

송 00 주임이 나에게 보여주는 서류, 그것은 순천철도국에서 보낸 이첩 공문이었다.

분류번호 : 91340 ~ 87

수   신 : 서울철도국장

발   신 : 순천철도국장   1972. 6. 10.

제   목 : 승무원 비위 사실 통보

서울 열차사무소 여객전무 최선권이 1972년 6월 7일, 여수~서울 간 보통급행 제118열차에 승무하면서 여수~이리 간 승차한 김현경 (남. 20세, 전북 완주군 삼례읍 00리 00번지)으로부터 그의 무임승차 및 미역 보따리를 묵인해주는 대가로 돈 200원을 받은 사실이 있었던바 증빙자료 첨부하오니 조치하여 주시기 바랍니다.

첨 부 : 확인서 1부 끝.

순 천 철 도 국 장 (직인)

확 인 서

주 소 : 전북 완주군 삼례읍 00면 00리 00번지

성 명 : 김현경

주민등록번호 : 520000 - 0000000

본인은 1972년 6월 7일, 여수역에서 미역 보따리를 휴대하고 서울
행 118열차에 승차권 없이 승차하여 이리역까지 가면서 검찰하는
여객전무에게 "갖고 있는 돈이 200원밖에 없다"고 사정하였더니
여객전무가 200원을 받아 자기 주머니에 넣으며 "열차 내에서는
그냥 봐줄 터이니 이리역에서 미역 보따리를 휴대하고 밖으로 나
갈 때에는 승무원에게 책임이 안 가도록 스스로 잘 알아서 하라"
고 하여 열차가 이리역에 도착하였을 때 미역 보따리를 들고 소화
물 취급소 사무실 옆을 통하여 이리역 밖으로 빠져나가려고 하다
가 그만 소화물 취급소 직원에게 붙들려 이리역 직원에게 인계되
었습니다.

1972년 6월 7일

위 본 인 : 김 현경 (인)

서울철도국장귀하

"하, 이런… "

순천철도국에서 온 이첩 공문을 다 읽어본 나는 혀를 찼다.

"그날 내가 118열차를 탄 것은 틀림이 없지만 나에게 돈 200원을 줬다는
그 김현경이란 사람에 대해선 저는 전연 모릅니다. 돈 커녕 얼굴도 못 보았
다는 얘기입니다. 어떻게 이런 확인서가 나왔는지… "

"그렇게도 기억이 안 납니까? 잘 생각해봐요."

"잘 생각해보나 마나… 정말, 그로부터 돈을 받은 사실이 없다니까요."

"그럼 누구 말이 진짜인지, 두 사람을 한 자리에 불러놓고 대질시켜 볼까
요?"

"네, 그렇게 해주세요. 그렇게만 해준다면 진실은 곧 정확하게 밝혀질 것
입니다."

그러나 송현일 주임은 이내 자기의 의견을 걷어 들였다.

"여기가 무슨 조사를 마음대로 해볼 수 있는 사법기관도 아니고… 현재로선 확인서를 쓴 사람의 말을 우선적으로 믿어볼 수밖에요… "

"그렇다면 나보고 가만히 앉아서 당하고만 있으란 말입니까?"

"… "

"철도국에서 진실을 밝혀내지 못한다면 제가 해보겠습니다."

"어떻게?"

"거짓말로 확인서를 쓴 그를 고소해버리든지… 아니, 제가 우선 그 사람을 한번 만나볼게요. 제가 그 사람을 만나고 올 때까지 이 이첩문서의 건은 처리를 보류해주시기 바랍니다."

다음 날, 나는 엉터리 확인서를 쓴 김현경의 집을 찾아가기 위해 서울역에서 오전 10시 20분에 떠나는 여수행 특급 제61열차에 올라탔다.

61열차를 타고 가다가 오후 2시쯤, 삼례역에서 내리고, 삼례역 앞에서 버스를 타고 1시간 정도를 달리고… 버스에서 내려 바라본 전북 완주군 삼례읍 00리라는 곳은 한적한 시골 농촌이었다. 버스 정류장 옆에 허름한 잡화가게 하나와 농가 몇 채가 있었고, 그곳에서 한 150m가량 되는 곳에 농가 한 채가 또 있었다.

"이 동네에 김현경이라는 남자분, 살고 있습니까?"

나는 잡화가게에 들어가 담배 한 갑을 사며 그 주인에게 물어보았다.

"김현경 씨라고요?… 아, 그 집 아들을 말하는 것이로구만."

"… !"

잡화가게 주인은 외따로 떨어져 있는 농가 한 채를 손으로 가리켰다.

"저 집 아들의 이름이 김현경입니다. 그 집으로 가보시죠."

"감사합니다."

내가 열려있는 그 집의 대문으로 들어가서 "안녕하십니까? 안에 누구 없습니까?" 하며 사람을 불러보니 60대로 보이는 남자 노인 한 사람이 방문을 열고 얼굴을 내미는 것이었다.

"여기에 김현경이라는 분, 살고 있습니까?"

"김현경이는 내 아들인데… 왜 그러십니까?"

"녜에… 저는 철도청 직원입니다. 지난 6월 7일, 김현경 씨가 여수에서 이리까지 열차를 타고 갔었는데 그때의 일에 대해 물어볼 일이 좀 있어서요."

"내 아들이 뭐 잘못한 거라도 있습니까?"

"그런 게 아니고… 별일이 아니니까 아무 걱정하지 마십시오."

"내 아들은 오늘, 단오날이라 읍내 장터에 단오 축제 구경 갔다오. 이제 돌아올 때도 되었으니 조금 기다려 보시구려."

"알았습니다. 어차피 만나 보고 가야 하니까 밖에서 기다리겠습니다."

내가 밖의 길가에서 한 30분 동안 담배를 피우며, 또 이 생각, 저 생각을 해보며 서 있자니 젊은 청년 한 명이 나의 쪽으로 걸어오는 것이 보였다.

뭔가 느껴지는 점이 있어서 나는 그에게 물어보았다.

"혹시 김현경 씨가 아닙니까?"

"녜, 맞는데요, 무슨 일 때문에 그러시는지… "

"나, 철도청의 여객전무입니다."

"… !"

청년은 매우 놀라는 기색이었다. 당황하는 빛이 얼굴에 역력히 나타나고 있었다.

"내가 지난 6월 7일, 당신이 여수에서 이리까지 승차한 그 서울행 보통급행 제118열차의 여객전무입니다."

"… "

"제가 기억에 안 납니까?"

"… "

"난, 그날 서울행 118열차에서 당신을 전연 본 기억이 없는데 어떻게 당신이 돈 200원을 나에게 줬다고 확인서를 쓰셨습니까?"

"아, 그건… "

청년은 그 확인서에 대해 기억을 더듬어 나갔다.

가끔 여수에서 미역을 사서 이리(지금 익산)에서 음식점을 하고 있는 친지에게 갖다 주는 그는 지난 6월 7일, 그날도 오후 6시쯤, 여수에서 미역을 사서 보따리에 넣고 서울행 118열차를 타기 위해 여수역에 나갔었다. 그런데 너무 일찍 나간 탓일까? 여수역에선 그가 타고 가야 할 서울행 118열차에 대하여 출찰(매표)과 개찰(개표)를 전연 하지 않고 있었다. 그래서 그는 대합실에서 서성거리고 있다가 문득 "개찰직원이 미역보따리를 소화물로 부치라고 개찰구를 통과시켜주지 않으면 어떻게 하나?" 하는 생각이 들어 승차권을 사지 않은 채 대한통운 사무실 옆을 통하여 역 구내로 들어갔다. 그리고 미역 보따리들을 118열차 어느 객차의 승강구 상판 위에 쌓아놓고, 승무원이 차내 순회를 할 때, 혹은 검찰을 할 때 화장실에 들어가 있거나, 다른 객차로 이동해가면서 승무원을 피해 다녔었다. 그런데 그가 그렇게 하여 이리역까지 별일 없이 가서 미역 보따리를 들고 이리역 소화물취급소 옆을 통하여 역 밖으로 빠져나가려고 할 때였다.

"여보시오! 당신 누구요!"

이리역 소화물취급소 직원이 그를 발견하여 소리쳤고, 그는 이리역 소화물취급소 직원에 의해 이리역 집찰실로 연행되어 갔다.

마침 철도국의 감사원도 와 있는 이리역 집찰실.

그는 "여수에서 이리까지 열차를 타고 오면서 무찰(차표 없음)과 승강구 상판 위에 쌓아놓은 미역보따리를 묵인해주는 대가로 승무원에게 돈을 얼마나 주었느냐?"고 감사원이 자꾸 캐어묻자 "승무원에게 돈을 얼마 줬다"고 대답하면 봐줄 것 같아서 "검찰하는 여객전무에게 200원을 줬더니 받고선 그냥 지나가 버리더라"고 편리한 대로 거짓말을 해버렸다.

"그러면 그렇지."

감사원이 그 말을 듣고 무척 반가워하는 기색이었다.

"승무원이 당신같이 차표가 없고, 큰 미역 보따리를 휴대하여 가는 사람을 그냥 봐줄 리가 없겠고… 내가 확인서라는 것을 써볼 터이니 읽어보고 이상이 없으면 지장을 찍으시오."

감사원은 확인서를 쓸 줄 모르는 그를 대신하여 확인서를 써주었고, 그는 그 확인서에 지장을 찍은 다음에 이리역 집찰실에서 풀려날 수 있었다.

"아하, 그 엉터리 확인서는 그렇게 하여 작성되었구만."

"… "

"그런데 당신은 단순히 이리역에서 풀려나기 위해 그런 거짓말을 했겠지만, 그 거짓말이 나에겐 어떠한 영향을 끼치게 되는지 그런 건 알고 계십니까?"

"… "

"당신의 그 거짓말을 취소시키지 못하면 난 철도에서 여객전무 옷을 벗게 될지도 모릅니다."

"거짓말을 취소하려면 제가 어떻게 해야 됩니까?"

"서울로 가서 당신의 확인서를 처리하는 철도청 직원에게 당신이 직접 사실 이야기를 해주면 되긴 될 텐데… "

"… "

"서울로 가기가 싫죠? 그럼 이렇게 해봅시다. 그 방법도 괜찮을 것 같은데 … "

"어떤 방법인데요?"

"당신이 이리역에서 확인서를 쓴 것처럼 여기에서도 확인서를 쓰면 어떨까? 이번엔 먼젓번의 그 확인서가 잘못되어 있다는 확인서를… "

"아, 그거 좋겠네요. 그렇게 해봅시다."

나와 그는 근처의 잡화가게에 가서 종이와 먹지, 볼펜을 산 후, 그의 집 안방으로 들어갔다. 그리고 내가 먼저 확인서의 초안을 작성하기 시작했다.

확 인 서

주 소 : 전북 완주군 삼례읍 00면 00리 00번지
성 명 : 김 현경
주민등록번호 : 520000-0000000

지난 6월 7일, 제가 이리역에서 다음과 같은 내용의 확인서를 썼는데…
〈확인서 : 본인은 1972년 6월 7일, 여수역에서 미역 보따리를 휴대하고 서울행 118열차에 승차권 없이 승차하여 이리역까지 가면서 검찰하는 여객전무에게 갖고 있는 돈이 200원밖에 없다고 사정하였더니 여객전무가 200원을 받아 자기 주머니에 넣으며 열차 내에서는 그냥 봐줄 터이니 이리역에서 미역 보따리를 휴대하고 밖으로 나갈 때에는 스스로 알아서 하라고 하여 열차가 이리역에 도착하였을 때 미역 보따리를 들고 소화물취급소 사무실 옆을 통하여 이리역 밖으로 빠져나가려고 하다가 소화물취급소 직원들에게 붙들려 이리역 직원들에게 인계되었습니다.〉
이때 제가 이리역에서 차표 없이 나가려다가 붙들렸을 때 집찰실에 와 있던 감사원이 "여수~이리 간 승차하면서 차표 없는 것, 큰 미역 보따리를 갖고 가는 것을 묵인해주는 대가로 승무원에게 돈을 얼마를 주었느냐"고 자꾸 묻는 바람에 "승무원에게 돈을 얼마 주었다"고 대답하면 빨리 봐줄 것 같아서 거짓말로 그렇게 대답하고, 감사원이 초안을 잡아놓은 확인서에 "별일 없겠지" 하는 마음으로 제가 손도장을 찍은 것이므로 그 확인서의 내용이 사실이 아니며 무효임을 반성하며 확인합니다.

1972년 6월 15일.

위 본 인 : 김 현경 (인)

서울철도국장 귀하

"자, 이 정도면 어떻습니까?"

내가 확인서의 초안을 다 작성하여 그에게 보여줬더니 그가 읽어본 후, 머리를 끄덕였다.

"됐습니다. 그렇게 하시죠."

"그러면 김현경 씨가 이걸 새 종이에 먹지를 대고 자필로 다시 쓰십시오. 확인서는 본인이 자필로 써야 신빙성이 있는 것입니다."

김현경 씨가 내가 하라는 그대로 했다. 그가 확인서를 자필로 다 쓴 후, 나는 그가 지장을 찍은 확인서를 안주머니에 소중하게 집어넣고 그런대로 마음이 좀 풀어져 잡화가게에 가서 막걸리 한 되를 사왔다. 그리고 그와 막걸리 잔을 주고받으며 얼마쯤 얘기를 더 나누다가 그와 헤어져 이리행 버스에 몸을 실었다.

이리에서 다시 광주발~서울행 특급 열차에 올라타고…

밤 11시 쯤 서울에 도착하니 몸이 몹시 지쳐있었다.

그렇지만 김현경 씨를 만나 확인서를 받아왔기 때문에 마음에 크게 위안이 되었다.

(내, 오늘. 삼례까지 갔다 온 것은 잘한 일이었군.)

다음 날, 나는 김현경 씨로부터 받아온 확인서를 철도국 관리장실의 송현일 주임에게 제출했다. 송 현일 주임은 그 확인서를 근거로 김현경에게 다시 공문을 띄우겠다고 했다.

김 현경이 나로부터 어떤 부탁을 받고 그런 확인서를 써준 것이나 아닌지 확실히 알아보기 위해서일 것이었다.

한 열흘쯤 후, 김 현경으로부터 답장을 받아봤는지 서울철도국에서 나에게 경고장이 내려졌다. 김현경 씨가 여수에서 이리까지 큰 미역 보따리를 휴대하고 무찰로 갔는데도 불구하고 여객전무가 모르고 있었다는 이유로…

이렇게 나에게도 경고장을 받게 했던 순천철도국 관리장실의 김 00 주임.

(그가 오늘 내 차에서 또 무엇을 적발해낼 것인가?)

나는 두려운 마음을 가지고 그의 옆으로 다가갔다.

"안녕하십니까?"

"… "

그는 나의 웃음 띤 인사에 답례를 하지 않고 나의 왼손에 들고 있는 좌석정리표를 자기 손으로 가리켰다.

"특실 좌석정리표를 좀 봅시다."

나는 그의 지시대로 특실 좌석정리표를 그에게 내주었다.

특실 좌석정리표에 씌어져 있는, 여객의 좌석번호, 승차권 번호, 승차 구간 등의 내용과 특실에 앉아 있는 여객을 대조해보는 그.

이런 경우, 특실 좌석정리표의 빈 좌석에 여객이 앉아 있으면 그 여객은 입회검찰의 대상이 되는 것이었다. 입회검찰을 해봐서 그 여객이 일반좌석권을 갖고 있다면 그 여객에게서 특실료금을 받아내야 되고, 특실료금을 이미 승무원에게 줬다면 그것은 "몇 월 며칠 몇 시 현재까지 환승 미처리"로 승무원에게 특실료금의 포탈 혐의가 씌어지고…

눈으로 대충 보아 이상이 없자 그는 자리에서 일어나며 나에게 말했다.

"오면서 검찰을 몇 번 했습니까?"

"진주역에서 승무원 교대를 하고 난 이후, 간간이 차내 순회를 하면서 부분 검찰만 시행했습니다. 야간열차라 졸거나 자고 있는 여객을 깨우기가 미안해서요… "

"그러면… 특실부터 입회검찰을 해봅시다."

"… !"

나는 그가 하자는 대로 특실의 맨 앞으로 가서 검찰을 시작했다.

"죄송합니다. 승차권 좀 보여주십시오."

의자에 기댄 채 졸거나 자고 있던 여객은 내가 승차권의 제시를 요구하자 달갑지 않은 표정이었다. 그러나 묵묵히 승차권을 꺼내어 보여주는 여객. 이미 특실에 한해 좌석정리표 기재 겸 검찰을 한 바 있는 나는 그들의 승차권을 두 번째로 받아 확인하며 검찰가위로 "잘칵" 입협을 하였고, 김 00 주임이 이를 옆에서 지켜보았다.

"자~, 검찰중입니다."

"손님, 승차권 좀 보여 주십시오."

깨우면서 승차권을 받아 확인하고, 또 깨우면서 승차권을 받아 확인하고… 56개의 좌석을 다 확인하고 나니 김 00 주임이 옆의 일반 칸을 손으로 가리켰다.

"이번엔 일반 칸으로 가봅시다."

"… !"

그와 나는 일반 객차에 가서도 졸거나 자고 있는 여객을 깨우며 검찰을 실시했다.

"자~, 여객 여러분, 지금 검찰중이오니 승차권을 꺼내 보여주시기 바랍니다."

여객 중엔 불평을 토로하는 여객도 있었다.

"아니, 지금이 몇 시인데 차표 검사를 하고 있나요?"

"이거, 꼭 차표 검사를 해야 하나요?"

그럴 때마다 나는 미안하다는 표정을 해 보이며 여객에게 양해를 구했다.

"죄송합니다."

"네, 저희도 가능한 한 밤중에는 검찰을 안 하려고 하고 있습니다. 그러나 오늘은 필요성이 좀 있어서요… "

1호차의 검찰을 끝내는 데에 약 5분, 2호차를 끝내는 데에 약 7분, 3호차를 끝내는 데에 약 10분… 검찰을 하다가 가끔 각 역에서 승차권을 구입할 시간적 여유가 없어서 급히 열차에 뛰어 올라탄 무찰객, 월승객도 발견되어 그들에게 특종보충권을 발행해주기도 하고…

10호차까지의 검찰을 완전히 끝내고 나니 시간은 벌써 자정을 훨씬 넘겨 새벽 1시가 다 되어가고, 열차는 이리역에 거의 다다르고 있었다. 나나 김 00

주임이나 상당히 지쳐있는 상태.

나와 김 00 주임은 다시 특실로 들어갔다.

"지금까지 검찰하면서 발행한 차내 수입실적을 무찰 몇 건에 얼마, 월승 몇 건에 얼마 등 종류별로 묶어 확인서를 작성해 주시오."

김 00 주임은 그 확인서를 나로부터 받아 자기의 승감 실적으로 철도국에 제출할 모양이었다.

"네, 알았습니다."

확인서를 다 작성하고 나니 열차가 이리역에 도착되었다.

나로부터 확인서를 받아 안주머니에 집어넣고 열차에서 묵묵히 내리는 김 00 주임.

나도 그를 따라 열차에서 내렸다.

"안녕히 가십시오."

내가 인사해도 말 한마디 없이 여객 속에 파묻혀 플랫폼을 뚜벅뚜벅 걸어가는 김 00 주임.

시간상으로 보아 그는 이제 이리역에서 내려 대기하고 있다가 서울에서 내려오는 여수행 보통급행 제117열차를 받아 타고 도로 순천으로 가며 입회 검찰 등 차내 감사를 벌일 예정인 것이 틀림없었다.

(저 사람도 나처럼 가정을 가지고 있을것이고… 남들이 다 편안히 잠자리에 들어있을 이 시각에 오죽했으면 밤잠도 못 자고 저렇게 감사를 하며 돌아다닐까?)

그런 생각을 해보니 어둠 속에 멀어져가는 김 00 주임의 모습이 그날따라 무척 아름답게, 존경스럽게 느껴졌다.

(저런 감사원도 있기 때문에 철도의 기강과 질서가 조금씩 잡혀가고 있는 것이 아닌가?)

제58화

운수(運數) 좋은 날

①

1972년 7월 15일, 토요일,

18시 정각에 서울역에서 떠나는 장항행 특급 제37열차의 승무를 위해 17시쯤 열차사무소에 나갔더니 한 지시사항 전달부에 이런 내용이 적혀있었다.

〈7월 16일부터 장항선 하행 특급 37열차, 상행 특급 38열차에 특실차를 연결, 영업을 개시한다.〉

나는 지시사항 전달부에 확인 서명을 하였다.

(내일부터 장항선 특급열차에도 특실차를 연결, 운영하는군.)

20분쯤 후,

서울역 플랫폼에서 대기하고 있는 37열차의 조성을 살펴보니 열차의 최후부에 전에 없던 특실 1량이 달려 있는 것이었다.

(아, 내일 장항에서 서울로 올라올 때부터 영업을 하기 위하여 오늘 장항역에 회송으로 내려가는구나.)

17시 30분쯤,

서울역 개찰구에서 개찰이 시작되었다. 개찰구에서 수없이 몰려나와 열차에 올라타는 여객, 여객, 여객…

대부분의 여객이 무리를 지어 취사도구들을 들고 있거나 등에 야영 도구들을 메고 있는 것이 대천해수욕장으로 피서를 가는 사람들인 것 같았다.

개찰구에서 계속 쏟아져나오는 그런 사람들.

(다른 날보다 여객의 수가 몇 배 정도는 될 것 같은데?…)

알고 보니 내일이 일요일이고, 모레가 제헌절이라서 연휴가 되기 때문에 그렇게 놀러가는 여객이 많은 것이었다.

여객이 많다 보니 객차 내가 자연히 붐벼졌고, 소란스러워졌다.

앉은 사람보다 좌석이 없어서 서 있는 사람들이 더 많았고, 좌석이 중복되었다고 자기들끼리 승강이를 부리다가 승무원을 부르고, 어떻게 앉아갈 자리를 마련해 줄 수 없느냐고 은근히 부탁도 해 오고… 왁자지껄 떠드는 소리… 릴리리야~릴리리야~ 기타 치며 노래 부르는 소리…

열차가 떠난 후,

이 객차, 저 객차를 간신히 누벼 다니며 좌석 정리, 여객 정리를 하다가 열차의 뒤쪽으로 가보니 (어찌 된 일인가?) 굳게 잠그어져 있던 회송 특실차의 출입문이 누군가의 손재주에 의해 열리어져 있었고, 의자마다 입석 승차권 소지 여객이 꽉 차게 앉아있는 것이었다.

(이 회송 객차에 여객이 타면 안 되는데…)

그러나 나에겐 편하게 앉아있는 여객을 앉을 자리가 없어서 혼잡한 보통실로 내보낼 용기가 나지 않았다.

(어차피 이렇게 된 바에야 차라리 열차 내 수입을 올리는 것이 낫겠군.)

나와 열차원은 특실검찰을 시작했다.

"여기는 특실입니다. 여러분은 입석승차권을 소지하고 있기 때문에 1인당 특실좌석요금 600원씩을 내셔야 됩니다."

여객들은 군말 없이 600원씩 잘 내었다. 척척 걷히는 돈.

600원씩 × 56개의 좌석 = 33,600원

(오늘, 차내 수입금이 목표액의 몇 배가 되겠군.)

1972년도 여름철,

장마철이 되었다. 간간이 폭우도 쏟아졌다. 집들이 산사태로 무너지고, 사람과 가축이 물에 떠내려가고, 담벽이 무너지고…

곳곳에서 물난리가 났다고 신문, 방송에서 요란하게 떠들어댄 어느 비 오는 날,

서울역을 떠나면서부터 신나게 달려가던 목포행 특급 제43열차가 통과해야 될 시흥역에 이르러서 속도가 주춤주춤 느려지더니 이윽고 서 버렸다.

(웬 일일까?)

열차의 승강구에서 플랫폼으로 내려서니 시흥역 역무원 한 명이 나에게로 달려와 알려주는 것이었다.

"시흥~안양 간의 안양천이 갑자기 범람하여 철길이 물에 잠기는 바람에 열차가 더 이상 못 갑니다."

"그럼, 어떻게 되는 것입니까?"

"복구작업이 시작되고 있으니까 기다려봐야죠."

나는 곧 그 사실을 차내 방송을 통해 여객에게 알리고 좀 더 자세한 내용을 알아보기 위하여 시흥역 사무실로 들어갔다.

"물이 어느 정도 철길로 넘쳐흐릅니까?"

시흥역에서 얻은 정보에 의하면 철도청장의 지휘하에 보선원 등 수백 명의 철도직원이 긴급 동원되어 철길로 흘러들어오는 물을 막고 있다고 했다. 가마니와 부대 자루에 흙을 담아서 쌓고, 또 쌓고… 그러나 침수된 선로는 그로부터 30분이 지나고, 1시간이 지나고, 2시간이 지나도 개통되지 않는 모양이었다. 열차는 움직여지지 않았다.

"아니, 도대체 뭣들 하고 있는 거요! 곧 간다, 곧 간다, 방송만 하고… "

"뭔가 확실한 걸 알으켜 줘야 우리도 계속 기다리든지, 여행을 포기하든지 결정을 지을 것이 아니오!"

"목적지에 늦게 도착하면 손해배상을 누가 할 거요!"

승무원에게 삿대질을 하며 언성을 높이는 여객.

철도국의 여객사령은 원하는 여객이 있으면 승차권을 반환해주라고 했다.

"손님 여러분, 대단히 죄송합니다. 침수된 선로가 복구되면 열차가 곧 떠나겠사오나 앞으로 상당한 시간을 더 기다려야 될 것 같습니다. 그러므로 시간이 급하시거나, 여행을 포기하시거나, 버스 편을 이용하실 의향이 있으신 분은 시흥역에 승차권을 제시하시고 운임, 요금을 반환받으시기 바랍니다."

방송을 끝내니 여객의 반수 이상인 수백 명이 승차권을 반환하기 위하여 열차에서 내려 시흥역 사무실로 갔다.

선로가 복구되기를 기다리며 지루하게 앉아있거나 왔다 갔다 하는 1시간, 또 1시간… 어느덧 열차가 멈춘지 6시간이 지난 밤 21시쯤, 여객의 질문과 항의에 대답하느라고 지쳐있는 나에게 시흥역 역무원이 와서 통보해 주었다.

"복구작업이 아직도 계속되고 있습니다. 복구작업이 쉽게 끝날 가망이 안 보여 43열차는 여기에서 타절하고, 기관차를 돌려 붙여, 서울로 되돌아가라는 상부의 지시가 떨어졌습니다."

"막연히 기다릴 것 없이 진작 그럴 일이지… 이제까지 기다렸던 여객은 어떻게 합니까?"

"할 수 없죠. 천재지변이니까… "

43열차는 22시쯤, 끝내 목포로 향하지못하고 서울역으로 되돌아갔다.

다음 날 아침, 열차사무소에 나가보니 간밤의 철야 작업으로 시흥~안양 간의 침수 선로는 임시 개통되어 경부선의 모든 열차는 서행으로 그곳을 통과할 수 있게 되었다.

나는 특급 제 13 열차를 타고 부산으로 내려 갔다.

그다음 날 아침,

서울행 14열차의 승무를 위해 부산열차사무소에 출무해 보니 지시사항 전달부에 여러 가지가 쓰여 있었다.

〈다음 구간은 선로 침수와 노반 약화로 인해 0월 0일 00시부터 당분간 서행운전 한다. 00~00 간 서기(서울역 기점) 000km 00m~서기 000km 00m 사이 15 Km/H 서행.〉

〈장마로 인해 낙반 사고와 노반 붕괴사고가 예상되므로 전 종사원은 선로 순회를 강화하고, 운전 취급에 주의를 요(要)할 것.〉

그중엔 이런 내용도 끼어 있어서 여러 승무원의 관심을 끌었다.

〈시흥~안양 간 및 오산~송탄 간의 일부 선로 침수 및 노반 붕괴로 0월 0일 0시부터 서울역을 시발(始發), 종착(終着)역으로 하던 경부, 호남, 전라, 장항선 열차들의 시발, 종착역을 천안역으로 한다. 따라서 천안~서울 간 각 역의 승차권은 발매하지 말 것.〉

때문에 내가 탈 부산발~ 서울행 특급 제 14열차도 종착역이 서울역에서 천안역으로 변경되었다.

나는 서울로 갈 여객들이 천안역에서 내려 버스 편을 이용하여 서울로 갈 것을 예상하고 무거운 마음으로 14열차에 올랐다.

그런데 오후 16시쯤, 열차가 조치원역에 도착했을 때였다. 조치원역 역무원 한 명이 나에게 상부에서 내려온 지시사항을 전달해주는 것이었다.

〈침수 및 노반이 붕괴되었던 시흥~안양 간 및 오산~송탄 간의 일부 선로가 임시 복구되어 0월 0일 00시부터 천안역을 시발, 종착역으로 하던 경부, 호남, 전라, 장항선 열차들의 시발, 종착역을 종전대로 환원한다.〉

수백 명의 여객이 천안역에서 내리지 않고 곧바로 서울로 갈 수 있게 되어 무척 다행한 일이었다. 그러나 천안까지 끊은 수백 명 여객의 승차권을 서울까지 연장해줘야 해서 그것이 걱정되었다.

"특보도 모자라고, 일손도 부족하고… "

조치원역에서 열차가 떠난 후, 나는 차내 방송으로 열차가 천안역을 종착역으로 하지 않고 서울까지 연장 운행한다는 것을 여객에게 알렸다. 그리고 열차원과 함께 여객들의 차표를 서울까지 연장해주는 작업에 임했다.

천안에서 서울까지의 월승 운임 170원, 1지대에서 2지대, 혹은 1지대에서 3

지대로까지의 특별급행요금 차액 160원, 혹은 330원.

1지대에서 2지대, 혹은 1지대에서 3지대로까지의 특실요금차액 200원, 혹은 400원. 원권을 회수하고 운임, 요금을 받고, 특보를 발행해주고, 또 발행해주고…

한 30장쯤 발행해주고 나니까 열차가 천안역에 도착했다.

(특종보충권을 유용해야되는데…)

나는 화급히 천안역 사무실로 뛰어 들어갔다.

"특보를 좀 유용하여 주십시오! 특보가 모자랍니다."

"유용해줄 특보가 없습니다."

"그러면 수백 명 여객에게 월승 취급을 못해 줍니다."

"서울역과 영등포역에 관리장실, 운수과 과원들이 다 나와서 대기하고 있다고 합니다. 그 사람들 도움 하에 역무원들이 여객으로부터 직접 돈을 받아 처리하면 되죠."

(열차 내에서 특실요금만 제대로 처리하면 되겠군.)

열차가 천안역을 떠난 후, 나와 열차원은 특보발행작업을 계속했다. 여객으로부터 걷게 되는 돈이 너무 많아져서 아예 큰 가방 속에 받아 넣었다.

열차사무소에서 수령한 4권의 특보를 다 발행해버린 후, 나는 차내 방송실로 가서 마이크를 잡았다.

"열차 내에서 승차권을 연장 취급 받지 못하신 여객께서는 내리시는 역의 집찰구에 더 타신 만큼의 운임, 요금을 내고 나가시면 됩니다."

그리고 특실에서 회수한 원권과 발행된 특보를 대조해보고 있는 열차원에게 말했다.

"특보를 끊느라고 애를 많이 썼지만… 여객전무의 청렴도와 능력의 척도가 되는 차내 수입을 목표액의 몇 배로 많이 올렸으니 오늘은 운수 좋은 날이로군."

③

    1972년 12월 2일,

서울역에서 22시 정각에 떠나는 목포행 보통급행 제 113열차.

항상 꽉 차 있고 혹시 여석이라도 있으면 잠자며 가려는 여객이 줄을 서있는 침대차에 그날은 열차의 발차시각이 거의 되어도 침대권을 내어밀고 들어 오는 여객이 별로 없었다.

상단 14개, 하단 14개, 합계 28개의 침대중에서 13개의 침대에만 여객이 들어 오고 나머지의 침대에는 여객이 들어오지않아 텅텅 비어있는 침대차.

(이상한데… 침대권이 안팔리지는 않았을텐데…)

    그런데 21시 57분,

    발차 시각 3분을 남겨놓고 한 중년 남자가 헐레벌떡 침대차로 뛰어오는 것이었다.

    "… ?"

    "조금 전에 시민회관(지금의 세종문화회관)에서 불이 났습니다. 그 때문 에 그 곳에서 공연을 하던 가수 하춘화 등이 다쳐서 병원에 입원하고… 따라 서 공연이 끝나면 곧바로 이 열차를 타고 목포로 내려가려던 다른 연예인들 도 모두 이 열차에 못 타게 되었습니다."

    "… !"

    "그래서 제가 30분 전 쯤에 미리 이 침대차 창고에 실어놓았던 악기 등을 다 꺼내 가겠습니다."

    그는 나와 침대열차원에게 15장의 침대열차권을 보여준 후, 급하게 침대 차의 화물보관창고에서 악기 등을 꺼내어 플랫폼에 내려놓았다.

    "승차권과 침대권을 서울역에 내시고 운임, 요금을 반환받으십시오."

    "네, 그렇게 하겠습니다."

    잠시후, 113열차는 서울역을 떠났다.

    침대차에 여석이 생긴 것을 눈치채고 자기에게 침대석을 달라고 애원(?)

하는 여러 명의 여객들.

나는 침대차의 여석을 완전 매진시키기 위하여 차내 방송실로 급히 걸어 갔다.

"지금 침대차에 여석이 조금 있사오니 침대차로 옮기고 싶으신 분은 즉시 침대차로 와주시기 바랍니다."

안내방송을 마치고 침대차로 들어가 보니 침대를 원하는 여객들이 몰려들기 시작했다.

"침대 여석이 많지 않습니다. 먼저 오신 분부터 침대를 내어드리겠습니다."

침대권 하단 1개의 값이 1,400원, 상단 1개의 값이 1,200원, 15개 침대 여석의 값이 모두 합쳐 20,000원.

(시민회관에서 화재가 발생된 것은 안 됐지만 그 바람에 나는 힘들이지 않고 차내 수입을 많이 올리게 되었군.)

제59화

옛 동료(同僚)

1973년 7월 어느 날,

부산발~서울행 특급 제18열차, 오후 4시쯤,

열차가 수원역에 도착하여 플랫폼에 내려서니 열차에 올라타려고 하는 여객과 열차에서 내린 많은 여객 중에서 나를 부르는 소리가 있었다.

"최 여객전무님 아니세요?"

"… ?"

시선을 돌려 소리가 나는 쪽을 바라보니 낯익은 얼굴이 나를 보며 미소를 짓고 있는 것이었다.

"아, 미스 조!"

미스 조는 약 3년 전, 내가 청량리 열차사무소에서 차장의 신분으로 여객 전무 대무를 약 5개월간 했을 때 나와 함께 청량리~강릉 간 특급 제71~72열 차를 가끔 승무했던 특급열차 안내원이었다.

여자로서의 보통 키에, 평범한 얼굴, 성격이 너무 온순하고, 말이 적고…

그리고 언제였던가?

고속으로 달려가던 강릉행 특급 제71열차가 통과해야 될 영동선의 00역 에 정차해버려 내가 의아하게 생각하며 플랫폼으로 내려섰더니 그 역의 조 역이 나에게로 뛰어오는것이었다.

"우리 역에서 00역 쪽으로 약 300m 지점의 선로에 갑자기 이상이 생겨,

이 열차는 그곳을 통과하지 못하게 되었습니다."

"왜, 무슨 사고라도 났습니까?"

"네, 장마로 인해 그곳의 철길 노반이 붕괴되어 버렸습니다."

"저런… 그러면 어떻게 하죠?"

"노반 붕괴 지점에서 강릉 쪽으로 71열차의 객차 편성과 똑같은 강릉행 임시 특급열차가 하나 대기하고 있습니다. 그러므로 71열차는 일단 노반 붕괴 지점의 직전까지 가서 정차하게 됩니다. 그곳에서 여객을 전부 내리게 하여, 도보로 약 100m 거리를 걸어 노반 붕괴 지점을 지나가게 한 다음. 대기하고 있는 임시 여객열차에 옮겨 타게 하면 됩니다."

"아, 그렇게 하면 되겠네요."

나는 곧 71열차에 올라가 여객에게 그 내용을 열차 내 방송으로 알렸다.

"여객 여러분, 대단히 죄송한 안내 말씀드리겠습니다. 오후 3시 20분 현재, 00역과 00역 사이, 한 지점의 철길 노반이 장마로 인해 갑자기 붕괴되는 바람에 이 열차는 그곳을 통과하지 못하게 되어버렸습니다. 그러나 노반 붕괴 지점에서 강릉 쪽으로 여객 여러분을 모시고 갈 다른 강릉행 임시 특급열차가 대기하고 있사오니 여객 여러분께서는 이 열차가 노반 붕괴 지점의 근처까지 가서 정차하게 되면 그곳에서 내리셔서 약 100m의 거리를 도보로 걸어 노반 붕괴 지점을 통과한 다음, 대기하고 있는 강릉행 임시 특급열차에 옮겨 타 주시기 바랍니다."

그리고 잠시 후, 00역을 떠난 71열차가 서행으로 운전해가다가 노반 붕괴 지점의 근처에서 정차하자 여객은 웅성거리며 열차에서 내렸다.

각기 크고 작은 보따리를 들고, 강릉행 임시 특급열차가 대기하고 있는 곳까지 약 100m의 거리를 도보로 옮겨가기 시작하는 여객.

나는 여객이 다 내린 것을 확인하고 여객의 맨 뒤를, 서 있는 열차 앞의 철길 가를 따라 걸었는데 한 40m쯤 걸어가서였다.

내가 여객과 함께 걸어가는 열차 앞의 어느 철길 가에 승차권 한 장이 떨어져 있는 것이 보였다. 무심코 그것을 주워보았더니 청량리~영주 간의 71

열차의 승차권이었다.

(영주를 지난 지가 벌써 오래 되었는데 이 승차권이 왜 여기에 떨어져 있을까?)

나는 머리를 갸우뚱하며 그 승차권을 들여다보다가 문득 마음에 집히는 데가 있어서 저만치 앞쪽에서 걸어가고 있는 안내원 미스 조를 불러 세웠다.

"미스 조… 아까 차내에서 여객에게 월승 취급 몇 건 해줬었지?"

"녜."

"그거, 원권(原券)을 어떻게 했어?"

"여기에 있어요."

미스 조가 자기 상의의 앞쪽 주머니에 넣어두었던 원권을 꺼내어 나에게 보여주었다.

"원권을 뚜껑이 없는 그런 주머니에 넣어두면 되나? 흘려버리면 어떻게 하려고… "

"… "

"원권의 숫자가 맞나, 특종보충권과 지금 한번 대조해봐."

"녜."

미스 조가 가방 속에서 특종보충권을 꺼내 원권과 일일이 대조해보더니 이상하다는 표정을 지었다.

"원권 하나가 모자라는데요."

"모자라? 혹시 이것이 아닌가 확인해봐."

나는 손에 쥐고 있던 승차권을 미스 조에게 내밀었다.

미스 조가 그것을 받아 특종보충권과 승차권 번호를 대조해보더니 눈을 동그랗게 떴다.

"어마, 맞아요. 이것은 제 원권이에요."

"그 원권이 어떻게 저쪽 철길 옆에 떨어져 있어?"

"여객에게 월승 취급을 해 주고 회수한 원권을 여기 윗주머니에 넣어놓았 었는데 아까 열차에서 내리며 몸을 아래로 구부릴 때 떨어졌나 봐요."

"심사사무소에 제출할 원권을 소중히 간직하고 있어야지… 원권을 처음부터 가방 속에 넣어놓지 않고 뚜껑이 없는 작은 윗주머니에 넣어놓은 것도 잘못이고, 윗주머니에서 원권이 흘러 떨어지는 것을 못 본 것도 잘못이야."

"… "

이런 실수도 저질러 나에게 답답한 안내원이라는 인상을 강하게 심어주었던 미스 조…

너무 오래간만의 만남이라 반가운 나머지 내가 오른손을 내밀며 악수를 청하자, 그녀도 환한 웃음을 웃으며 나의 손을 잡고 흔들었다.

"최 여객전무님, 아직도 서열(서울 열차사무소)에 계시죠?"

"응, 미스 조는?"

"저도 청열(청량리 열차사무소)에 그냥 있어요."

"미스 조는 열차를 참 오래 타는군."

"최 여객전무님도 열차를 오래 타고 계시잖아요?"

"난, 청열에서 중간역 조역으로 내렸다가 서열로 가서 다시 열차를 타는 것이고… 여기 수원엔 무슨 볼일이 있어서 왔었던가?"

"녜, 여고 동창생의 결혼식이 있어서 참석했다가 지금 서울로 다시 올라가는 길이 얘요."

"흠… 그랬었구나."

그때 열차가 떠나려고 기적을 울리고 있어서 나와 미스 조는 함께 열차에 올라가서 어느 객차의 빈 좌석에 나란히 앉았다.

"내가 청열(청량리열차사무소)을 떠난 지도 벌써 3년이 지났고… 그때 우리와 함께 청량리~강릉 간 71~72열차를 탔던 다른 안내원들은 지금 어떻게 되어 있나?"

"누구를 말씀하시고 계시는지?"

"박 00, 김 00, 장 00, 홍 00… "

'아, 박 00은 결혼 때문에 철도를 그만두었어요, 장 00도 어느 회사에 다니는 사람과 약혼했다고 하더니 소리 없이 철도에 사표를 내고 나가 버렸고…
"

"아, 그래? 장 00은 나와 같이 열차를 탈 때만 해도 나이가 제일 적었고, 어려 보였었는데 벌써 결혼 단계에 접어들었구나, 김 00은?"

"김 00도 결혼해서 나갔어요."

"아, 그 처녀도 결혼했구나. 열차를 같이 탈 때 나에게 신경을 많이 써주었고, 잘 따라주었고, 일도 잘했었는데… "

"네, 김 00은 최 여객전무님에게 여러 가지로 잘해드렸지요. 저도 기억하고 있습니다."

"홍 00는 수원역 안내방송원으로 내려가 있더군. 약 한 달 전, 내가 승무한 열차가 수원역에 도착되었을 때 플랫폼의 운전조역실에 잠깐 들어가 보았더니 그 안의 방송실에서 홍 00가 나를 보고 어찌나 반가워하는지… "

"키가 크고 몸 매가 잘 빠진 미스 강 있죠? 걔는 서울역으로 내렸어요."

"음… 미스 강을 나도 보았지, 미스 강은 서울역에서 호남선 매표를 담당하고 있더군… 그리고 윤 00도 보았지, 윤 00은 언젠가 내가 가족을 데리고 창경원으로 놀러 갔을 때 코끼리 우리가 있는 데에서 나와 마주쳤는데 연인 사이인 듯 키가 크고, 잘생긴 어떤 미남 청년과 동행하고 있더군."

"네, 다 결혼하고, 다 결혼할 준비를 하고 있고, 다 정거장으로 내려 일하고 있는데 나만 옛날의 모습 그대로로 변한 것이 하나도 없네요."

"왜, 미스 조도 변한 것이 있잖아?"

"저한테 변한 것이 있다고요?"

"응, 전에 나와 함께 열차를 탈 때엔 성격이 무척 내성적이어서 말이 없고, 수줍어하고, 답답한 면도 좀 있었는데 지금 보니 말도 거침없이 잘하고, 부끄러움 같은 것도 전연 없고, 어쩌면 당돌한 면도 있고… 아주 세련되어 있네?"

"제가 세련되어 있다고요? 열차를 너무 오래 타고 있는 탓이겠지요. 그렇게 보아주셔서 고마워요."

"남이 뭐라고 칭찬해주면 이렇게 고마워할 줄도 알고… "

"어머머?"

"앞으로 세월이 흘러가면 또 무엇이 어떻게 변해질 것인지… "

그렁저렁 다른 얘기를 더 나누고 있는 사이에 18열차 안내원의 영등포역 도착 예정 안내방송이 있더니 열차가 영등포역에 진입하고 있었다.

내가 플랫폼에 내려 여객의 동태를 살펴보아야 하는 영등포역.

나는 자리에서 일어나며 미스 조에게 말했다.

"이제 영등포역에서 내가 플랫폼에 내렸다가 다시 떠나면 열차가 서울역에 도착할 때까지의 약 9분 동안에 열차의 종착역 도착 예정 안내방송을 해야 하고… "

미스 조가 웃으며 내 말을 이어 나갔다.

"열차가 서울역에 도착 되면 전무님은 여객이 다 내린 것을 확인하고, 객화차사무소 직원에게 방송기기 등을, 서울역 비품 직원에게 의자 커버 등을 인계한 다음. 열차사무소에 들어가서 차내 수입금을 인계해야 하고, 열차 조역에게 승무 종료 인사도 해야 되고… "

"미스 조가 열차를 오래 타봐서 여러 가지를 잘 알고 있군… 이 열차가 서울역에 도착하면 미스 조와 차라도 한 잔씩 마시며 옛 동료로서의 따뜻한 정을 나누고 싶지만 그렇게 할 시간적 여유가 없을 것 같아… "

"저, 최 전무님, 바쁘신 거 잘 알고 있어요. 안녕히 가세요."

"고마워, 미스 조는 좋은 사람 만나서 시집도 빨리 가야 돼?"

"최 전무님께서 걱정해주셔서 앞으로 저의 모든 일이 잘되어 나갈 거예요, 고맙습니다."

제60화

눈물의 파티(Party)

1973년 8월 어느 날, 시발역인 용산역에서 오전 10시 45분에 떠나고 종착역인 순천역에 밤 10시 25분에 도착 되는 보통 제191열차.

그날따라 그 열차에는 여객이 너무 적었다.

완행열차인 관계로 역마다 정차하고, 몇 개의 역에선 운전취급상 특급열차나 관광호 열차를 선행시키기 위하여 많게는 15분 간이나 정차하고, 몇 개의 역에선 화물열차나 다른 여객열차와의 교행 때문에 몇 분씩 정차하고…

용산역을 떠난 지 11시간쯤 지난 밤9시 40분쯤, 열차가 종착역에 가까운 구례구역에서 정차했다가 떠났을 때엔 나는 상당히 지쳐있었다.

눈이 피로하고, 온몸이 나른하고, 저녁밥을 열차가 순천역에 도착한 후, 순천승무원 숙사로 가서 먹어야 하기 때문에 허기가 져 있고…

그래도 승무원으로서의 임무를 완수하기 위하여 각 객차 내를 순회하며 여객의 동태를 살펴보았는데 농번기에다가 전라선의 마지막 하행 여객열차여서 그런지 열차 내에는 여객이 너무나 적게 있었다. 편성 10량 중 대부분의 객차에는 여객이 2, 30명 정도씩 밖에 없었고, 어떤 객차에는 아예 여객이 한 명도 없었다. 텅텅 비다시피한 열차,

(여객이 적으니까 할 일도 별로 없군.)

차내 수입금 마감을 일찍 해버리기로 작정한 나는 최종적으로 여객이 한 명도 없는 어느 객차에 차장과 함께 들어가서 열차가 종착역인 순천역에 도착하면 제출할 차내 취급 여객일보를 작성하고 있었는데 바로 그때였다.

객차의 문이 열리며 낯익은 얼굴 셋이 나타났다.

사복을 입고 있는 순천철도국의 공안원들.

승무 공안원으로 나와 열차를 몇 번 같이 타본 적이 있는 그들은 비번일이라 어디에 모처럼 함께 놀러 갔다가 늦게 귀가하는 길이라고 했다.

나는 그들과 반갑게 악수를 나눈 후, 차장에게 차내의 홍익회 판매부에 가서 사이다, 빵 등을 가져오라고 일렀다.

그리고 잠시 후부터,

"자, 종착역도 가까워졌고, 늦은 밤, 객차 내에 여객도 없으니 우리 여기에서 사이다 파티나 엽시다."

차장이 가져온 사이다와 빵 등을 먹으며 공안원과 즐겁게 이렁저렁 얘기를 나누고 있는데 이미 몇 잔 술에 얼굴이 발그레해져 있는 그중 한 명이 느닷없이 노래를 부르기 시작하는 것이었다.

"새~가 날아 드은다, 온~갖 잡새가 날아 드은다~~

목소리가 좋고, 태도도 좋고, 감정도 좋고, 분위기를 살려내는 솜씨도 좋고…

(우리 철도에도 가수 못지않게 노래를 잘 부르는 직원이 있구나.)

"새~중에~는 봉~황~새~, 만수~문~전의~풍년 새~"

"상교~꼭~심, 무~인~조, 수~립~비~조 뭇 새들이 농촌 화답에 짝을 지어 생긋 생긋이 날아~든다."

나는 너무도 구성지게 부르는 그의 노래에 매혹되어 감탄하는 눈으로 바라보았다.

"저~쑥 국새~가 울음~운다~, 울~어, 울~어, 울~어, 울~어, 울음~운다~, 이~산으로 가면 쑥꾹~쑥꾹, 저~산으로 가면~ 쑥쑥꾹~ 쑥꾹~"

다른 공안원도 그의 유창한 노래 솜씨를 잘 알고 있다는 듯 빙그레 웃는 얼굴로 말없이 듣고 있고…

"아하~어이~이히~, 이히~이 히이히히 이히 좌우로~다~녀 울음~운다~"

"앙코르요!"

내가 박수를 치며 소리치자 그는 신이 났던지 계속 모션을 써가며 노래를 이어갔다.

"명랑한~새~울음~운다. 저~꾀꼬리가 울음~운다. 어디로 가~나, 이쁜~새. 어디로~가나, 귀여운~새, 온갖 소리를 모른다~하여 울어.~ 울어~. 울~어.~ 울음~운다. 이~산으로 가면 쑥꾹~쑥꾹, 저~산으로 가면~쑥쑥꾹~쑥꾹~아하~ 어이~이히~, 이히~이 히이히히~이히~좌우로~다~녀 울음~운다"⋯

"또 앙코르요!"

이번엔 모두가 박수를 치며 흥겨워하자 이어지는 노래,

⟨한 오백년⟩이었다.

"한~많은~이 세~상~, 야속한~임~아, 정을 두~고~몸만 가~니 눈~물이 나~네,

아무렴~그렇지~그렇구~말~구~, 한 오백 년~살자는~데~웬~성~화~요~"

애조성을 띄운 채 점점 더 구성지게 불리어지는 노래.

"꽃~같은~내 청춘~절~로~늙어~남은~반생을~어느~곳에~뜻~붙일까~"

노래의 내용이 슬퍼서인가? 근무에 시달리는 나의 마음도 울적해지기 시작했다.

승무 교번에 의해 하루는 부산으로, 하루는 목포로, 하루는 여수로, 하루는 장항으로, 하루는 진주로⋯

매일 대하게 되는 수백 명씩의 낯선 여객,

그 각양각색의 낯선 여객 때문에 겪게 되는 갖가지의 애로와 고통, 그리고 이따금 같은 종사원들끼리 야기되는 비협조 내지 불신⋯

(기쁜 일, 좋은 일도 가끔 있긴 있지만 나의 업무의 하루하루가 결국 긴장과 불안으로 계속 이어져가고 있는 것이 아닌가?)

어느덧 나의 눈엔 슬며시 눈물이 고이기 시작했다.

나는 공안원에게 눈물을 보이지 않기 위해 얼굴을 차창 쪽으로 돌렸다.

(열차가 시골 들판을 달려가고 있는 것인가?)

불빛 하나 보이지 않는 캄캄한 차창 밖.

'달그락, 달그락⋯ '

객차의 바퀴가 굴러가는 소리, 그리고 차창에 반영되는 나와 차장과 공안원의 모습.

"아무렴~그렇지~그렇구~말구~, 한 오백년~살자는~데~웬~성~화~요~"

이윽고 차창에 반영된 나와 차장과 공안원의 모습이 보이지 않게 되었다.

나의 눈에 고이고 있던 눈물이 포화상태를 이루어 일순간 밖으로 왈칵 쏟아졌기 때문이었다.

제61화

하차(下車)

서울 열차사무소 여객전무로 발령이 나서 승무한 지 2년 2개월이 조금 못 된 1973년 7월 31일 밤, 8시쯤,

용산발~목포행 보통 제187열차의 승무를 위해 열차사무소에 도착한 나는 열차사무소의 복도를 걸어 들어가며 흑판에 쓰여 있는 전달 사항을 무심히 읽어보다가 깜짝 놀랐다.

〈여객전무 최선권, 명 성북역 운전 조역, 8월 1일부.〉

"… ?"

"축하합니다, 최 여객전무님, 내일부터 성북역(현 광운대역)으로 출근해야 되겠군요."

언제 옆에 왔는지 교번원 박 00 주임이 나에게 악수를 하기 위하여 손을 내밀며 말하는 것이었다.

얼떨떨한 기분이 된 나는 그의 손을 멋쩍게 잡으며 물었다.

"생각지도 않게 발령이 났네요. 그럼, 오늘 187열차는 누가 탑니까?"

"네, 벌써 대무 조치를 해놓았습니다. 최 여객전무님 대신에 김 00 차장이 여객전무 대무로 승무하게 되어 있습니다."

"… !"

나는 곧 열차사무소의 내근직원들이 근무하고 있는 사무실로 들어가서 여러 직원과 일일이 석별의 악수를 나눈 후, 약간 홀가분한 기분이 되어 사무실을 나섰다.

그리고 복도 옆의 개인 사물함을 열어 나의 물건을 큰 가방에 챙겨 넣은 후, 열차사무소의 계단을 천천히 내려가기 시작했다.

한 계단, 두 계단, 세 계단…

내가 거의 2년 2개월 동안 출, 퇴근하느라고 수 없이 밟아보던 계단.

(이 계단을 밟아보는 것도 어쩌면 이번이 마지막이 될지도 모르겠군.)

사실, 그동안 열차를 타느라고 얼마나 많이 고통을 겪었던가, 얼마나 많이 신경을 썼던가? 이제 그 고통과 신경에서 벗어나고 있는 것이었다.

시원하기도 하고, 아쉽기도 하고… 만감이 교차하는 착잡한 심정…

열차사무소의 층계를 다 내려간 나는 서울역 앞 광장으로 걸어 나가며 서울역 전체의 건물과 그 2층에 있는 서울열차사무소의 유리 창문들을 감회 깊게 바라보았다.

그리고 마음속으로 가만히 뇌어보았다.

(열차여, 안녕!)

-끝-